# はじめての
# 経営組織論

INTRODUCTION TO
ORGANIZATION THEORY

著・髙尾義明

有斐閣ストゥディア

# はしがき

　仕事の場だけでなく，生活全般にわたって組織とかかわることが不可欠である現代において，組織およびその経営についての知識を得ることは，これまでにも増して重要になっています。本書は，そうした知識の体系である経営組織論を学ぶための入門テキストです。大学で経営組織論をはじめて学ぶ学部学生のみなさんだけでなく，企業・行政機関・病院などの組織で働いているものの組織について体系的に学んだ経験がないみなさんも，本書の主たる読者と想定しています。

　本書の特徴は，経営学全般の知識をあまり持たない読者に対し，現代の組織を理解することに役立つ理論的枠組みを提供することを主眼に置いて，内容を構成したことにあります。伝統的な経営組織論のテキストは，経営学説史を踏まえた構成を採用することが少なくありませんでした。学説の流れを踏まえ，組織に関する諸理論が生み出された背景を知ることは，理論そのものを深く理解するために役立ちますが，学習の負荷が増えることも確かです。そこで，入門テキストである本書では，組織の分析に用いることができる理論枠組みを，読者にとって理解しやすい流れで紹介することを，重視することにしました。

　組織について学ぶ意義を確認する**序章**の後，本書は3部構成になっています。第**1**部「組織を捉える基本的な見方」では，組織の定義を皮切りに，組織の成立条件とされる3つの要素，すなわち，組織目的，コミュニケーション，貢献意欲について，詳しく論じます。組織が何からでき上がっているのかを丁寧に説明することで，経験をベースに組織を直感的に捉えるのではなく，組織について考究できるようになるための出発点となる見方を，読者に提供します。

　第**2**部「組織の構造とプロセス」では，組織が安定的に活動を継続することを可能にしている構造とプロセスについて，詳しく紹介します。一般的には，組織というと組織図を思い浮かべる方が多いかもしれませんが，組織図は組織構造の一部に過ぎません。合理的に設計された構造に加えて，組織の活動にいつの間にか影響を及ぼしている自然発生的な構造，日々の調整を左右している組織プロセス，さらには組織活動の担い手であるヒトの変化に順次焦点を当て，

組織の安定的な活動がいかにして可能になっているかを理解するのに役立つ，さまざまな理論枠組みを取り上げていきます。

第3部「変動する環境における組織」では，現在の組織において重要な課題になっているイノベーション創出や変革を取り上げます。環境の変化はますます激しくなっており，組織の存続・成長を図るためには，環境をさまざまな視座から捉え，それに適合するような組織と戦略の関係性のあり方を構想できることが重要になっています。さらに，組織学習を鍵概念として，イノベーション創出や組織変革を促進するヒントを提供してくれる理論枠組みを紹介します。

とりわけ実務家の方々は，経営学というと，すぐに実践に活用できる知識やノウハウを求める傾向にあるように思えますが，経営組織論の入門書である本書は，そうしたニーズに直接的に応えるものではありません。読者が，置かれた状況に応じ，学術的知見を踏まえて，実務に用いることのできるアイディアやノウハウを自ら生み出す力を涵養することを，本書は目指しています。いいかえれば，企業をはじめとした組織のマネジメントに携わるための教養となる知識を提供することが，本書の目指すところです。

そこで本書では，以下のような工夫を凝らしました。第1に，第1〜3部の各章の冒頭に，その章で論じるテーマをイメージしてもらうための架空のケースとして **SHORT STORY** を設けています。学生のみなさんにとっては，組織の問題をリアルに感じる助けになるでしょう。実務家のみなさんにとっては，これまでにかかわった組織での経験と比較したり，そうした経験を相対化したりするきっかけになると思います。

第2に，各章に1つまたは複数の **Column** を挿入しています。本文では十分に扱えなかった重要なキーワードや，最近に提唱された切れ味の鋭い概念などを取り上げています。これらの **Column** を読むことで，本文の理解がいっそう進むとともに，応用力を伸ばすことにも役立ちます。

第3に，第1〜12章の各章末に **EXERCISE** を設け，各章のテーマに即した問いを2つずつ提示しています。これらの問いは，本文の理解の確認に役立つとともに，そこで得た知識を現実の組織に適用することを促すものになっています。

最後に，**序章**以外の各章末には **Bookguide**（さらなる学習のための文献リス

ト）も付けています。リストには，品切れ等の書籍も含まれていますが，大学図書館や公共図書館を通じて取り寄せれば，どの文献も手にとることが可能です。このリストは，読者が自身の関心に基づいて組織論の世界をさらに探求するガイドになるでしょう。

**序**章で述べるように，私たちが生きている現代は，組織が遍在する「組織の時代」です。本書が，「組織の時代」をよりよく生きるために活用できる知の体系である経営組織論への関心を強め，さらに学ぼうという意欲を高めるきっかけになることを願っています。

本書の上梓にあたっては，たくさんの方々にお世話になりました。最初に，筆者を組織論の世界へと誘ってくださった就実大学経営学部（京都大学名誉教授）の日置弘一郎先生に深謝の意を表したいと思います。経営組織論の魅力をより多くの方々に伝えることが，先生から賜った多大な学恩に少しでも報いることになるのではないかと思ったことが，本書執筆の動機の1つになりました。

また，首都大学東京および前任校の流通科学大学で，多くの学生のみなさんが筆者の経営組織（特）論の授業を熱心に受講してくれたことが，本書を執筆する原動力になりました。とりわけ，首都大学東京大学院ビジネススクールの経営組織（特）論の受講生のみなさんに，課題提出を通じて多くの事例を提供していただいたことで，本書は理論指向的でありつつも，日本の組織の現実を相応に踏まえた内容になったように思います。これまで筆者の経営組織（特）論を受講されたみなさん，さらに，紙幅の関係でおひとりずつお名前をあげることができませんが，執筆の過程で草稿に目を通して，貴重なコメントをくださった方々に感謝いたします。

有斐閣書籍編集第二部の得地道代さん，藤田裕子さんには，本当に長い間，執筆への着手を待っていただきました。執筆着手後は，得地さんより的確なスケジュール管理，きめ細かい編集作業などを通じてサポートいただいただけでなく，読者の理解を深めるためのさまざまなアイディアも提案していただきました。改めてお礼を申し上げます。また，本書を執筆するきっかけをつくってくださった，神戸大学大学院経営学研究科の松嶋登先生にも，謝意を表したいと思います。

最後に私事にわたって恐縮ですが，休日にも机に向かうことを許してくれている妻（昌子）と娘たち（冬美・晴美）にも，この場を借りて「いつもありがとう」と伝えることを許していただければと思います。

2019年7月

高尾　義明

# 著者紹介

高尾 義明（たかお・よしあき）

東京都立大学大学院経営学研究科教授，博士（経済学，京都大学）

1967年，大阪市に生まれる。
1991年，京都大学教育学部教育社会学科卒業。
神戸製鋼所勤務を経て，
2000年，京都大学大学院経済学研究科博士課程単位取得退学。
九州国際大学経済学部専任講師，流通科学大学情報学部専任講師・助教授を経て，
2007年，首都大学東京（現，東京都立大学）大学院社会科学研究科経営学専攻准教授。
2008年，京都大学経営管理大学院京セラ経営哲学寄附講座客員准教授・教授（〜14年）。
2009年，首都大学東京大学院社会科学研究科経営学専攻教授。大学名称変更を経て，現在に至る。

主要著作　『組織と自発性：新しい相互浸透関係に向けて』（白桃書房，2005年）

『経営理念の浸透：アイデンティティ・プロセスからの実証分析』（王英燕との共著，有斐閣，2012年）

「過去に所属した組織に対する支援的行動：組織アイデンティフィケーションからのアプローチ」『組織科学』48(4)，2015年）

「エコシステムの境界とそのダイナミズム」（椙山泰生との共同執筆，『組織科学』45(1)，2011年）

など

# 目　次

## CHAPTER 0　序章　なぜ組織について学ぶのか　1

1　組織の時代としての現代 …………………………………… 1
2　製品やサービスの供給者としての組織 …………………… 2
3　協働する場としての組織 …………………………………… 3
4　個人をエンパワーする組織 ………………………………… 4
5　変化する社会における組織とその経営 …………………… 6

## 第1部　組織を捉える基本的な見方

## CHAPTER 1　組織の定義　11

1　組織の定義 …………………………………………………… 12
　　意識的な調整への注目：組織と市場の違い（12）　　システムとしての組織（15）　　活動への注目：人の除外（16）
2　経営組織と経営資源 ………………………………………… 17
　　経営組織（17）　　経営資源の価値と調整（17）
3　組織の成立条件 ……………………………………………… 19
4　意思決定からのアプローチ ………………………………… 21

# CHAPTER 2 組織目的　25

1. 組織目的の存在 ………………………………………… 26
2. 目的─手段の連鎖による目的のブレイクダウン ……… 28
   目的─手段の連鎖と目的合理性（28）　組織における目的のブレイクダウン（30）
3. 制約としての目的 ……………………………………… 32
   目的のブレイクダウンから生じる問題（32）　制約としての諸目的（33）
4. 組織の目的と個人が組織に参加する目的との関係
   ……………………………………………………………… 34
5. ステークホルダーからの経営資源の調達と組織均衡
   ……………………………………………………………… 37
   ステークホルダーからの経営資源の調達（37）　組織均衡（38）
6. 組織均衡の維持と組織能力の有効活用 ……………… 40
   組織均衡の維持と成長（40）　成長の追求と目的の再定義（42）

# CHAPTER 3 コミュニケーションと調整　45

1. 調整の前提としての分業 ……………………………… 46
   分業の必要性（46）　分業のメリットとデメリット（47）
2. 調整と決定前提 ………………………………………… 49
   意思決定の遍在性（49）　決定前提を踏まえた決定（50）　決定前提の共有（52）
3. 組織におけるコミュニケーション …………………… 53
   決定前提への影響過程としてのコミュニケーション（53）　コミュニケーションのモデル（54）　コミュニケーション

の相互作用性（55）　コミュニケーションを整序する必要性（56）

### 4　構造化によるコミュニケーションの整序化 …………… 57
役割の規定（58）　権限の階層化と役割のグルーピング化（60）　組織の構造（62）

### 5　コミュニケーションの円滑化 ……………………… 63
コミュニケーション・プロセス（63）　コミュニケーション円滑化の背景要因（66）

## CHAPTER 4　貢献意欲　69

### 1　ステークホルダーとしての組織メンバー ……………… 70

### 2　組織メンバーとしての役割の引き受け ………………… 71
組織メンバーの貢献としての役割の引き受け（71）　役割に含まれる予期（72）

### 3　組織メンバーの参加の確保 ……………………………… 75
参加の揺れ（75）　モニタリングの限界（76）

### 4　貢献意欲の必要性の増大 ………………………………… 77
プロセス予期と結果予期（77）　積極的な貢献意欲の必要性（79）

### 5　関係づけメカニズム ……………………………………… 80
2つの関係づけメカニズム（80）　インセンティブ設計（80）　一体感の醸成（81）

# 第2部 組織の構造とプロセス

## CHAPTER 5 合理的システムの設計 …… 89

### 1 公式構造のデザイン原則 …… 90
垂直的分化としての階層化（90）　水平的分化としての部門化（92）　部門化の代表的原理（93）

### 2 組織の発展に伴う構造の変化 …… 94
権限移譲（94）　自己充足的単位の設定（95）　水平的関係の創出（95）

### 3 典型的な組織形態 …… 97
機能別組織（97）　事業部制組織（98）　中間的形態（99）

### 4 合理的システムとしての官僚制 …… 100
官僚制の定義（100）　官僚制の合理性（102）　官僚制の逆機能（104）

## CHAPTER 6 自生的システムの創発 …… 109

### 1 社会的ネットワーク …… 110
非公式な関係とネットワーク（110）　結束型ネットワーク（111）　橋渡し型ネットワーク（115）　構造としての社会的ネットワーク（117）

### 2 組織文化 …… 119
組織文化への注目（119）　組織文化とは何か（120）　組織文化の働き（123）　文化のマネジメントの可能性（124）

### 3 複合的システムとしての組織 …… 126

# CHAPTER 7 組織プロセス　129

**1　組織プロセスの重要性** …………………………………… 130

**2　リーダーシップ** …………………………………………… 131

　個人に帰属するリーダーシップ（131）　　リーダーシップ研究の焦点（133）　　変革型リーダーシップ研究とリーダーシップの担い手（135）

**3　ポリティクスとコンフリクト** …………………………… 137

　ポリティクス（137）　　コンフリクト（141）

**4　集団のダイナミクス** ……………………………………… 143

　集団の形成（143）　　集団の影響力（144）　　集団の意思決定（145）

**5　組織プロセスの複雑性** …………………………………… 147

　プロセスの個人性（147）　　構造とプロセスの相互規定（148）


# CHAPTER 8 経営資源としての変化する人　151

**1　変化するモチベーション・能力** ………………………… 152

**2　モチベーションの源泉への注目　▶ニーズ（欲求）理論** ………………………………………………………………… 153

　ニーズ階層理論（154）　　内発的モチベーション（156）

**3　モチベーションの複雑性　▶プロセス（過程）理論** …………………………………………………………………… 158

　期待理論（159）　　目標設定理論（160）　　拡大するアプローチ（161）

**4　個人の能力の変化** ………………………………………… 162

　能力開発の重要性（162）　　組織社会化（164）　　職場における学習（165）

5 長期的な人の変化 ………………………………… 167

# 第3部 変動する環境における組織

## CHAPTER 9 環境と組織　173

1 環境を捉えるパースペクティブ ………………… 174
   コンティンジェンシー理論のインパクト（174）　セクターごとの把握（176）　組織間関係と組織間ネットワーク（177）

2 環境への資源依存 ………………………………… 178
   組織間関係と資源依存（178）　依存関係がもたらす影響（180）

3 組織間ネットワーク ……………………………… 182
   組織間ネットワークへの埋め込み（182）　さまざまな組織間ネットワーク（185）

4 制度的環境の見えない力 ………………………… 186
   組織の正当性と制度的環境（186）　制度的同型化（189）

## CHAPTER 10 戦略と組織学習　193

1 環境変動のもとでの戦略と組織 ………………… 194
   戦略の重要性（194）　組織と戦略の関係（196）

2 戦略と組織のダイナミクス ……………………… 197
   計画と創発（197）　環境の認識（199）

3 組織の学習 ………………………………………… 201

学習の必要性（201）　ルーティンの変化としての学習（201）　学習のプロセス（202）　近視眼的学習と能力の罠（205）　深耕型学習と探索型学習（206）

# CHAPTER 11　イノベーションと組織　211

## 1　イノベーションの創出　212
イノベーションとは（212）　イノベーションのプロセス（214）

## 2　イノベーション創出に向けた組織マネジメントの特徴　216

## 3　知識の創出と獲得　218
知識の獲得方法（218）　知識創造のSECIモデル（219）　外部からの知識獲得とネットワーク（220）

## 4　イノベーション創出に向けた組織構造とプロセス　222
迅速な調整・統合に向けた組織デザイン（222）　資源の動員（224）

## 5　イノベーション創出と組織間関係の構築　225

# CHAPTER 12　変化を続ける組織　231

## 1　既存大企業が目指す組織モデル　232
既存大企業でイノベーションが妨げられる要因（232）　両利き組織（235）

## 2　変化し続ける組織　236
変化し続けることの重要性（236）　ルーティンの絶えざる変化（237）

## 3　変化を増幅する学習　240

　　　　ルーティンの相互依存と跳躍的変化（240）　　意図的学習
　　（242）　　拡張された組織学習（242）

**4　組織の成立条件に立ち戻る** ……………………………… 243
　　　　目的の再定義（244）　　多様性を踏まえた積極的貢献意欲の
　　喚起（245）　　コミュニケーション観の拡張（246）


**引用・参照文献一覧　249**

**索　　引　253**

## Column 一覧

❶ 環境の変動の捉え方　7
❷ 取引コスト理論　14
❸ 目的と手段の相互規定的な関係　43
❹ 標　準　化　59
❺ メディア・リッチネス　65
❻ 社会的アイデンティティ　82
❼ 社会のマクドナルド化　102
❽ カリスマの日常化　104
❾ ホーソン研究　112
❿ 組織文化の3層モデル　122
⓫ ホーフステッドの国民文化測定　125
⓬ リーダーシップのフォロワー主体アプローチ　135
⓭ 「やり過ごし」とゴミ箱モデル　140
⓮ 根　回　し　141
⓯ 心理的安全　147
⓰ 動機づけ―衛生理論　157
⓱ 職務特性論　158
⓲ 組織的公正　162
⓳ 機械的管理システムと有機的管理システム　175
⓴ 事業戦略論の4つのアプローチ　195
㉑ ダブル・ループ学習　207
㉒ ネットワーク外部性　227
㉓ オープン・イノベーション　228
㉔ ビジネス・エコシステム　229
㉕ イノベーターのジレンマ　234
㉖ 進化的過程　240
㉗ ポジティブ・フィードバック　241

本書のコピー，スキャン，デジタル化等の無断複製は著作権法上での例外を除き禁じられています。本書を代行業者等の第三者に依頼してスキャンやデジタル化することは，たとえ個人や家庭内での利用でも著作権法違反です。

# CHAPTER 序章

# なぜ組織について学ぶのか

## 1 組織の時代としての現代

　「現代は『組織の時代』である」といわれることもあるように，現代社会には組織が満ちあふれ，組織は重要な社会システムの1つと考えられています。しかし，組織は最近になってつくられるようになったわけではありません。紀元前から，ローマ帝国や中国の王朝などは，広大な領土を支配するために組織をつくり上げていました。それどころか，人類が狩猟採集生活を営んでいた時代にも，複数の人たちが協力して働くという意味で組織は存在していたでしょう。

　にもかかわらず，なぜ現代が「組織の時代」といわれるのでしょうか。ここでは，組織と聞けばすぐに思いつくであろう，企業（会社），学校，病院，行政機関，ボランティア団体といった，普段身近に接する組織を念頭に置きながら，そのアウトプットとインプットに注目し，組織が私たちに何をもたらしているのかを確認するところから始めることにしましょう。

製品やサービスの供給者としての組織

　今日，私たちが生活するために用いているモノの大半は，企業組織で生産されています。公共サービス・医療サービスをはじめとした，私たちが日常的に享受している多種多様なサービスも，そのほとんどは組織によって提供されています。さまざまな組織によって日々生み出されているアウトプットとしての製品やサービスを，私たちは消費者・生活者として享受しています。

　たとえば，外出先でスマートフォンを使って，アマゾンでトースターを注文する場面を考えてみます。注文のための操作をしているときに私たちが意識しているのは，電子商取引会社であるアマゾンとトースターの製造会社だけかもしれません。しかし，注文ができるのは，契約している通信会社が通信サービスを提供しているからです。さらに，代金の決済がクレジットカード会社などを通じて行われ，宅配便会社が配達することで，アマゾンの倉庫にあったトースターが自宅に届きます。このように，さまざまな会社組織が連携して機能して，はじめて，手軽にトースターを手に入れることが可能になっています。

　『ゼロからトースターを作ってみた結果』という書籍の著者は，トースターを入手するのに，既製品を購入するのではなく，鉄を製錬するといった，まったくのゼロから自分でトースターをつくってみるというプロジェクトに挑戦しました。その結果はぜひ同書で確認してもらえればと思いますが，少なくとも市販のものと同じようなトースターを個人でつくることはできませんでした。トースターといった，さほど複雑には見えない電気器具ですら，それをゼロからつくるのに必要な知識や技術は多岐にわたっており，それらの知識や技術を個人で網羅するのは不可能であるという事実を，この書籍はユーモラスに描いています。

　トースターの製造会社にしても，加工済みの鉄製の部品などを他の会社から調達し，それらを組み立ててトースターを製造しているわけで，鉄を製錬するといったような本当のゼロからトースターをつくっているのではありません。同様に，世界有数の大企業であるアマゾンも，扱っている商品や関連するサー

ビスすべてを自社の力のみで提供しようとはしていません。

　このように，財やサービスを生み出している組織も，他の組織が提供する財やサービスを利用することで，はじめて当該製品の製造が可能になっています。現代において産出されるほとんどの製品やサービスは，高度化した技術に依拠しているため，単一の組織が関連する知識をすべて保有し，技術として実装することは現実的とはいえないからです。ましてや個人では，保有できる知識や技術に限界があることは明らかです。知識の拡大や技術の進歩は年々進行しており，どの組織も，保有する技術は中核になるものとそれに関連するものに絞り，他の組織に依存しながら財やサービスを生み出しています。

　知識や技術の高度化に起因するこうした組織間の分業を背景にして，私たちは組織が提供するさまざまな財やサービスを消費しています。個人が単独で質の高い財やサービスを生み出すことは，ごく狭い範囲に限られていたり，困難であったりします。このように，組織が生み出したアウトプットである財やサービスが私たちの生活や文化に大きな影響を与えているというのが，「組織の時代」の1つの側面です。

## 3　協働する場としての組織

　現代が「組織の時代」と感じられるもう1つの理由は，労働人口のうち非常に高い比率の人たちが，個人として独立して働くのではなく組織で働き，それによって生計を立てていることに由来します。組織が財やサービスをアウトプットとして生み出すには，原材料などとともに労働力というインプットが不可欠です。個人は労働力というインプットを組織に提供しますが，組織への雇用，すなわち組織のメンバーとして働くという形で労働力を提供することが，一般的になっています。したがって，「組織の時代」のもう1つの側面は，労働力の主要な提供先が組織になっており，組織が雇用者としても重要な位置を占めるようになっていることであるといえます。

　近代以前には，軍隊などいくつかの例外を除いて，互いに顔の見える範囲を超えるような規模の組織に参加する機会は多くはありませんでした。しかし，

18世紀半ばの産業革命以降は,企業をはじめとする組織が大規模化し,互いに顔と名前が一致しない人たちが一緒に働いたり,直接的に顔を合わせることのない人たちと同じ組織のメンバーとなったりすることが増えました。このように,組織が大勢の人たちを雇用するようになったことも,「組織の時代」という感覚を強めてきたと思われます。

組織が知識や技術の高度化に直面していることを反映して,組織のメンバーが提供する人的資源にも知識や技術の高度化がかかわってくるようになってきています。1人の組織メンバーが持ちうる知識や技術には限界があるため,異なる専門性を持つ組織メンバーを揃えることが不可欠になっています。『ブラック・ジャック』という手塚治虫の有名な漫画では,1人の天才的な医師が,無免許にもかかわらず神業のような手技を駆使して患者を救いますが,現在では医療にかかわる知識や技術は日々進歩しており,1人の医師がすべての病気の治療について適切な知識と技術を持つことは不可能です。

組織が優れたアウトプットを生み出すには,必要な専門性を持つ人材を揃えるだけでなく,そうした人材が協力して働くことができるよう調整を行う必要があります。たとえば,病院を注意深く観察すれば,医師や看護師だけではなく,薬剤師,理学療法士,作業療法士,臨床検査技師,管理栄養士,事務担当者等々,じつに多職種の人たちが,プロフェッショナルとしてそれぞれの専門性を発揮すると同時に互いの行動を調整しながら協働することで,はじめて患者の治療や診断が可能になっていることが見て取れます。

それぞれの専門性を活かして協働する過程で,組織メンバーは自身のスキルを磨き,さまざまな知識を得ることができます。したがって,組織は個人が協力して働く舞台であるとともに,知識やスキルを獲得する場であるともいえるでしょう。

## 4 個人をエンパワーする組織

このように,知識が拡大し,技術が複雑化し続けていることを背景に,さまざまな組織が多種多様な財・サービスを提供し,それと並行して多くの人々が

組織に雇用されて働くようになりました。その結果，財やサービスというアウトプットの産出においても，労働力というインプットの提供先という意味でも，組織が遍在し，大きな存在感を示しているのが，「組織の時代」であるといえます。

　しかし，近年では，インターネットの発達に典型的に見られるような情報通信技術の著しい発達により，個人でも膨大な知識を得ることが可能になりました。また，インターネットを介して，これまで個人ではできなかった多くのことが可能になっています。たとえば，個人で新しいウェブ・サービスを立ち上げ，それが無数の人たちに活用されて社会や文化にインパクトをもたらすといったことも，しばしば生じています。

　雇用という面でも，インターネットを利用するなどして，組織に所属せずにフリーランスとして働く人たちが増えています。組織に所属して働くとしても，自分の専門性やキャリアを重視して，現在就業している組織にとらわれず転職することが容易になっています。こうしたトレンドから，「組織の時代」から「個の時代」へとシフトしつつあるように感じられるかもしれません。

　しかし，昨今では個人が持ちうる知識や自由度がたしかに高まってはいますが，個人が自由に知識を得ることを可能とする基盤を提供しているのは，やはり組織です。インターネットで情報検索する際に用いる検索サービスを提供しているのは，グーグルなどの会社組織です。周知のように，グーグルは世界を代表するIT企業の1つで，従業員も10万人近くいる大規模組織です（持株会社であるアルファベットが発表した2018年末時点の従業員数）。また，インターネットの維持にも，ICANNをはじめとしたさまざまな非営利組織（NPO）がかかわっています。

　同様に，雇用されずに働く新しい働き方のインフラを提供しているのが組織であることも，少なくありません。日本では法規制のためにサービスが展開されていませんが，アメリカなどで個人が自家用車を利用してタクシーのような輸送サービスに従事し収入を得ることができるのは，ウーバーやリフトといった会社がプラットフォームを提供しているからです。また，フリーランスのマッチング・サービスや転職の斡旋サービスなども，さまざまな会社によって提供されています。

つまり，さまざまな組織が個人をエンパワー（パワーを与える）する新たなサービスや製品を提供することで，個人が組織に所属せずに多くの知識を得たり，組織に縛られずに自由な働き方をしたりできるようになっているのです。そうした，個人をエンパワーしている組織からの影響も含めると，私たちの生活が組織の活動から影響を受ける程度は，以前よりも見えにくくなっているだけで大きくは低下していないともいえそうです。

## 5 変化する社会における組織とその経営

組織においては，労働力をはじめとするインプットを活用し，良質の製品やサービスといったアウトプットを生み出すプロセスを，経営（マネジメント）することが不可欠です。現代を生きる私たちの生活に組織が大きくかかわっているということは，私たちの生活が組織の経営の巧拙に左右されていることを意味します。私たちが日々の食材を得る，どこにいても家族や友達とコミュニケーションがとれる，具合が悪いときに病院で治療を受けるといったことは，関連するさまざまな組織が適切に経営されていることで，はじめて可能になります。また，給料などの収入を得ている勤務先の組織が経営破綻してしまうと，そこで雇用されていた人たちの生活の安定も脅かされてしまいます。

このように組織の経営は，私たちに大きな影響を及ぼしています。それは，私たち個人の日々の生活にかかわると同時に，長い目で見れば社会全体に対してもインパクトを与えています。したがって，組織やその経営を理解する体系的知識は，「組織の時代」である現代社会を生きる上での教養ということもできるでしょう。

社会に求められる財やサービスを安定的に提供すべく，それぞれ異なる知識やスキルを持つ組織メンバーが円滑に協働できるように組織をマネジメントすることは，決して簡単ではありません。さらに近年では，ニーズの多様化，技術革新やグローバル化の進展など，組織をめぐる環境の変動（Column ❶）がますます大きくなる中で，変化へ適応するとともにイノベーションを創出することが多くの組織に求められており，組織のマネジメントはより難しく，より

> **Column ❶　環境の変動の捉え方**
>
> 　環境の変動のインパクトを捉えるのに最近よく用いられる言葉に，VUCAという略語があります。VUCAとは，volatility, uncertainty, complexity, ambiguityの頭文字をとったものです。volatility（変動性）は，変化の幅やスピード，ダイナミクスが大きくなったことを指します。uncertainty（不確実性）は，将来の変化の予想が難しくなったことを意味します。complexity（複雑性）は，さまざまな要因が連結して変化がもたらされることで，相互依存性といいかえることもできます。ambiguity（曖昧性）は，変化が生じた因果が把握しにくかったり，変化そのものの意味が捉えにくかったりすることを指します。VUCAは，もともと軍事用語だったのが，21世紀に入ってからビジネスでも使われるようになったもので，学術的な用語ではありませんが，ここに含まれている4つの視点から環境の変動を把握することは有効だと考えられます。

重要になっています。

　本書では，第**1**部で組織を捉える基本的な枠組みを紹介し，第**2**部で組織のマネジメントの基本である調整の構造やプロセスを詳しく紹介します。それらを踏まえて，第**3**部では変化する環境に適応するための学習やイノベーションの創出といった，現代の組織において重要性が高まっている課題を取り上げます。以上のような流れで学習を積み重ねていくことで，読者のみなさんに，変化する社会における組織とその経営を把握するための基本的な理論枠組みを獲得してもらうことが，本書の狙いです。

## 第1部
# 組織を捉える基本的な見方

PART 1

CHAPTER
1 組織の定義
2 組織目的
3 コミュニケーションと調整
4 貢献意欲
5
6
7
8
9
10
11
12

# CHAPTER

## 第 1 章

# 組織の定義

**SHORT STORY**　　今後生じる世界的な人口爆発に伴って，食糧問題が顕在化するという見通しがあります。とくに，家畜の飼料生産が追いつかないことや，家畜の飼育が環境に負荷をかけることなどから，タンパク質の供給が不足するのではないかといわれています。そうした中，植物由来のタンパク質を加工したり，家畜から採取した細胞をもとに培養肉を開発するなどして人工肉をつくることが，今後のタンパク質不足，さらには環境問題へ対処する切り札の1つになるとして期待が高まっています。

　A大学に所属するバイオテクノロジーの研究者である佐藤さんは大学の研究室で，自らが思いついたアイディアに基づいて，普通の牛肉と区別がつかないような人工肉の試作に成功しました。佐藤さんは，その試作品がこれまでの人工肉とは比べものにならないほどの食感を実現したと確信しています。といっても，試作できた量はごくわずかで，多大なコストもかかりました。それでも佐藤さんは，この技術を自分の手で実用化したいと思いました。

　佐藤さんは，従妹の鈴木さんが大手食品メーカーB社で研究開発に携わっていることを思い出して，連絡をとってみました。以前から起業にあこがれていた鈴木さんは，佐藤さんと意気投合し，2人は起業に向けて準備を進めることにしました。設立はまだですが，これから立ち上げる会社の社名は「プライム・クリーン・プロテイン」に決まりました。佐藤さんの持つ技術を実用化するという目的の実現に向け，それぞれの仕事の合間を縫って，2人は定期的にオンライン・ミーティングを行っています。（25ページに続く）

> **KEYWORD**　　組織と市場　　合理性　　クローズド・システム　　オープン・システム　　経営組織　　経営資源　　協働システム　　組織目的　　貢献意欲　　コミュニケーション　　意思決定　　制約された合理性　　決定前提　　最適基準　　満足基準

# 1　組織の定義

　本節では，経営組織論の対象である組織を定義することで，組織とは何かという問いに答えたいと思います。一般的に組織といえば，企業，病院，学校，警察，官公庁，ボランティア団体といったものがあげられます。そうした組織では，複数の人たちが協働し，企業であれば有用な財やサービスを，病院であれば傷病者の治療を，社会に提供しています。

　このように多様な組織に共通する本質をより精確に捉えるために，組織とは「2人以上の人々によって担われた，意識的に調整された活動や諸力のシステム」（バーナード，1968）であると定義します。この定義には重要なポイントが3つあります。第1にあげられるのは，意識的調整です。第2のポイントは，組織がシステムであるとされていることです。最後に，組織は活動や諸力のシステムであって，そこに人やモノが含まれていないことです。以下では，これらのポイントについて順番に説明していきます。

### 意識的な調整への注目：組織と市場の違い

　第1のポイントは，意識的な調整への注目です。この点をもう少し掘り下げて考えるには，組織と市場を比較してみることが有効です。なぜなら，**組織と市場**は，いずれも調整メカニズムだからです。

　市場において価格のみを指標に個人がそれぞれの利益を最大化しようとすることを通じて最適な資源配分がなされ，社会全体の効用が最大化されるというのが，近代経済学の原点でした。ここでいう市場のイメージ（モデル）としては，不特定多数が参加するインターネット・オークションを思い浮かべるとよ

いでしょう。一方，市場に対置すれば，組織とは，組織メンバーが経営者を中心として意識的に調整を行うことで，組織としての利益を最大化しようとするものと捉えられます。

　組織と市場にはさまざまな違いがありますが，ここでは2つの基本的な違いを取り上げます。第1に，調整の方法です。モデルとしての市場では，個々の主体は価格のみを媒介として他の主体とかかわっているといえます。いいかえれば，参加者同士は，他の主体がどうふるまうかに直接働きかけることはありません。それに対して，組織では，メンバーは互いの行動を調整しようとして，相互に影響を与え合います。経営者が部下に指示を出すのは行動の調整の典型的な1つですが，経営者も部下の報告から影響を受けるように，調整の方向は一方向ではありません。このように，相互に直接的かつ意識的に調整し合っているのが組織といえます。

　組織と市場のもう1つの重要な違いは，どのような利害が問題になるかです。市場では，参加者は自身の利害にしか関心がないことが仮定されています。近代経済学の古典的な見方では，それぞれの主体が自身にとっての合理性を追求することで，市場を通じて社会全体の厚生が達成されるとしています。一方，組織のメンバーは，個人としての利害にもちろん関心を抱きつつも，自らが所属する組織の観点から考えたり行動したりすることが期待されています。したがって，自分の利害を測るものさし（**合理性**）だけでなく，組織の利害を測定するものさし（合理性）を用いながら，活動を意識的に調整しています。このように対比すると，個々の主体が，それぞれ異なる合理性を基準として持ちながらそこに参加し，組織の合理性の観点から互いに調整し合いつつ行動しているのが，組織といえます。

　以上のような違いは，組織と市場のどちらかが優れているという単純な優劣を示すものではありません。組織がどんな場合でも有効であるわけではありませんし，市場がいつでも合理的であるとも限りません。もし組織がどんな場面でも有効であるのなら，可能な限りすべての活動が組織に取り込まれていくはずですが，実際にはそうなっていません。むしろ，顧客からの電話対応業務をコールセンターの専業会社へ委託するというように，組織内部で行っていた業務をアウトソーシングすることもよく見かけられます。極端な例でいえば，電

## Column ❷ 取引コスト理論

取引コスト理論は，経済学者のコースによる，「なぜ企業（組織）は存在するのか」という基本的な問いから発展した経済学理論です。伝統的な経済学では，経済的取引は市場の価格メカニズムに基づいて効率的になされると考えられてきましたが，現実的には，企業組織内でも経済的取引と同様の活動がなされています。取引コスト理論は，価格メカニズムを用いるために生じるコスト（取引コスト）に注目することで，調整を統治するメカニズムとしての企業組織が存在する理由を説明し，取引コストの決定要因を明らかにしようとしてきました。

市場か企業組織かという統治メカニズムの選択に影響を及ぼす，取引コストの発生についての基本枠組みは，下図の通りです。人間の合理性の限界（▶第4節）や，環境の不確実性・複雑性（▶序章・第9章）への注目は，経営組織論とも類似しています。一方で，隙あらば自分の利益のために相手を騙したり，嘘をついたりするという，機会主義の可能性を前提条件と位置づけている点は，この理論に特徴的なところといえます。

取引コスト理論は，企業がどのような場合に垂直統合を行うかなどを考えるメイク・オア・バイ（Make or Buy）という事業の境界決定や，市場と組織の中間的なガバナンス形態の選択といった問題を検討するのにも，適用されています。

図　組織の失敗の枠組み

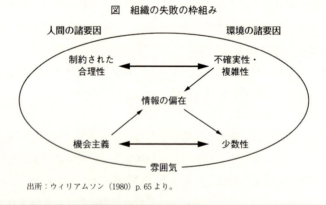

出所：ウィリアムソン（1980）p. 65 より。

子機器を製造していたメーカーが，製造工程すべてを外部の EMS 企業に委託するといったことも生じています。もっとも，経営者が行う以外すべての業務

をアウトソーシングし，組織でなされているすべての活動を市場化するというのも，現実的とは思えません。こうした，ある活動を市場に任せるか組織で行うかという問題をめぐっては，取引コストという概念を用いた議論が多くなされています（Column ❷）。

## システムとしての組織

　第2のポイントとしてあげたのは，組織は「システム」であるということです。一般に，システムとは，複数の要素が相互に影響を与え合うことで，全体としてのまとまりが生み出されているものをいいます。

　たとえば，病院では，医師・看護師をはじめとするさまざまな専門職の人たちや，事務スタッフの人たちなどが，それぞれ役割を担っており，それらの役割に基づいて行動の調整がなされています。多職種の人たちがバラバラに活動していては，患者の治療やケアは崩壊してしまい，そこは実質的に病院とはいえません。医師が検査を指示し，看護師が患者の車いすを押して検査室まで案内し，放射線技師が検査を実施して結果を電子カルテに入力し，その電子カルテはシステム関連部署がメンテナンスしているので問題なく作動しているため，医師は即座に検査結果を見ることができ，新たな治療方針が検討される，といったような連携が常時生じているのが病院という組織です。このような意識的に調整された活動により，患者の治療やケアが可能になります。そのことで，病院施設全体が，医療サービスを提供するシステムとして成り立つのです。

　企業組織をはじめとするその他の組織においても，調整を図りつつさまざまな活動がなされることで，製品やサービスを提供する全体としてのまとまりが生み出されています。

　このようにして組織のさまざまな活動間の調整に焦点を当てると，組織が閉じたシステム（クローズド・システム）に思えるかもしれません。しかし，病院の場合にも，患者とその家族，近隣の中核病院等の連携先，製薬メーカーや医療機器メーカーなどのサプライヤー，医師会など業界団体，厚生労働省をはじめとする政府機関といった，病院外部のさまざまなステークホルダーとの関係が成り立っていることで，はじめて医療サービスの提供は可能となっています。そうした関係を通じて外部から影響を受けつつ，また外部にも影響を及ぼしな

がら，組織内部の活動が成り立っている点に注目すれば，組織は環境に対して開かれたシステム（オープン・システム）であると捉えることができます。

## 活動への注目：人の除外

　組織を人間の集団と捉え，組織を考える際にはそこに組織メンバーを含めて考えるのが一般的です。もちろん，組織のために働く人がいなければ組織は成り立ちえません。しかし，いったん人を除外して考えることで，組織の本質は見えやすくなります。

　たとえば，ファスト・フード・チェーンのある店舗の組織と人を考えてみましょう。半年前と現在を比べたとき，働いている人が全員入れ替わっていることは十分ありえます。しかし，そこで提供されているサービスはまったく同じで，サービスを提供するための活動も大きく変わっていなければ，多くの人は組織は変わっていないと考えるでしょう。

　反対に，人は同じでも活動が変わったという例もあげてみましょう。同じプレイヤーからなるサッカー・チームが，それまでとまったく異なるフォーメーションを採用してプレイした場合はどうでしょうか。大きく異なるフォーメーションをすぐ実行できるには各プレイヤーに高いスキルや柔軟性が求められますが，異なるフォーメーションを採用したプレイそのものについては，そのサッカー・チーム，すなわち組織が変わったという見方をしても違和感はないと思います。

　このように私たちは，組織というときに，人そのものではなく人が生み出す活動に目を向けていることが少なくありません。そこに焦点を当てるために，組織の定義から人を捨象したほうがよいというのが，この定義の含意の1つです。

　もちろん，組織の活動を実際に担う人々は，組織にとって重要な存在です。さらにいえば，働いている人の変化によって，組織の活動，すなわち意識的な調整が変わりうるという意味で，人は組織に大きな影響を与えます。人が入れ替わるという変化もあれば，それまで熱心に組織の活動に参加していた人が，何らかの理由で積極性を欠くようになったというようなことも，組織に影響を与えるかもしれません。このように，組織と人には非常に密接な関係があり，

経営組織論においても重要なテーマとされてきました。本書でも，第8章などで，組織における人に関連する概念や理論について検討します。

 **経営組織と経営資源**

### 経営組織

　前節で示した組織の定義は，かなり幅広いものです。この定義に従うと，道に1人で動かせないほど重い石があって通行が妨げられているとき，2人以上の人が協力してその石を動かそうとすれば，組織が成立していると見なすことができます。この組織は，通行できるように石を動かすという目的が果たされ，協力していた人が解散した時点で，消失することになります。こうした場合，その参加者も組織が存在していたことを必ずしも認識していなかったかもしれません。

　上述のような一時的に成立する組織に対して，私たちが組織といったときに思い浮かべることの多い対象，すなわち企業，病院，警察などでは，何らかの目的達成に向けた活動が継続的になされています。そのために調整された行動が継起的に生じるメカニズムを備えたシステムを，**経営組織**と呼び，以降ではこれをおもな考察の対象とします。

　もっとも，組織の定義が幅広いことで，インターネットの普及により今後ますます増えると予想される，一時的・即興的なコラボレーションも，組織という枠組みから検討することができます。また，業界団体，産業クラスター，国際機構などの，組織を最小単位とする「組織の組織」についても，組織論の対象に含めることができます。

### 経営資源の価値と調整

　企業，学校，消防署といった経営組織は，それぞれが固有の社会的な機能を継続的に果たしています。企業はさまざまな製品やサービスを提供し，学校は教育，消防署は消火活動や関連する公共サービスを提供するシステムとして成

り立っています。

　このように，社会的機能を継続的に果たすシステムとして経営組織が成り立つためには，調整された活動を具体的に担うヒトが不可欠です。そうした活動で財やサービスを生み出すには，さまざまなモノも不可欠でしょう。また，現代社会では，当然のことながらカネもかかわってきます。

　ここにあげた要素，すなわちヒト・モノ・カネは，**経営資源**と呼ばれます。経営資源は，組織が継続的に活動していくのに不可欠であり，組織の活動に深くかかわっています（▶第 2 章）。

　経営資源は組織の活動やそのパフォーマンスを左右します。たとえば，豊富な資金があれば最新の設備の導入が可能になったり，他社よりも高い給与を提示することで優秀な人材を確保できるかもしれません。そのような優れたモノやヒトによって，組織の活動やパフォーマンスは望ましい方向に変化することが期待できます。

　短期的な観点からは，経営資源が組織活動の成果を決定するといってもよいのかもしれません。しかし，獲得した経営資源をどのように活用できるかで，経営資源がもたらす価値は変化します。たとえば，同じ新しい設備を導入した場合でも，稼働状況を観察して生産性を向上させるために改良を加えたり，稼働率を高めるために作業シフトを見直したり，といった組織的な活動がなされるかどうかで，その設備がもたらす価値は変化することでしょう。とりわけヒトの場合には，優秀な人材を確保したとしても，そのマネジメント次第で生み出される価値は大きく異なってきます（▶第 8 章）。

　さらにいえば，どのような経営資源を集めてくるかも，組織の活動によります。設備の更新を計画し，そのための資金を手当てし，具体的な仕様を決め，使用するマニュアルを作成することなどは，組織メンバーによる行動です。それら 1 つ 1 つの行動が調整されることによってはじめて，新たな設備が以前よりも高いパフォーマンスを発揮することが可能になります。

　このように，経営資源をどのように活用あるいは獲得するかといった活動がきわめて重要で，そうした活動の調整に焦点を当てて考えることで組織の本質を捉えようとするのが，経営組織論の視点であるといえます。すなわち，組織を人間の集団ではなく，参加者が携わっている活動や諸力からなるとする抽象

的な定義を採用することで，経営にかかわる調整やそのあり方を，よりよく考えることができるのです。

　経営資源と組織の関係をこのように捉えると，近年になって経営資源に含まれるようになった情報や知識が，組織の本質に深くかかわっていることがわかります。なぜならば，情報や知識の有無および質は，組織における調整に大きな影響を及ぼすとともに，経営資源の活用・獲得を大きく規定するからです。さらにいえば，そうした情報や知識を，どのようにして自ら創出するかも，組織における重要な課題になってきます（▶第11章）。

　なお，何らかの明確な目的のための協働に必要な諸資源の複合体を，**協働システム**と呼ぶことがあります。前節の冒頭に例示した，企業，病院，学校などは，すべて協働システムです。諸資源を調整するものとして，協働システムの中核に経営組織がありますが，一般的な慣例に従って，協働システムそのものを組織といいかえることもあります。

# 3　組織の成立条件

　先述の組織の定義を提示し，現代の組織論の基礎をつくったバーナードは，組織が成立する条件として，**組織目的**，**貢献意欲**，**コミュニケーション**という3つをあげました。これらについては第2〜4章で詳しく検討しますが，それらがなぜ組織の成立にとって不可欠なのか，簡単に見ていくことにしましょう。

　最初にあげられているのは，組織目的です。たとえば，消防組織の目的は，消防法第1条に規定されているように，「火災を予防し，警戒し及び鎮圧し，国民の生命，身体及び財産を火災から保護するとともに，火災又は地震等の災害による被害を軽減するほか，災害等による傷病者の搬送を適切に行い，もつて安寧秩序を保持し，社会公共の福祉の増進に資すること」です。こうした目的がなければ，何が組織の要素である活動や諸力なのかを特定できず，個人がバラバラに行動している状態と区別できません。いいかえれば，組織目的とは，その活動が調整されているかどうかのものさしにあたるもので，組織としての合理性の基準になります。

組織にとって目的はきわめて重要であり，組織が成立する核ともいえますが，いくつかの注意が必要です。まず，組織全体の目的によって，個々の組織メンバーがとるべき行動が導かれるとは限らないということです。先ほどの消防組織の目的は，消防組織に所属する1人1人の組織メンバーが，今ここで何をすればよいかを指し示したり，従事していることの妥当性を具体的に評価するために用いることができるわけではありません。上記の目的を，火災の予防，火災の鎮圧，傷病者の搬送等々の下位目的に分割し，それを達成するための組織的活動を検討する必要があります。そこでは，それらの下位目的やそのための活動は，組織全体の目的に対する手段と位置づけられます。さらに，下位目的の1つである傷病者の搬送を適切に行えるように，目的の細分化が図られていくことになります。このようにして，階層的に目的を分割していくのは，ほとんどの組織で見られることです。そのように目的を具体的な活動に落とし込むことの有効性と問題点については，第**2**章で改めて検討します。

　第2の条件が貢献意欲です。組織の定義には人が含まれないとはいえ，組織の活動を実際に担っているのは1人1人の組織メンバーです。したがって，組織メンバーが，下位目的を含む組織の目的に対して，一定程度貢献しようという意欲を持っていなければ，組織は成り立ちえないでしょう。なぜ組織メンバーは組織に参加し，自分自身の目的とは異なる組織目的に対して貢献すべく役割を引き受けるのか，また，なぜそうした貢献意欲がますます重要になっているのかは，第**4**章で取り上げます。

　ただし，組織メンバーが目的への貢献意欲を持っているだけでは，幼児のサッカーのように，プレイヤー全員がボールのところに群がるようなことになってしまうかもしれません。高度な協働を実現するには，目的達成のために組織メンバーが設定された役割を引き受け，それに沿った行動をそれぞれがとり，それらがうまく嚙み合っていることが求められます。組織メンバーの行動が嚙み合うには，第3の条件であるコミュニケーションが不可欠です。ここでいうコミュニケーションとは，人と話をする，連絡をとるといった意味ではなく，何らかの刺激を与えることで他者の認知や行動などを変えることです。あえて日本語にすれば意思疎通という言葉になるでしょう。

　コミュニケーションをこのように捉えると，一般的な対面会話などとは異な

り，同時的でなくてもよいことになります。たとえば，事前にマニュアルを渡しておくといった形で刺激を与えることも，ここでいうコミュニケーションに該当します。こうなると，コミュニケーションに含まれる範囲は非常に広くなりますが，何らかの形でコミュニケーションがなされなければ意識的な調整は不可能であり，調整とはコミュニケーションであるともいえることから，第**3**章ではコミュニケーションと調整について詳しく見ていきます。

# 4 意思決定からのアプローチ

　第**1**部の残りの各章（第**2**～**4**章）では，組織成立の3つの条件についてより詳しく検討し，組織においてどのように意識的調整がなされているかを見ていきますが，その際，組織の要素とされる活動や諸力に対して，**意思決定**という側面からアプローチします。活動することには，決定することと行動することのいずれもが含まれるため，決定に注目することで活動や諸力を近似的に捉えることができるからです。

　意思決定という言葉を用いると，何かを決定する瞬間だけに注目してしまいそうですが，意思決定は，①問題を認識し，②問題解決のために適当な選択肢をつくり出し，③それらの選択肢を評価して選び出す，というプロセスからなります。

　このようなプロセスを経て最適な決定を行うには，ありうるすべての選択肢を列挙し，いずれの選択肢についてもそれを採用した場合の帰結を正確に予測でき，それらの望ましさを順序づけ，最も望ましい選択肢を採用することができなければなりません。しかし，現実には，そのようなパーフェクトな決定を行うことはできません。なぜなら，私たち人間が**制約された合理性**しか有していないためです。

　ここでは，ワンルームマンションを新たに借りる際の個人の意思決定を例に，どのように合理性の限界に直面しているか検討してみましょう。不動産仲介会社を利用したとしても，希望するエリアにある物件すべてを知ることは不可能です。最大限支払える家賃の額といった**決定前提**から物件がある程度絞られた

としても，間取りや駅までの所要時間などの情報は把握できるかもしれませんが，夜間の静かさや1階上の住人が出す騒音などまではわからないでしょう。物件を決める際には，家賃，間取り，駅からの近さ，周囲の環境等々，さまざまな基準があると思いますが，それらの優先順位は事前に明確に決まっているというよりも，物件を見て回るうちに優先順位も揺れ，結局は近所におしゃれなカフェがあるといったことに影響されてしまうかもしれません。

　このように，すべての選択肢をあげ，それらのもたらす結果を正確に評価してから選び出すというプロセスをとれないという意味で，人間の合理性には限界があることを与件として，意思決定を考える必要があります。実際の決定では，最も優れたものを選択する**最適基準**ではなく，一定の基準を超えた選択肢があればそれを選択するという**満足基準**による選択がなされています。満足基準による選択では，ごく少数の選択肢を取り上げてそれらがもたらす結果をある程度予想し，満たすべきとされる条件に達しているものがあればそれを選び，もっとよい選択肢をさらに探し求めたりはされません。

　組織においてもさまざまな意思決定がなされていますが，そこでの意思決定も，制約された合理性しか持たない人間が行っているという意味では，上の個人の意思決定の例と同様です。しかし，合理性の限界を与件としつつ，調整の仕組みをつくり上げることで，より合理性の高い意思決定を追求しようとするのが，組織という制度だといえます。そうした仕組みはいつも望ましい結果のみを導くわけではなく，それが逆に作用して意図しない結果が生じることもありますが，これも合理性が制約されているからです。

　続く第**2**～**4**章では，意思決定に関連づけて組織の成立条件を説明しながら，意思決定に関連する用語を少しずつ導入していきます。

---

### NEXT STAGE

第**2**章では，組織の成立条件の1つである組織の目的について詳しく取り上げます。組織は，目的―手段の連鎖をつくることで，目的追求のための活動を具体化しますが，さまざまなステークホルダーとの間で組織均衡を維持

しようとすることが，組織目的の再定義につながる可能性があることを説明します。

### EXERCISE

① 組織に参加するメンバーがほとんど入れ替わったにもかかわらず，組織の活動がさほど変化していない具体例を1つあげて，なぜ組織の活動が変化しなかったのか検討してみましょう。
② 自分が実際に熟考して意思決定した経験を思い出して，選択肢の生成，評価，選び出しをどのように行ったのか，詳しく書き出してみましょう。

### さらなる学習のための文献リスト　　　　　　　　　　　　Bookguide

- バーナード，C. I.（1968）.『経営者の役割（新訳版）』ダイヤモンド社.
- 藤井一弘（編著）（2011）.『バーナード』文眞堂（経営学史叢書 VI）.

➡ バーナード（1968）は，現在の経営組織論の基礎となっている古典的名著であり（原著は 1938 年刊），組織について深く学ぼうとするのであれば，いつかは手にとってもらいたい1冊です。藤井（2011）の第2章・第3章における，バーナード理論の解説は，難解といわれるバーナード（1968）に挑む際に参照するとよいでしょう。

# CHAPTER

第 **2** 章

# 組織目的

**SHORT STORY** 画期的な人工肉の開発を目指す佐藤さんと鈴木さんは，これから設立する会社「プライム・クリーン・プロテイン」のミッションを，「安全かつ安価な人工肉の開発で世界の食糧問題および地球環境問題の解決に貢献する」と定めました。

　もちろん，この壮大なミッションを一足飛びに実現することはできません。佐藤さんの技術を実用化するための技術開発ベンチャーを設立するには，多額の資金が必要であり，2人の手元資金では到底足りないことが明らかです。最初のステップとして，資金の獲得にめどをつけることが目標の1つになります。

　資金獲得のためにはビジネスプランをつくらなければなりません。しかし，どのようなビジネスプランを作成すれば，エンジェル投資家（創業間もないベンチャー企業に資金を供給する裕福な個人）やベンチャー・キャピタル（高い成長が見込まれるベンチャー企業などに出資する投資会社）からの支援が得られるか，見当がつきません。そこで，鈴木さんの大学の友人で，外資系投資ファンドで働いた経験のある高橋さんに，相談に乗ってもらうことにしました。高橋さんは事業の将来性を見込んだのか，積極的に協力してくれることになりました。

　ビジネスプランには，事業ビジョン，ターゲットとする顧客のニーズや市場の把握・分析，強みの明確化などに加え，いつまでに何を達成するのかというマイルストーンを記述することなどが不可欠です。それらの要素について，担当を分けて各人が検討し，次回のミーティングで素案を持ち寄って議論しようということになりました。

**KEYWORD**　経営理念　目的―手段の連鎖　目的合理性　目的のブレイクダウン　全体最適　部分最適　制約としての諸目的　個人の参加目的　誘因　貢献　ステークホルダー　能率　組織均衡　成長　事業転換

# 1　組織目的の存在

　第1章では組織の成立条件の1番目に目的をあげましたが，組織に目的があることは自明のように思えます。そこで，まずは自分にとって身近な組織の目的を考えてみてください。一般に，企業組織であれば，何らかの事業を営むことを通じて利益を生み出すことが，組織の目的でしょう。病院であれば，傷病者の診療を通じて人々の健康・ウェルビーイングに寄与することが目的であり，大学の目的は，教育・研究さらには地域とのかかわりを通じて社会に貢献することです。

　ただし，会社ごとに事業が異なるように，個々の組織はより限定された固有の目的を持っていると考えられます。ここでは，実際の企業を取り上げて，具体例を見てみることにします。私たちが名前を知っているような企業の大半は，法人としての会社ですが，法人として事業活動を行っていくためには，定款という，いわば会社の憲法に，その目的を記載しなければならないと法律で定められています。

　たとえば，トヨタ自動車株式会社の定款を見てみましょう。第1条で商号（名称）が定められた後，第2条に目的として，

　　　「当会社は，次の事業を営むことを目的とする。
　　　　(1) 自動車，産業車両，船舶，航空機，その他の輸送用機器および宇宙機器ならびにその部分品の製造・販売・賃貸・修理
　　　　(2) 産業機械器具その他の一般機械器具およびその部分品の製造・販売・賃貸・修理
　　　　(3) 電気機械器具およびその部分品の製造・販売・賃貸・修理
　　　　　　（中略）

**CHART** 図2.1 経営理念の例（花王ウェイ）

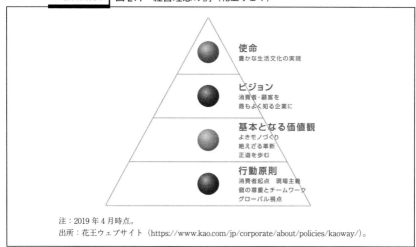

注：2019年4月時点。
出所：花王ウェブサイト（https://www.kao.com/jp/corporate/about/policies/kaoway/）。

⒆ 前各号に付帯関連するいっさいの業務」
という文章が示されています（2019年4月時点）。このように，自動車を中心とした輸送機器の製造・販売などを行うことが，同社の定款上の目的になっています。

　日本を代表する企業の大半が含まれている上場企業の多くは，**経営理念**やミッションを定め，それを公表しています。たとえば，洗剤などを製造している大手化学メーカーの花王は，花王ウェイという企業理念を掲げています（図2.1）。そこでは，「豊かな生活文化の実現」が最上位に位置づけられています。フリマアプリで有名なメルカリのミッションは，「新たな価値を生みだす世界的なマーケットプレイスを創る」です（2019年4月時点）。メルカリのアプリが日本において個人売買が活性化するきっかけになったように，同社はこのミッションの実現に向けて活動を拡大しようとしているように思われます。

　このように，組織にはその組織に固有の共通目的があるということが，社会的に認められています。定款や経営理念などといった形で組織の目的が定式化されたり広く公表されるとは限りませんが，個人で達成しえない何らかの目的があることではじめて，複数の人たちの協働が不可欠となり，組織が成立する残りの2つの条件である，貢献意欲とコミュニケーションも必要になってきます。

反対に，組織の目的が存在することが認められていなければ，個人がバラバラに行動しているのと変わりません。したがって，非個人的な，組織全体に共通する目的が存在するという信念が，その組織の関係者に共有されることは，組織の成立にとって不可欠です。

　しかし，組織でなされる具体的な活動が組織全体に共通する目的と結びついているかというと，必ずしもそのように思えないことも多く見受けられます。組織が大きくなればなるほど，個々の活動と組織目的との関係は薄くなるように感じられます。さらに，組織の目的を裏切るような活動がその組織によってなされることもあります。顧客の満足や顧客からの信頼を得ることを理念として掲げている会社が，顧客を騙すような不祥事を起こすことも，残念ながらまったくないわけではありません。

　本章では，組織の目的追求に向けた活動を目的―手段の連鎖という観点から検討するとともに，組織メンバーをはじめとしたさまざまな組織の参加者が組織にかかわる目的と組織の目的との関係についても取り上げることを通じて，組織の目的に内在するダイナミズムを見ていきます。なお，ここでは，おもに企業組織を取り上げて考えますが，本章で説明することの多くは行政組織やNPOにもあてはまります。

 ## 目的―手段の連鎖による目的のブレイクダウン

### 目的―手段の連鎖と目的合理性

　いうまでもなく，組織目的を定めただけでそれが実現されるなどということはありえません。その実現に向けて調整された活動がなされなければなりませんが，組織が掲げる目的を実現するためにどのような活動が求められるのかを導き出すのは簡単ではありません。ここでは，組織の目的が定まった後，次に何を行うかを検討するための準備として，個人が目的を立ててその実現を目指す際，どのように行動への落とし込み（ブレイクダウン）をしていくかを考えます。

**CHART** 図2.2 目的—手段の連鎖のイメージ

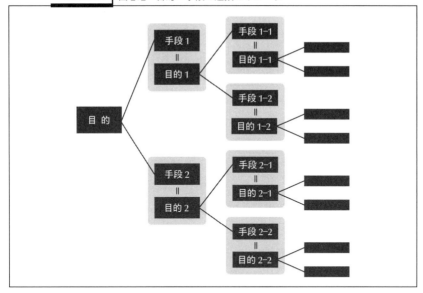

　たとえば，海外に留学をしたいという目的を持ち，それを実現するための行動を導出することを考えてみましょう。留学先にもよりますが，英語でのコミュニケーション能力を一定以上備えていると証明できることが，要求される1つの前提条件となります。そこでまず，留学希望先の情報に基づいて，TOEFL iBTテストで90点以上とることを目標にするとします。その上で，技能をリーディング，リスニング，ライティング，スピーキングの4つに分解し，それぞれについて目標点数を設定して，点数を伸ばす方法を考えます。たとえば，ライティングについては，どのような教材を使用しいつまでに終わらせるといった具体的な計画を立て，1日当たりどのくらいの時間を学習にあてるかを決め，その時間を捻出して，実際に学習を進めていくことになります。

　図2.2のように，目的を実現するための手段を考えて，その手段に関する下位目的を定め，またそれを実現する手段を考え，さらに具体的な目的に落とし込む，ということを繰り返すことで，具体的にやるべきことを明確化し，実際の活動につなげていくわけです。別の言い方をすれば，**目的—手段の連鎖**をつくることで，具体的にとるべき行動を特定します。このような連鎖において，目的と手段が適切な関係にあることを，目的合理的であるといいます。

留学の例でいえば，TOEFLの成績向上のために，TOEFL対策の問題集を買ってそれを解くことは目的合理性が高いといえますが，TOEICの問題集を解くことは，問題の傾向などが異なるので目的合理性は相対的に低くなります。ましてや中国語検定の問題集の学習に時間を使うことは，中国語圏に留学したいのでなければ，目的合理性は低いといえるでしょう。このように，目的に適した妥当な手段を選択すれば，**目的合理性**は高くなるといえます。

もっとも，目的―手段の連鎖を導出するプロセスにおいて，高い目的合理性を持つ手段を考案できるのかどうかという問題があります。目的達成に役立つあらゆる手段を想起し，その中から最も適切な手段を選び出すことができればよいのですが，合理性の限界があるため（▶第1章），あらゆる手段を考量して最適な手段を特定することは不可能です。しかし，さまざまな制約のもとで一定の基準を満たす手段を選び出し，その手段を下位目的と定め，それを実現するための手段を探索する，ということを重ねていければ，目的の実現に近づいていくと考えられます。

### 組織における目的のブレイクダウン

組織においても，基本的には個人の目的達成と同じように，目的―手段の連鎖を探索していくことになります。しかし，組織は個人では達成できないことを目的に設定しているため，目的を追求する活動が複雑になり，目的―手段の連鎖の全体を見通すことも難しくなります。

目的―手段の連鎖を導出する大変さは，目的の抽象度によっても変わってきます。前節で経営理念の例としてあげた，花王ウェイに含まれる「豊かな生活文化の実現」という目的を，すぐさま実現できるような行動を考えるのは困難です。この文言がどのようなことを意味しているのかを熟考するところから始める必要があるでしょう。それに対し，Aというシャンプーのブランドの既存商品の売上を，昨年度より3％増加させるという具体的な目標の場合には，達成に必要な手段としての行動を特定することは比較的容易でしょう。

目的が抽象的であっても具体的であっても，目的を定めればそれを実現するための手段がおのずから明確になり，それを実行しさえすればよいという状況は例外的です。したがって，個人の目的達成に向けた場合と同様に，目的―手

段の連鎖をつくっていくことになります。以下では，SHORT STORYのベンチャー企業を例に，組織を立ち上げた際の目的をブレイクダウンしていくイメージをつかむことにしましょう。

　この企業が世界の食糧問題への解決に貢献することをミッションに掲げ，研究室で人工肉の試作に成功したとしても，いきなり大量生産を図ることは現実的とはいえません。ミッションを追求しようとすれば，人工肉を安価に供給できるような技術の開発が必要です。そうした技術の開発はミッションに対する手段であると同時に，「安価に生産できる技術の確立」は重要な下位目的の1つになります。

　目的の分解は1度行えばそれで終わりというわけではありません。どのくらいの製造規模を想定して，どの程度をもって安価と考えるかを設定し，それをクリアするための技術的課題を洗い出すことになります。その上で，目標値を達成するためのさまざまな技術的課題の解決が，さらに下位段階の目的になっていくでしょう。複雑な課題に取り組む場合，このように**目的のブレイクダウン**を行い，具体的に取り組む課題を特定していくことが不可欠になります。

　新技術の開発を目指すベンチャーの例なので，まず技術的な側面での目的のブレイクダウンに焦点を当てましたが，技術的な課題の解決以外にも目的─手段の連鎖のブレイクダウンがなされる必要があります。たとえば，開発を続けるためには資金が必要であるため，必要な資金の調達が下位目的の1つになります。そうして資金調達のためにベンチャー・キャピタルや銀行などと折衝する過程で，財務的な側面においてさらに下位の目的が設定されるでしょう。また，人工肉が消費者に受け入れられていくためのマーケティングも必要です。マーケティングを進めるために，顧客との接点としてウェブサイトの構築が重要であるとなれば，それをどのようにつくり込むかについて目的が定められ，より具体的な作業についても目標が設定されていきます。

　このように，目的をもとにその手段を検討し，その手段に関する下位目的を設定し，さらにその手段を考えて，下位目的を設定していくという，目的のブレイクダウンを通じて，目的の達成に向けた組織の活動は具体化されていきます。

# 3 制約としての目的

## 目的のブレイクダウンから生じる問題

　組織全体の目的の実現のために目的がブレイクダウンされると，細分化された複数の具体的な下位目的を達成していくという活動を通じて，より上位の目的の達成が目指されることになります。すなわち，下位目的を順次達成していくことを通じて，上位目的である組織全体の目的の実現が図られます。

　さまざまな下位目的の達成に向けた活動が独立であれば，塗り絵のパーツを1つ1つ塗っていくことで塗り絵全体が完成するように，下位目的を1つ1つ達成していくことで，組織全体の目的の達成へと着実に導かれることになります。しかし，多くの場合，それぞれの目的に対する活動は必ずしも独立ではなく，ある下位目的の達成に向けた活動が他の下位目的の達成に影響を与えるといったことがしばしば生じます。つまり，さまざまな下位目的の達成に向けた活動が相互依存的であることが少なくありません。

　たとえば，あるメーカーで，製造コストを下げようという下位目的を追求して製品の仕様を少し変更したことが，想定しなかった形で製品の物流に負の影響を与えるかもしれません。あるいは，会社のキャッシュフローが逼迫して，これまで以上に売上を伸ばすことが重視すべき目的として認識された結果，売上目標の達成にのみ目が向けられるようになってしまい，品質の改善や製品開発のための顧客ニーズの把握といった目的の追求がおろそかになる，などということも，相互依存関係を示す例といえます。組織全体の目的から導出された下位目的の追求は，それによって組織全体の目的に貢献することが目指されていますが，下位目的を達成するための活動が，別の下位目的の達成を阻害する可能性があります。そこでは，組織目的の達成という**全体最適**ではなく，下位目的の達成という**部分最適**が追求されていると見ることができます。

　すなわち，組織目的の実現に向けた目的のブレイクダウンは不可欠ですが，それに伴って，ある下位目的の達成が他の下位目的の達成に影響を与えたり，

下位目的の達成に傾注するあまり組織全体の目的達成に目が向かなくなったりすることがあります。目的—手段の連鎖の全体を見通した上で全体最適を図ることができない根本的な原因は，これまでも何度か言及してきた人間の合理性の限界にありますが，こうした現象は組織の拡大とともに進行する専門化や部門化（▶第3章）の進展によって生じやすくなります。

　また，組織におけるさまざまな活動には，有限な経営資源の活用が不可欠なことからも，相互的な影響関係が生じてきます。ある部門が，自部門の目的達成にはもっとカネやヒトが必要だと考え，カネやヒトの資源配分の見直しを求めた結果として，配分される資源が削られた他の部門の目的達成は難しくなるかもしれません。

## 制約としての諸目的

　組織は，下位目的を連鎖的に設定する際，それぞれの下位目的を独立的に追求しやすくなるように，できるだけツリー状にしようとします（前掲図2.2）。いいかえれば，1つ1つの下位目的の追求が，他の目的追求と直接関連しないよう，相互依存性を小さくしようとします。しかし，それらが完全に独立的になることはなく，多かれ少なかれ相互依存性が残ります。

　個人が目的を定め，それを実現しようとする場合には，目的の連鎖が比較的単純であるだけでなく，自分自身ですべての連鎖をつくり出すため，下位目的の依存関係を把握するのはさほど難しくないかもしれません。一方，組織の場合には，目的—手段の連鎖が複数の人によってつくり上げられていることも多く，しかもその連鎖は時間の経過とともに複雑に変化していくことから，とくに組織の規模が大きいと目的—手段の連鎖は見通しにくくなりがちです。

　このように考えると，ほとんどの組織には，複合する諸目的があり，それらの関係が必ずしも見通せない中で，個々の組織メンバーは自分の役割と関連づけられたごく少数の下位目的を実現するために活動していると捉えることができます。諸目的が複合化している中で，特定の下位目的を実現しようとする際には，何らかの相互依存関係にあるその他の目的は，ある種の制約として考慮されます（**制約としての諸目的**）。

　たとえば，あるメーカーの製造部門において，製造コストを削減するという

目的を追求すべく各々が活動しているものの，Aという加工工程のコストを削減しようとすると，別の組織メンバーが担当しているCという下流の組立工程のコストが上昇してしまうかもしれないということがあったとします。そうした場合，A工程のコスト削減に向けた活動では，C工程のコスト低減という目的追求に重大な影響を及ぼさないことが制約条件となります。また，コスト削減のために時間外まで働かざるをえないときに，残業時間を削減して働き方を改善するといった人事部門の目的は，制約条件になっていると見なせるでしょう。

　もともと目的―手段という連鎖を階層的に重ねていくことで同定された諸目的は，実際に目的を追求するための活動を行う際には，しばしばネットワークのように連関し合ったものとして捉えられることになります。このように考えると，さまざまに水準が異なり，その関係する範囲も異なる目的のネットワークの中から，各メンバーが自分の役割と関連づけられているものを実際の活動の目的として選択し，他の目的の一部を制約条件として意識しながら，達成すべき目的の実現に向けてできる限り合理的に決定・行動しようとしている，というのが，組織の実態であるといえます。

　近年，さまざまな会社において，経営理念やビジョンを組織メンバーの間で共有しようとする施策が実施されています。これは，組織メンバーが具体的にかかわっている下位目的と組織全体の目的が連鎖していることについての認識を高め，それを通じて，個々の下位目的の追求に向けた活動に組織全体の目的が制約条件として作用することを期待した取り組みと，理解することができます。

## 4. 組織の目的と個人が組織に参加する目的との関係

　次に，組織としての目的と，個人が組織に参加する目的との関係を考えます。なぜなら，組織の諸目的の実現に向けて実際に活動するのは，組織に参加した個人である組織メンバーだからです。

　経営組織論では，組織としての目的と個人が組織に参加する目的（個人の参

加目的)とは，基本的には別物であるという前提からスタートします。すなわち，個人は，自分の持つ何らかの目的を達成するためにその組織に参加するのであり，組織の目的を達成することを自らの目的として組織に参加するのではないと仮定するのです。旅行資金を得るという目的のために，ごく短い期間だけ働くと決めて学生がレストランでアルバイトとして働くというのは，そうした例の1つです。そのアルバイトの学生は，会社全体の目的を詳しく知らずに働いているかもしれません。

組織に参加している個人は，そこに参加している目的が満たされるかどうかには強い関心を抱きます。旅行資金を得るためのアルバイトをしている学生は，自分の想定した賃金が得られるかどうかに関心があります。なお，個人が参加する目的は経済的報酬の獲得に限られているわけではありません（▶第4章・第8章）。安定した給与とスキルの向上を通じたキャリア開発の機会を求めて入社した正社員は，それらの複数の目的がどの程度達成されているかを総合的に判断して，組織に参加し続けるかどうかを考えることでしょう。

もし，組織に参加している人たちが次々と組織への参加を止めてしまえば，組織の活動は成り立たなくなります。そのため，組織メンバーとして組織の諸目的を実現しようとする活動に従事することが，個人が組織に参加している目的の達成に結びついているということを，組織に参加している個人が納得できるように，組織は働きかけをする必要があります。

たとえば，コールセンターで顧客からの問い合わせに応えるという業務は，顧客満足の維持・向上を図るという組織の目的に適う活動といえます。しかし，その業務に携わるパートタイム従業員にとっては，その会社の商品を使用している顧客の満足度など，どうでもよいかもしれません。しかし，その業務に従事することで報酬として給与を得て，その給与を生活の糧にしたり，自分の趣味にお金を使ったりできるということを知っているがゆえに，会社が準備したマニュアルなどに基づいて，電話をしてきた顧客に有益な情報を提供しようとします。会社は顧客の満足をいっそう高めるために，通話待ち時間の短縮やより丁寧な説明の提供のために業務方法の改善を試みるかもしれません。新たな業務方法を適切に実行できなければ，人事考課の結果として給与が減ったりして，自分がその組織に参加する目的が満たされなくなるということが従業員に

理解されることで，顧客満足の向上という会社の目的追求と，十分な報酬を得たいという個人の目的の追求とが関係づけられることになります。

　このような両者の関係づけがうまくなされなければ，個人が組織から離れたり，参加し続けたとしても組織目的への貢献意欲が低い状態になってしまいます。したがって，組織は，組織の目的の達成が個人の目的の達成につながると説得したり，それらを関係づける制度をつくり出したりすることで，組織の目的を追求しようとします。たとえば，会社の目的の1つが売上や利益などの成長であれば，会社の収益の成長が個人の報酬の増加につながるということを強調するかもしれません。さらに，会社としての目的達成度が個人の報酬につながるような制度を設けることも可能でしょう（▶第4章）。

　組織の目的と個人の目的とが関係づけられていれば，個人は，組織の目的達成に貢献し，迂回的に，組織に参加した自らの目的を達成しようとします。個人にとって，組織の目的とは個人の目的を達成するための媒介であるといえます。一方，組織は，個人の参加目的を具体的に把握している場合もあれば漠然としかつかんでいない場合もありますが，組織にとっても個人の参加する目的は，その組織が目的を実現するための媒介であるといえます。

　以上のように，組織と個人の関係は，ギブ・アンド・テイクの交換関係と捉えることができます。個人が組織に参加する目的を満たすために，組織は経済的報酬などを提供し，その代わりとして個人から，組織の目的追求のための活動に対する貢献を得ます。組織側から提供するものを**誘因**と呼び，反対に個人が提供するものを**貢献**と呼びます。会社組織の場合でいえば，個人が会社に提供する労働力が貢献であり，その見返りとして得る経済的報酬などが誘因になります。貢献を提供するのに十分な誘因が提供されることで，誘因と貢献の交換関係が成り立ちます。このように，組織の目的と個人の目的が異なっている中で，交換関係を成り立たせることによって両者を関係づけることが，組織のマネジメントの基本といえます。

　なお，組織に参加する個人が組織に一体感を感じ，組織の目的を自分の目的であるかのように感じるようになることは，決して珍しくありません（▶第4章）。また，ボランタリー組織は，その成り立ちからいっても，組織の目的や活動に賛同して個人が参加するなど，組織目的と個人の参加目的が最初から

オーバーラップしていることが多いと考えられます。反対に，組織でなされる意思決定プロセスの中で，組織に参加する個人の利害が，組織の目的や活動に浸透していくこともあります（ポリティクス ▶第7章）。このように，より詳しく見れば，組織の目的と個人の参加目的はいつもまったく異なっているわけではありませんが，組織と個人の関係を概観する場合には，それぞれの目的は異なるという前提が成り立っているとしてよいでしょう。

# 5 ステークホルダーからの経営資源の調達と組織均衡

## ステークホルダーからの経営資源の調達

　どのような組織であれ，経営者や従業員など，その組織の活動を直接的に担う人たちだけでは，組織の目的を達成することはできません。たとえば，スマートフォン向けのゲームを開発する会社では，モノを製造するメーカーと異なり原材料の仕入れは必要ありませんが，サーバーの供給者，オフィスの貸主，安定した電気やネット環境などのインフラ供給者等からのサービスの提供がなければ，事業を進めていくことができません。もちろん，開発したゲームをプレイして，直接的もしくは間接的に収入を提供してくれる顧客の存在も不可欠です。

　いいかえれば，組織は目的達成のために，さまざまな要素を入手し，活用することによって，活動を成り立たせています。そうした要素のことを経営資源と呼びます（▶第1章）。経営資源には「ヒト」「モノ」「カネ」という3種類があるといわれてきましたが，最近では，情報・知識・技術・ブランドなどが組織の経営にもたらすインパクトが高まり，それらの情報的資源がとりわけ重要な経営資源に位置づけられています。

　「ヒト」「モノ」「カネ」といった把握しやすい経営資源は，ステークホルダーから供給されます。**ステークホルダー**（stakeholder）は，利害関係者と訳されることもあり，地域社会や国などもステークホルダーに含められますが，ここでは経営資源の提供者に焦点を当てて考えることにします。

「ヒト」すなわち人的資源とは，従業員や経営者によって提供される労働力です。なお，第1章で検討したように，人そのものは組織に含まれるわけではありません。「モノ」すなわち物的資源は，組織外部のサプライヤーなどから供給されます。たとえば，自動車メーカーにとっては，タイヤ，ライト，鋼板などの原材料や，塗装ロボットなどの機械設備のサプライヤーなどが，それにあたります。「カネ」と称される財務的資源は，株式会社の場合であれば出資者もしくは債権者によって提供されています。事業がうまく回っていれば，事業活動によってキャッシュが生み出されますが，それも制度上は株主等の出資者に帰属するものです。事業の結果として生み出される利潤の源泉は，顧客からの売上にあります。最後に，知識や情報といった情報的資源は，外部から調達されるものもありますが，組織内部で生み出されるものが相対的に重要である（▶第11章）ことなどから，ここでは割愛します。

### 組織均衡

次に，ステークホルダーと組織の目的との関係を考えてみましょう。前節で見た，労働力を提供し組織の活動を担っている個人がそうだったのと同様に，従業員・経営者以外のステークホルダーも，基本的には組織の目的追求全般には関心を持たず，誘因と貢献のバランスがとれている限りにおいて，組織に資源を提供すると考えればよいでしょう。

ある組織にお金を貸し付けている銀行などの債権者は，利子の支払いや債権の回収，およびそれらと密接に関連する財務的な目標達成には関心を持ちますが，その組織のミッションといったレベルでの目的達成には関心を抱かないことが多いでしょう。所有と経営が一致していない企業における多くの株主についても，おおむね同様であるといえます。サプライヤーも，供給する製品・サービスと獲得できる対価とのバランスさえとれていればよく，製品・サービスを購入した組織の目的が達成されたかどうかに強い関心を持つことはないと考えられます。顧客も同様で，提供される商品・サービスの価値と支払う対価とが釣り合っているかどうかが最も優先的な関心事です。

サプライヤーが，崇高な目的を掲げてそれに邁進している組織に対して，その心意気に打たれて他社に提供するよりも安い値段で資材を供給するといった

ことはあるかもしれません。また，顧客が，提供される商品やサービスを通じてその組織のファンになり，組織の目的達成に関心を持つということもありえます。しかし，一般的にいえば，ステークホルダーと組織との関係は，誘因と貢献で成り立っています。

　さまざまなステークホルダーは，その組織との取引が彼らにもたらすものを誘因として，資源提供という形でその組織に貢献しています。いいかえれば，誘因と貢献のバランスすなわち**能率**をステークホルダーは評価し，能率が期待と合致している，もしくはそれ以上の場合にのみ，ステークホルダーであり続けます。ここでいう能率とは，貢献がどれだけの誘因を生み出したかという変換率のことです。サプライヤーは，供給する商品に見合う妥当な収入が得られないのであれば取引をやめてしまうでしょうし，顧客は，対価に見合わないと思えば，商品やサービスを購入しなくなります。株主は，得られる配当や株式の値上がりが投資額に見合わないと判断すれば，株式を売却してしまいます。そのようにして多くの株主が株式を売却すると，企業価値が下がり，買収されるリスクも高まります。

　したがって，組織は活動を続けるためには，ステークホルダーからの貢献を得る必要があり，そのためには，ステークホルダーに対して十分な誘因を提供できなければなりません。このように，ステークホルダーを組織の参加者と捉え，それらさまざまな参加者との間にそれぞれ一定以上の能率を維持していくことで組織が存続するという見方を，**組織均衡**といいます。ここではステークホルダーを組織の参加者と捉えるので，そこには経営者や労働者といった組織の活動を担う人たちだけでなく，株主や顧客，サプライヤーなども含まれます（図2.3）。

　参加者にとって組織の有効性とは，自分の立ち位置から見た組織の目的達成の程度を指すことになります。株主にとってみれば，株主資本収益率をはじめとした財務目標の達成度合いであり，顧客から見れば，その会社が提供している商品・サービスの総合的品質の程度などになります。

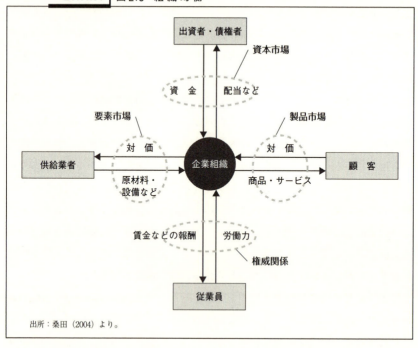

CHART 図2.3 組織均衡

出所:桑田(2004)より。

 組織均衡の維持と組織能力の有効活用

### 組織均衡の維持と成長

　組織均衡を維持し，組織内の諸目的の実現に向けた活動を続けるには，ステークホルダーの期待を満たせるだけの誘因を提供できなければなりません。そうした誘因の源泉を生み出すためには，必要な経営資源をステークホルダーから集め，それらの資源を有効に活用する能力を備えることが組織に求められます。どのように組織が資源を獲得し，活用する能力を構築するのかは，以降の章を通じて検討していきますが，組織におけるさまざまな活動をいかに調整するかが重要な鍵となります。それとともに，諸資源をうまく活用する知識や技術の重要性が増しています。知識や技術も経営資源の1つですが，その他の

経営資源の活用を方向づけるという意味で異なる次元の資源といってよいでしょう。

　組織均衡は，いったん成立したらそのまま維持されるというものではありません。それぞれのステークホルダーが，自分にとっての能率の改善を求めてくることは日常茶飯事です。たとえば顧客は，同じ値段でいっそうよいものが，もしくは同じものがいっそう安い値段で，提供されることを求めるでしょう。株主はより高い収益率を，従業員は報酬の増加を求めます。

　ステークホルダーが能率の改善を求める背景には，競争をはじめとする環境の変化があります。たとえば，ライバル企業が安価な新商品を市場に投入してきたことを反映して，既存顧客が値下げや新商品の投入を期待するかもしれません。労働市場の供給がタイトになり人手不足になってくれば，離職を防ぐため給与体系を見直すなどして従業員の満足を維持しようとする会社も増えるでしょう。個々のステークホルダーとの誘因と貢献の関係が変化する中で，組織均衡を維持しようとすることを通じて，組織は環境の変化に適応していくのです。

　動的な組織均衡に組織が対応するための代表的な方策の1つは，誘因を生み出す原資が一定であることを前提に，さまざまなステークホルダーとの間の能率の重みづけを変えることです。株主に対して収益率の向上を図るために従業員の給与を引き下げる，従業員の離職を減らすための給与水準改定の原資として商品の値上げをする，新規に獲得した顧客を維持するために既存顧客に従来提供していたサービスを見直す，といった施策は，特定のステークホルダーの能率を高めるために別のステークホルダーの能率を下げることで対応するものです。同時に，ステークホルダーの能率に関する期待に影響を与えることで対処しようとすることもあります。たとえば，部品サプライヤーの値上げ要求に対し，自社の経営状況を説明したり，そのサプライヤーと競合する同業他社との取引拡大を示唆したりして，値上げ要求を抑えようと交渉することなどは，その一例です（▶第9章）。

　もう1つの方策は，誘因を生み出す原資を拡大させることです。その典型が，多くの企業組織が売上や利益の拡大を図ろうとしていることに現れているように，**成長**を志向することです。組織の規模が成長することで，さまざまなス

テークホルダーからの高くなっていく要求を満たしやすくなることから，成長が組織の重要な目的の1つとして位置づけられることが少なくありません。

## 成長の追求と目的の再定義

　成長という目的のためには，経営資源を集め，それらの資源を有効に活用する能力を高めていく必要があります。経営資源をより有効に活用する方策にはさまざまなものがあります。歩留まりの向上による材料費の節減，作業手順の見直しによる作業時間の短縮といった改善は，経営資源の有効活用の典型例です。これまでよりも安価に経営資源を獲得する手段を開拓することも含まれます。販促方法を工夫して新規顧客を獲得するのも資源の有効活用ですが，いずれにおいても組織の能力を向上させることが不可欠です。

　資源の有効活用には，現有の能力を別の用途に転用することも含まれます。たとえば，企業が扱う製品のラインナップを増やしたり，既存事業と関連する事業への多角化を行うことなどです。能力の用途拡張や転用を行って多角化を続けた結果，事業構造が全体として変わってしまうこともあります。そうした**事業転換**がなされたケースは決して少なくありません。近年よく取り上げられる例の1つが富士フイルムです。写真用フィルムを製造する会社でしたが，デジタル化という環境変化を踏まえて事業転換を図り，現在ではヘルスケアや高機能材料をはじめとした幅広い事業を展開するようになっています。

　組織の能力を，ある事業を遂行するという目的のために構築されたものであると見なせば，事業転換を行った会社では，組織の能力をいっそう活用することをきっかけとして，目的が変化したことになります。すなわち，事業転換によって手段から目的が再定義されたと見なすことができます。第❶節で経営理念の例として花王ウェイをあげましたが，現在掲げられている花王ウェイの文言がもともとあって，花王は創業したわけではありません。100年以上前によい石鹸をつくろうとして創業した同社が，その後に能力を拡張し事業を展開してきた歴史を振り返った結果として，「豊かな生活文化の実現」という上位目的が定式化されたといえます。

　こうした目的の再定義は，多くの企業組織に見ることができます。会社は利益を生むために事業を営むのだという見方をとれば，利益を生み出すことが目

## Column ❸ 目的と手段の相互規定的な関係

本章では、最初に共通の目的が確立された後に目的―手段の連鎖をつくり出すことによって目的を実現する手段が探索されると論じましたが、目的と手段の関係を深く検討した論者は、目的と手段を一方向的な関係と捉えることに警鐘を鳴らしています。たとえば、ワイクは、以下のような図を用いて、集団が形成されるプロセスが、多様な目的から始まることを説明しています。集団は、多様な目的を追求する人々の間で形成され、まずはじめに、それらの多様な目的を実現するため、人々の間で相互に連結した行動が次第に形成されていきます。そうして、そのような協調的行動を生み出すという共通の手段についての合意が形成された後に、集団構造を維持するといった共通の目的が共有されるようになるというふうに、共通の目的は共通の手段の前でなく後にあると、ワイクは主張しています。また、マーチとオルセンも、「人間の選択行動は、目標に向かって行為するとともに、少なくともそうした目標を発見する過程でもある」(マーチ=オルセン, 1986) と述べています。第 7 章 Column ⓭のゴミ箱モデルも参照してみてください。

図　集団発展のモデル

出所：ワイク (1997).

的で、何らかの事業を行うことは手段ということになります。そうした見方に立てば、事業転換とは、利益を生み出すという目的に対して合理的であろうとした結果、事業という手段が変化することと理解できます。一方で、事業を営んだ結果として利益が生み出されるという考え方もあり、この場合には、事業転換は、能力の活用を媒介にした目的の再定義と見なすことができるでしょう。

このように、目的と手段が適切につながっている関係、すなわち目的合理性を追求する中で、目的―手段の連鎖に基づいて目的の追求がなされる一方で、時には手段から目的が再定義されるといった、目的と手段の相互規定的な関係

から，組織のダイナミズムが生じます（Column ❸）。

### NEXT STAGE

本章で検討した目的─手段の連鎖に基づいて組織が活動していくためには，組織メンバーそれぞれが，分業しつつ互いに調整し合いながら，意思決定を行う必要があります。そこで第 **3** 章では，コミュニケーションに注目し，その構造化や円滑化を通じて組織でどのように調整がなされていくのかを紹介します。

### EXERCISE

① 自ら起業したと想像して，その会社の核となる目的を考えた上で，図 2.2 のように目的をブレイクダウンして書き出してみましょう。

② 新聞記事データベース（日経テレコンなど）や雑誌記事データベース（日経 BP 記事検索サービスなど）を使って，事業転換した会社を複数探し，それらの会社の目的がどのように変化したか考えてみましょう。

### さらなる学習のための文献リスト　　　　　　　　　　　　　　Bookguide

- サイモン，H. A.（2009）.『経営行動（新版）』ダイヤモンド社.
- 田中政光（編著）（2011）.『サイモン』文眞堂（経営学史叢書 VII）.
- 桑田耕太郎・田尾雅夫（2010）.『組織論（補訂版）』有斐閣アルマ.

➡ サイモン（2009）は，制約された合理性のもとでの意思決定に注目して組織を捉える枠組みを示し，第 **1** 章の Bookguide で紹介したバーナード（1968）とともに，経営組織論の基礎をつくり上げた古典的名著です（原著の初版は 1945 年刊）。田中（2011）の序章および第 1 章は，やさしくは書かれていないサイモン（2009）にチャレンジする助けになるでしょう。桑田・田尾（2010）の第 6 章では，組織目標の複雑性，さらにその変化を解説しています。また，組織均衡についても，第 3 章で取り上げています。

# CHAPTER

## 第3章

# コミュニケーションと調整

**SHORT STORY**　C社は，おもに中小企業に対してクラウド・サービスを提供し，急成長しているIT企業です。創業から7年を経た3年前に念願の上場を果たし，その後も急速に事業が拡大しています。

　創業者の田中さん，その片腕の伊藤さんをはじめとした4名からなるトップ・マネジメント・チームは，これまでチーム内の情報共有を密にして重要な意思決定を行ってきました。その結果，上場という大きなハードルを越えることができました。

　しかし，大企業向けサービスの立ち上げやグローバル展開といった業容拡大によって，トップ・マネジメント，とりわけ田中さんの負担が重くなっています。業容拡大のために，トップ・マネジメント・チームで担ってきた意思決定をミドル・マネジャーに任せ，分権化していくステージにきていることを，トップ・マネジメント・チームは一応理解しています。しかし，とりわけ創業者の田中さんは，自分の会社のことは細かいことまで知悉し，自身で指示を下したいという思いをなかなか断ち切ることができません。

　そこで伊藤さんは，現在の事業規模に見合った組織構造がどんなものなのか，外部の視点から指摘されたほうが田中さんの意識を変えられるのではないかと思い，人事組織のコンサルティング会社に組織改編に関する提案をしてもらうように依頼しようとしています。（69ページに続く）

| KEYWORD | 分業　　分化　　統合　　事実前提　　価値前提　　メディア |
| --- |
| （チャネル）　コード化装置　脱コード化装置　役割の規定　権限　標準化　規則　垂直的分業　構造　プロセス　リッチなメディア |

# 1　調整の前提としての分業

　コミュニケーションは，組織を成立させる 3 つの条件の 1 つとして位置づけられています（▶第1章）。コミュニケーションが，そのように重要な位置づけを与えられているのは，調整を担っているからです。調整は，組織の定義にも含まれるように，組織の本質といえるものです。

　調整としてのコミュニケーションを取り上げる前に，本節では，意識的調整の前提条件となる分業について，そのメリットとデメリットを確認します。その上で，調整とコミュニケーションを，意思決定と関連づけながら詳しく見ていきます。

### 分業の必要性

　調整とコミュニケーションの関係について考える前に，それらの前提となる**分業**について確認しましょう。複数の人がかかわった協働で分業していないものをあげてみようとすれば，分業が普遍的な現象であることが確認できます。複数の人がいて分業をしていないということは，みんなが同じところで同じことをするということです。たとえば，小学校の運動会でよく行われる綱引きは，分業がほとんど見られない例といえるかもしれません。これと比較するためにスポーツで考えてみると，野球やサッカーなどほとんどすべてのチームスポーツには分業があることがわかります。たとえば野球では，ある選手は投手という役割に特化し，別の選手は外野手として専門化することで，チームに貢献しています。

　このように，分業を図るということは，専門化するということです。組織が専門化を導入しないことは，道路上にあって通行を妨げている大きな石を何人

かで動かすといった，きわめて単純な協働の場合にのみ可能といえます。なぜなら，分業なしで達成できることは多くないからです。繰り返し述べている通り，人間は「制約された合理性」しか発揮できません。そうした中で，より高い合理性を実現するためには，分業の採用が不可欠です。

　第1〜2章のSHORT STORYにおける，人工肉を開発するベンチャーの例でも考えてみましょう。創業者である佐藤さんと鈴木さんは，会社の目指すビジョンを実現するためにコアとなる技術的知識は持っているものの，開発に必要な資金調達やマーケティングのことには詳しくありません。開発のステップで特許を取得し，それを戦略的に活用するのにも，専門知識が必要です。そうした知識を佐藤さんと鈴木さんが習得してから起業することも考えられなくはありませんが，スピードや効率性を考えると，専門性を持つ人材を集め，そうした人材に任せることが不可欠になってくるでしょう。

　分業には，物理的な制約によって生じるものもあります。複数の作業を同時に遂行しなければならないにもかかわらず，物理的に1人ではすべての作業を受け持てない場合，分業がなされます。たとえば，距離的に遠く離れた場所で同時期に複数の顧客に対面して商談を進めないといけない場合などには，場所の分業が求められます。あるいは，仕事量が1人の人間の物理的な能力を超えている場合には，時間の分業が生じます。たとえば，顧客サポートの営業時間を，平日に1日当たり7時間というのから土日も含めて1日当たり12時間に延長した場合，早いシフト・遅いシフトや曜日によるシフトなどといった形で時間の分業が生じます。

　このような物理的制約から生じるものも含め，分業はほとんどすべての組織において不可欠です。以下では，先ほど野球を例に述べた機能的分業，すなわち職務の専門化を中心に取り上げ，分業と専門化を同義として扱います。

## 分業のメリットとデメリット

　現代の経済学の基礎を築いた経済学者の1人であるアダム・スミスは，その著作『国富論』の中で，分業を最初に取り上げ，ピン製造の例などをあげながら，分業のメリットを3点述べています。1つ目は，単純化することによる熟練の形成です。いいかえれば，スキルが向上しやすくなるということです。2

つ目は，ある作業からまったく別の作業へ切り替えるコストの低減です。3つ目は，単純化によって，改善の工夫がなされやすくなり，機械化などが進めやすくなることです。このように，分業が生産の効率性を高めることを通じて，富の形成につながることを，アダム・スミスは指摘しました。

このほかに分業するメリットとしてあげられているのは，分業を前提としたほうが人材の採用や育成が容易になることです。たとえば，法律的な交渉のスキルとデータ分析スキルの両方を高水準に有する人材を採用しようとしても，そうした人材は希少であるため採用自体容易ではなく，候補者が見つかったとしても多額の報酬を支払う必要が生じるでしょう。それに比べれば，それぞれ一方の能力が高い人材のほうが，採用や育成は容易であると考えられます。

反面，分業によってデメリットが生じる可能性も指摘されています。とくによくあげられるのが，モチベーションの低下です。モチベーションについては，おもに第8章で取り上げますが，あまりに細分化された単一の仕事のみを繰り返していると，仕事へのやる気を失っていくということは，容易に想像できるでしょう。同時に，専門化によって，自分に関係する下位目的にのみ注意が向くようになり，視野が狭くなることも指摘されています。その結果，組織メンバー間や部門間の調整が難しくなるといった問題も生じえます。

以上のようなデメリットがよく知られてはいるものの，私たちの持つ合理性の限界から，分業は不可欠です。分業をせずに，複雑な協働を行ったり，協働の有効性を改善することは，ほとんど不可能だからです。

分業することで，調整の必要性は高まります。綱引きでも調整は必要かもしれませんが，意識的な調整はさほど必要がないように思えます。これに比べると，専門化した人々が複雑なタスクに取り組む際には，意識的な調整の重要性が高まります。組織内で専門化がなされることによって，組織は分化と統合という課題を抱えることになります。**分化**とは，専門性などによって分かれることであり，**統合**とは，それらの分かれたものをまとめることです。

# 2　調整と決定前提

　次に，分業がなされていることを前提として，組織において調整がなされているとはどのような状態かを考えます。調整に関しても人間の制約された合理性は与件ですので，最適な調整ではなく，よりよい調整とはどういうものかを考えることになります。

　共通の目的が共有されていることを前提にすれば，目的達成という観点から見て，分業して活動している複数の人たちの行動や意思決定の整合性の高いことが，調整がなされている状態です。反対に，関与する人たちが連携をとれずにバラバラに意思決定したり行動したりしていれば，調整がなされていないといえます。

　このように，行動が整合的であることや連携がとれているということをより精確に捉えるため，第1章で言及していたように，意思決定に注目してアプローチしていきます。具体的には，意思決定のための決定前提に注目し，連携がとれているとはどういうことかを検討します。

### 意思決定の遍在性

　「意思決定を行う」というと，企業の買収を実施するかどうかといった，重大な出来事にのみあてはまるように思うかもしれません。しかし，組織論では，組織におけるあらゆる活動を，疑似的に意思決定と捉えられると仮定し，意思決定を考察の基本単位として取り扱ってきました。

　たとえば，ある技術ベンチャーの経営者が，マーケティングの専門家を雇おうと決めること，さらに，そうした専門家を人づてで探すか人材採用支援会社に依頼するか，また，複数の候補者が応募してきた場合に誰を採用するのか，といったことは，すべて意思決定と捉えられます。もっと些細な例でいえば，込み入った打ち合わせの時間調整のメールをどのような文面にするのかにも，意思決定が含まれていると見なすことができます。さらに，そのメールの送信までには，文面のみならず，誰を宛先にして誰をCCに入れるか，いつ送るか，

といったさまざまな選択が行われています。そうした細かな選択の1つ1つも，決定として捉えることができます。

　メールを1通送るのにも，このようにさまざまな決定がなされていると見なせば，組織では無数の決定が同時になされていることになります。その中には，「今，自分は意思決定している」という自覚がある場合も，無意識に選んでいる場合もあります。自分では選択の余地がないと思っていても，他者から見れば他の選択肢があり，他者からは意思決定したと見なされるものもあります。それには，予期がかかわってきます（▶第4章）。

　意思決定は1人で行われるとは限りません。会議で次年度の予算を決めるといったような集合的決定も，意思決定に含まれます。また，コンビニエンス・ストアでの弁当の発注のような，繰り返し行われる定型的な決定もあれば，同じコンビニでも非常時の対応に見られるような，非定型的な決定もありますが，これらはいずれも，同じ意思決定という枠組みで捉えられます。このように考えると，経営者や管理職といった一部の人たちだけが意思決定を担っているわけではなく，事実上すべての組織メンバーが組織における何らかの決定を担っていることになります。

### 決定前提を踏まえた決定

　意思決定のプロセスは，問題認識，選択肢の生成，選択肢の選び出しからなります（▶第1章）。ここでは，共有されている目的をどのような方向性で実現するのかという問題認識がすでになされていると仮定し，目的を実現するための手段としてふさわしい選択肢を考案し，そこから採用する選択肢を選び出すところに，焦点を当てます。

　選択肢を考案したり，選び出す際に，まったくゼロから考え始めることはほとんどないでしょう。類似の選択をした過去の経験や，すでに保有している知識・情報が活用されます。また，採用する選択肢を選び出す際にも，目指すべき所与の目的の達成可能性の程度のみを検討するだけでなく，これまでに受けた指示や，過去の経験，規則などが参照されます。このようなプロセスを，決定前提に基づいて選択をしていると捉えます。すなわち，思い出されたさまざまな情報や知識，上司など他の人からの指示，目的などを，意思決定の前提と

して用いることで，決定がなされていると捉えます。

　決定前提のうち，決定に関係した事実に関する情報を，**事実前提**と呼びます。たとえば，過去の売上実績，明日の天気の予想などは，事実前提です。それに対して，目的や価値観のように，価値判断を含むものを，**価値前提**と呼びます。価値観のような価値判断は，組織によって，また個人によって異なりますが，これも選択肢の生成や選び出しの基準として作用するという意味で，決定前提です。その意思決定を通じて実現しようとしている特定の目的は，最も重要な価値前提といえます。組織にはさまざまな目的があり，それらのうちのいくつかは制約条件として働きますが（▶第**2**章），制約条件として考慮されているものも，価値前提に含まれます。

　さまざまな事実前提・価値前提をもとに決定がなされますが，それらの決定前提がすべて意識されているとは限りません。意識されるものもあれば，無意識のものもあります。その結果，同じ前提が他者から提示されたとしても，人が異なれば判断が異なってくることもありえます。そうしたとき，意思決定には，個人的な価値観・信条，個人のスキルや知識，さらには組織内外でのさまざまな経験などが反映されているといえます。そうした，いわば個人に由来する，意思決定を左右する前提について，当該の個人が意識していることもあれば，そうでないこともあるわけです。

　たとえば，コンビニの店舗で，ある新製品のビールを発注するという意思決定を取り上げてみましょう。この場合，売れ残りを発生させず，売り損じを減らすことを通じて，そのコンビニの収益に貢献するという目的が，価値前提となります。事実前提としては，直近の売上の推移，明日からの天気の予測，近隣でのイベントの有無などがあげられます。同種の商品を発注した経験の有無も，その決定に影響を与えるでしょう。また，発注者自身は意識していなかったとしても，その商品自体や商品のメーカーのCMに対する個人的な好感度なども，いつの間にか多少は影響するかもしれません。

　意思決定をする際，判断するために不足している前提があると考えれば，必要な前提となる情報を集めた上で，意思決定がなされることになります。上の例でいえば，明日すぐ近くにある広場で地域のイベントが開かれるかどうかに確信が持てなければ，それを確認してから発注がなされるでしょう。このよう

な定型的な意思決定は，決定前提に基づいて行われていることがわかりやすい例ですが，滅多に起こらない非定型的な意思決定についても，事実前提・価値前提をもとに決定がなされるという，同様の枠組みをあてはめることができます。

### 決定前提の共有

組織においては，目的の実現に向けてすべての組織メンバーがさまざまな意思決定を行っています。それらの意思決定は連鎖しており，自分が行った意思決定は，その後の自分および他者の意思決定に影響を及ぼします。いいかえれば，現在の決定は，将来に自分自身もしくは他者が行う決定の前提となります。

自分の決定が他者の決定に影響を及ぼすだけでなく，当然，他者の意思決定も自分の意思決定の決定前提になります。たとえば，社長がいくつかの製品のうち特定の1つに経営資源を重点投入すると決定すれば，その決定は重点投入される製品にかかわる人たちだけではなく，その他の製品にかかわる人たちの決定にも影響を及ぼします。1人の従業員のコンプライアンスを遵守しない不適切な意思決定が，会社の評判を落とし，多くの従業員の意思決定の前提を変化させるかもしれません。

容易に想像できるように，さまざまな組織メンバーの意思決定がバラバラに行われていると，組織の有効性が低下します。たとえば，新製品の開発による売上の拡大が目的に設定されているときに，開発担当者が新しい顧客層を開拓するという方針を持っているのに対して，マーケティングの担当者はこれまでの顧客に対して高付加価値品を提供することを狙いとしているといったことがあれば，その新製品開発はきっと失敗するでしょう。新製品の開発方針という重要な価値前提が共有されていなければ，開発に関与する人たちの行動はちぐはぐになってしまいます。内部で確立されるべき価値前提と同様に，他社の類似商品やそれに対する顧客の評価といった重要な事実前提についても，共有が図られなければ，売上の拡大という目的の達成は覚束なくなります。

目的達成のために重要な決定前提が共有されることで，さまざまな意思決定の矛盾を極力小さくすることが可能となり，それによって意思決定の整合性が保たれます。すなわち，組織の活動が調整されているとは，必要な範囲の決定

前提が共有された上で，それらの決定前提に基づいて，それぞれの組織メンバーが意思決定を行っている状態であるといえます。

制約された合理性しか持たない私たち人間にとって，組織の活動にかかわるすべての決定前提の共有を図ることは不可能です。また，すべての決定前提を共有しようとすることが，重要な意味を持たないことも少なくありません。たとえば，後1カ月で辞めるつもりで働いているアルバイト社員に対して，経営者が行う重要な決定にかかわる決定前提の共有を期待することは，重要とは思えません。それに対して，課長が自分の部下に対して今期の活動方針を詳しく説明することは，今期の活動方針を実現できるかどうかを左右する決定前提の共有といえます。

したがって，どのような範囲の組織メンバーが，どのような決定前提を共有する必要があるのか，さらにどのようにして共有を図るのかが，組織が調整された決定を行うためにきわめて重要な課題ということになります。なぜなら，互いの意思決定の整合性を高めることで目的の実現を図るためには，重要な決定前提を共有することが不可欠だからです。そこで，決定前提の共有という課題への対処という観点から，次節ではコミュニケーションを取り上げます。

# 3 組織におけるコミュニケーション

よりよく調整された決定がなされるように必要な決定前提の共有を可能にするのが，コミュニケーションです。本節では，多義的に用いられているコミュニケーションという言葉を，決定前提の共有に向けた影響過程と限定して用い，組織におけるコミュニケーションを詳しく検討します。

### 決定前提への影響過程としてのコミュニケーション

「コミュニケーション」という言葉は日常的に使われ，組織においてもコミュニケーションをとることの重要性がしばしば指摘されます。ところが，学術的なものに限ってもコミュニケーションにはたくさんの定義があることからも想像されるように，コミュニケーションという言葉にはさまざまな意味が込

められており，その意味を確定させることは容易ではありません。しかし，前節の決定前提の議論をもとにすれば，他者の決定前提に影響を与えることが，組織におけるコミュニケーションの本質といえます。なぜなら，他者の決定前提に影響を与え，複数の人々の行動が調整されることで，組織が成立するとともに，その巧拙によって組織の有効性が左右されるからです。

　組織における具体的なコミュニケーションの例を，いくつかあげておきましょう。たとえば，マネジャーが会議の場で部の方針を部下に説明することや，上司の代理で出席した社内打ち合わせに関する要約のメモを部下が上司に送ること，取引条件の詳細について顧客と打ち合わせること，機関投資家に財務状況などをディスクローズする報告書を送付すること，会社の公式SNSで新製品を紹介すること，これらはいずれも他者の決定前提に影響を与えようとする組織のコミュニケーションです。こうしたコミュニケーションは単なる情報伝達ではなく，それによって他者の行動や意思決定の前提を変化させるという意図を有しています。

　もっとも，他者に影響を与えるといっても，上司が部下に何らかの指示をするといった意図的な場合だけでなく，意図を持たなかったにもかかわらず結果として，他者の決定前提に影響を与えることもあります。たとえば，上司が不機嫌そうな表情をしていたために，部下が自らの失敗の報告を後回しにするといったケースは，意図的ではなく他者に影響を与えている例です。

　以下では，ひとまず，意図的に何らかの情報を伝達することで他者の決定前提に影響を与えようとするコミュニケーションに，焦点を絞って検討することにします。したがって，他者に影響を与える意図を明確に持たずになされている職場の昼休みでの雑談などは含まず，いったん脇において考えることになります。なお，そうした非公式なやりとりも組織の活動に影響を及ぼす可能性があることは，第6章で取り上げます。

## コミュニケーションのモデル

　意図的なコミュニケーションを詳しく把握できるように，要素に分解してコミュニケーションをモデル化します。図3.1のように，コミュニケーションには，何かを伝達しようとする意図を持った送り手と，伝達される対象である受

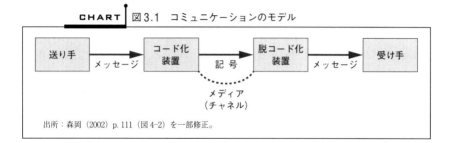

図3.1 コミュニケーションのモデル

出所：森岡（2002）p.111（図4-2）を一部修正。

け手が関与します。送り手は，伝えたい内容（メッセージ）を何らかのやり方で表現します。表現されたもの（記号）は，何らかの**メディア**（**チャネル**）を経由して受け手に届き，それを受け手が送り手からのメッセージとして解釈します。対面会話の場合にメディアを意識することは少ないかもしれませんが，昨今使うことの多い情報通信メディアだと，メディアが介在することはよく意識されているでしょう。

コミュニケーションに送り手・受け手・メディア（チャネル）がかかわることは理解が容易と思われますので，ここでは，図3.1にある**コード化装置**および**脱コード化装置**について説明しておきましょう。コード化装置とは，送り手が思い浮かべていること（メッセージ）を，何らかの表現（記号）に変換する働きに用いられるものです。一方，**脱コード化装置**とは，他者が提示した記号を解釈し，自分なりに理解するために使われるものを指します。いずれも記号を操作・理解するための認識枠組みや知識などを抽象化したものです。たとえば，スライドを用いてプレゼンテーションをする際に，自分が伝えたいメッセージがあり，それを受け手に伝わりやすくするために，図表を用いることがあります。この場合の図表が，コード化装置が働くことで生み出された記号ということになります。そして，プロジェクタといったメディアを通じて受け手に届いた図表（記号）を見て，送り手が伝えたいメッセージを受け手が読み解くのに用いられるのが，脱コード化装置です。

| コミュニケーションの相互作用性 |

図3.1のコミュニケーションのモデルでは，送り手から受け手への一方的な伝達になっていますが，組織におけるコミュニケーションでは，送り手と受け手の役割が交代したり，両者が同時にどちらの役割も果たしていたりします。

たとえば，1対1で打ち合わせをしている場合には，そこでのやりとりを通じて参加者が互いに相手の決定前提に影響を与えようとしており，相互作用的であるということは容易に理解できるでしょう。部下が上司に対して一方的に説明している場面でも，聞いている上司がどのような反応を見せるかを観察しながら，部下が説明の内容や説明の仕方を変更しているとすれば，一方的なやりとりに見えてもそこには相互作用が見出せます。

次に，社長が全社員に対して会社の新しい方針をメールで一斉送信するといった，一方的なコミュニケーションに思えるケースを考えてみましょう。これは，新しい方針を伝えることで，全従業員の決定前提を変えようとしており，組織のコミュニケーションの典型例の1つといえます。従業員数が多ければ，社員の決定前提が変わったかどうかを社長が自身で確認することは，事実上不可能です。しかし，社長は自らメールを送ったことで，すべての社員が自分のメールを読み，その内容を頭に入れていると信じてしまっているかもしれません。そう信じていたにもかかわらず，後日現場を回ったとき，社員たちに方針が十分に伝わっていないことを知ったら，その社長は激怒するかもしれません。このように，コミュニケーションを行ったこと自体によって，送り手自身の決定前提が変わっていくという側面もあり，コミュニケーションは思った以上に複雑であるといえます。

### コミュニケーションを整序する必要性

金銭的な面や物理的な手間に注目すると，コミュニケーションをとることに要するコストは下がり続けています。対面会話，電話，文書配布といった方法しかなかった時代には，実際に面会に行くための旅費，電話料金，文書配布のための手間やコストは無視できず，コミュニケーションの機会は現在よりも限定されていたといえます。

現在では，情報通信技術の著しい発達によってさまざまなコミュニケーション・メディアが登場し，以前ほど金銭的なコストを意識せずに，いつでもどこにいても手軽にコミュニケーションをとることが技術的に可能になりました。しかし，制約された合理性しか持たない私たちにとっては，時間や認知資源を必要とするという意味でのコミュニケーション・コストも問題になります。送

受信が手軽になったことでメールの件数が爆発的に増えるなど，コミュニケーションの機会や量は著しく増大しており，コミュニケーションに関する負担はむしろ増えたともいわれます。

また，組織メンバーが増加すれば分業は複雑になり，決定前提の影響過程として，コミュニケーションの必要性はいっそう増大します。そのため，組織規模がある程度以上に成長すると，組織全体としてコミュニケーション・コストの低減を図ることが不可欠になってきます。なぜなら，何の工夫もなしにコミュニケーションをしていると，コミュニケーションが爆発的に増えてしまったり，調整のためのコミュニケーションにもっぱら時間を使うことになってしまったりしかねないからです。そこで，次節以降で説明するように，コミュニケーションの構造を整えるとともに，1つ1つのコミュニケーションをより円滑にできるような条件整備が課題となります。

# 4 構造化によるコミュニケーションの整序化

第2節で述べたように，どのような決定前提をどのような範囲の組織メンバーが共有する必要があるか，さらにどのようにして共有を図るのかは，組織が調整された決定を行っていくためにきわめて重要な課題です。決定前提の共有のためにコミュニケーションがなされますが，コミュニケーションは思った以上に複雑であり，無秩序にコミュニケーションを行うだけでは十分な調整はなされません。したがって，コミュニケーションをマネジメントすることが，組織にとって不可欠です。

コミュニケーションのマネジメントにはさまざまな方法がありますが，以下では，いくつかの方法を組み合わせて組織としての構造をつくり上げることでコミュニケーションを減らしつつ整序化することと，コミュニケーションのプロセスを円滑にすることとに分けて検討します。本節では，前者の構造化について，詳しく見ていくことにします。

### 役割の規定

　調整を減らす方法として最初にあげられるのは，各人の役割や権限を事前に定めることです。役割については第**4**章で詳しく取り上げますが，個々の役割を担う組織メンバーがどのようなことをなすべきか，何を決定できるかを前もって定めておくわけです。欧米ではしばしば，ジョブ・ディスクリプション（職務記述書）という形で，それぞれのポジションでは，どのようなことに責任を持ち，具体的にどのような職務を遂行すべきかが，文書で詳しく定められます。

　役割の設定は分業によるメリット（▶第❶節）を追求するために行われますが，それと同時に決定前提の共有範囲を決める働きもあります。共有すべき決定前提を限定することで，コミュニケーションの負担を減らすことができます。また，互いの役割がわかり，専門性が明示されることで，どのような決定前提をやりとりすることになるのか，他のメンバーが理解しやすくなります。

　**役割の規定**とともに，役割に応じた**権限**が定められます。ここでいう権限とは，役割に付与された意思決定が可能な範囲のことを指します。たとえば，自分だけの判断でどのくらいの金額の取引まで決定できるのかといったことが定められます。こうした権限の大きさや範囲も，決定前提の1つです。この後に述べる通り，たいていの場合，権限は階層的に配分されます。

　次にあげられるのは，従うべき決定前提の共有を事前に図ることです。日常的な例としては，マニュアルの使用を想像すればよいでしょう。たとえば，顧客から商品の交換を希望された場合に，どのように対応すればよいのかについて，条件ごとに整理した対応方法がマニュアルに記載されていれば，調整や新たな意思決定を行わず，即座に顧客に応対することができます。この例のように，多くの場合，事前に配布されるマニュアル類には**標準化**が含まれています（Column❹）。

　多くの組織では，いわゆるマニュアル類にとどまらず，さまざまな**規則**が定められていますが，それらを受け入れて決定することは，最も基礎的な決定前提の1つとして役割に含められます。それによって，規則やマニュアルの内容を決定前提として用いることが，組織メンバーに課されることになります。

> **Column ❹ 標 準 化**
>
> 　標準化とは，何らかの合理的な標準を共有し，特定の時間や場所を越えて，それを用いることです。組織の活動を，下図のように，インプット，スループット，アウトプットからなると分解すれば，それらのいずれにも標準化は適用されます。
>
> 　たとえば，マクドナルドのような全国展開しているファスト・フード・チェーンでは，どの店舗でも，顧客に提供される商品および価格がほぼ同じです。これがアウトプットの標準化です。それが可能なのは，事前に綿密に検討され作成された同一のマニュアルに基づき，同じ処理プロセス（スループット）によって商品がつくられているからです。こうした作業手順の標準化が，スループットの標準化と呼ばれます。商品の量や質といったアウトプットの仕様を標準に沿ったものにすることを追求すれば，処理プロセスだけではなく，材料，器具や設備，労働力などのインプットも均質化する必要があります。これがインプットの標準化です。インプットの標準化には，人材の採用や教育，社会化（▶第 **8** 章）もかかわってきます。
>
> 　これらの標準化がどの程度採用されるかは，適用される活動の多様性や複雑性，不確実性などによって異なってきます。たとえば，非常に多様性や複雑性が高い場合には，スループットの標準化を厳格に行うことは難しく，アウトプットの標準化を中心に活動をコントロールすることも少なくありません。
>
> 　　　　　　　　図　インプット─アウトプット・モデル
>
> 　　インプット　　　　スループット　　　　アウトプット
> 　　（投入（物））　　（処理プロセス）　　（産出（物））
>
> 　出所：沼上（2004）．

　調整が必要になるたびに決定前提の共有を図るよりも，合理的な検討の上で策定されたマニュアルや規則などを事前に配布し，それに基づいて決定するほ

うが効率的になると期待できます。もっとも，マニュアル頼みで柔軟な判断ができなくなるといった問題もしばしば起こりますが，そうしたネガティブな影響については第5章で取り上げます。

## 権限の階層化と役割のグルーピング化

　規則やマニュアルといった形で事前に決定前提を整理し，それを踏まえて行動することを基本にすれば，調整のためのコミュニケーションは減らせます。しかし，合理性の限界ということを改めて思い出すと，事前にすべての状況を想定して規則やマニュアルを制定しておくことは不可能です。また，役割の規定についても，なすべきすべての事柄を漏れなく，個々の役割に事前に分配することも，実現可能ではありません。環境の変化はますます激しくなっており，マニュアルや規則を改訂し続けたとしても，それまでの想定から外れた例外事項は必ず発生します。したがって，標準化を目指したマニュアルや規則といった事前の調整のみで，全体の調整がおおむね達成されるということは，少なくなってきています。

　したがって，役割に紐づけて事前に定められた決定前提を用いて意思決定できない場合には，コミュニケーションを通じて追加的な決定前提を得る必要があります。じつは，決定前提を補完する方法も，事前に規則で定められていることがほとんどです。それが，権限の階層的配置であり，それと同時に行われる役割のグルーピングです。

　組織といえばピラミッド型の三角形で図示されることが多いことからもわかるように，階層は，ほとんどすべての組織に設定されています。人数が少ない場合には，リーダーとその他のメンバーという2階層しかないこともありますが，一般に，人数が増えるにつれて階層は縦に長くなっていきます（▶第5章）。

　階層は，組織内の役割にかかわる公式的な権限の関係を示しています。階層の上位者は，階層関係で結ばれている下位者に指示や命令を出す権限が与えられます。指示や命令とは，下位者に決定前提を与えることであると，いいかえることができます。したがって，階層の下位に位置づけられる役割では，権限は小さく，限定的です。階層が上位になるほど，権限は広く，一般的なものになります。たとえば，営業の一社員がある顧客との取引に際して，これまでに

なかったような納入条件を顧客から求められ,自分の役割として付与されている権限では決められない場合は,まず直属の上司の判断を仰ぎます。しかし,内容や金額などによっては,その上司の持つ権限だけでは決められず,さらに上位の階層に位置する上司に指示を求めるかもしれません。

このように,自分が持つ決定前提では判断できない場合に,事前に定められた組織階層に従い,階層上の上位者とコミュニケーションをとり,決定前提を補います。上位者は決定そのものを下すこともあれば,決定に関する何らかの指示を与えて,下位者が次の行動に移れるようにすることもあります。こうして,事前の調整で扱えない例外事項の処理が,階層に基づいて行われます。

階層の設定には,全体のコミュニケーション・コストを低減する働きがあります。コミュニケーションによる調整自体は生じますが,そのコミュニケーションの相手やあり方が規定されていることで,コミュニケーションの負担が減少します。組織メンバーが少ないときには,そのつど関連する知識を持つ人に相談することで,意思決定ができるかもしれません。しかし,組織の規模が拡大すると,相互作用を行う範囲を限定しなければ,コミュニケーション・コストが著しく増加し,混乱が生じてしまいます。

こうした権限の階層的配置を,分業と捉えることもできます。上位者は判断や決定に特化し,下位者は実行に集中していると理解できるからです。組織図における上下の位置関係によって分業していることから,これを**垂直的分業**と呼びます。

権限の階層的配置と同時に,役割のグルーピングがなされます。すなわち,役割をもとに,営業課・製造課といったグルーピングがなされます。これも,組織の人数や活動の規模が拡大するにつれて複雑化し,入れ子状になっていきます。規模が小さいときには営業課と総務課しかなかった組織が,拡大とともに,営業部門の中でグルーピングが行われて,東日本を担当する営業第一課と西日本を担当する第二課がつくられるといったように,1つのグループの中でさらにグルーピングが行われるようになります。グルーピングの方法は第 **5** 章で改めて取り上げますが,基本的には専門性の類似性や相互依存関係に基づいてグループがつくられていきます。

### 組織の構造

　規則や階層は変更されることもありますが，相対的には安定しています。組織メンバーは誰しもそれらが存在していることを知っており，他の組織メンバーも同様の認識を持っていることを期待できます。そのため，それらに頼ることによって安定的な調整が生み出されます。このように，それ自体が安定的で，そこから決定前提が引き出されることを通じて安定した調整のパターンを生み出す仕組みを，組織の**構造**と呼びます。

　役割や規則を定め，権限を階層的に配分するという構造は，程度の差はあれ，ほぼすべての組織に見られるものです。そのため，組織図のような構造こそ組織そのものだと思われていることも少なくありません。

　構造がどのようなものであるかによって調整の方法や頻度などが変わり，その結果として組織のパフォーマンスが変化します。そのため，どのように構造を設計するかは経営組織論における重要なテーマであり続けています。しかし，構造を定めることがいつも望ましい結果を導くわけではありません。たとえば，どんな事態にも対応できるように構造を精緻につくり込み，それに従うように組織メンバーをコントロールすることが，かえってネガティブな作用（逆機能）をもたらしうることも知られています。このような構造の設計とそれが孕む問題などについては，第 5 章で詳しく取り上げます。

　なお，ここにあげたのは公式的に定められている構造ですが，自然発生的でありながら構造と同じように調整のあり方に影響を及ぼしているものがあります。自然発生的（自生的）な構造の代表的なものとして，社会的ネットワークや組織文化があげられますが，それらについては第 6 章で詳しく取り上げることにします。

# 5 コミュニケーションの円滑化

## コミュニケーション・プロセス

　構造は調整の必要性を減らす働きをしていますが，相互作用的なコミュニケーションによる調整がなくなるわけではありません。あらゆる決定前提を事前に明示化することは，環境の変化に応じて決定前提を変化させていく必要があることを踏まえると，不可能です。

　そのため，コミュニケーションを通じて調整がなされることになりますが，そうした調整を，構造と対置して**プロセス**と呼びます。ここでいうプロセスとは，その後の決定前提を生み出す調整です。変化の激しい現代の環境に対応するために，コミュニケーション・プロセスの重要性は増大しており，コミュニケーション・プロセスの円滑化は，よりよい調整に向けて重要な課題となっています。

　相互作用的なプロセスの典型例の1つが，前節で取り上げた上下間のコミュニケーションです。部下は，何らかの問題を上司に報告して判断を仰ぎ，上司から得た指示をその後の決定前提として，活動を続けます。会議を行うのもこうしたプロセスの典型的なものの1つです。会議の場で集中的に調整を行い，合意形成や決定をすることで，その後の意思決定において用いられる決定前提が形成されます。また，会議でどのような合意や決定がなされたかを記した議事録を作成し，それを関係者に配布することによって，合意や決定をその後の意思決定で容易に参照できるようになります。

　こうした相互作用的プロセスで円滑に調整がなされるかどうかは，さまざまなことから影響を受けますが，ここでは，図3.1のコミュニケーションのモデルに関連して，3つの要因を取り上げます。第1にあげられるのは，（脱）コード化装置の類似性です。送り手が伝えたいメッセージを受け手に届く記号へと変換するのがコード化装置であり，受け手が送り手からの記号を読み解いてメッセージに変換するのが脱コード化装置です。そうしたメッセージと記号の

相互転換を抽象化したものが（脱）コード化装置ですが，送り手と受け手の持つ認知枠組みや知識の共通性が高ければ，コミュニケーションは円滑に進み，決定前提の共有が容易になります。

　たとえば，ある会社の同じ部門で15年間働き続けている人が，これまでに何度も一緒に仕事をしてきた同じ部門の10年目の同僚と通常業務に関する調整を行う場合，2人のコード化装置の共通性は高く，決定前提の共有は容易に進むでしょう。まったく同じ調整を行うにしても，ごく最近になって別の業界から転職してきた3年目の同僚と調整する場合には，同じように円滑には進まないかもしれません。それは，同じ数字や用語を使っていたとしても，業界やその会社内部の慣行，上司の判断基準といったことに関する知識の共有の程度が異なることが影響するためです。

　（脱）コード化装置に，専門的知識がかかわる場合も少なくありません。たとえば，訴訟への対応のために，ある法律に含まれる条文の解釈を議論しているとき，双方にその法律に関する基礎的な知識があるかどうかは，コミュニケーションが円滑に進むかどうかを大きく左右するでしょう。この例のように，専門知識が求められる業務においては，該当する専門的訓練を受けた人材を採用することで，コミュニケーションの円滑化が図られます。

　第2に，メディアもしくはチャネルの選択が，コミュニケーションの円滑さにかかわってきます。現在では，対面会話，文書のやりとり，電話といった伝統的なメディアに加えて，メールをはじめとしたさまざまな情報通信メディアが利用できますが，どのメディアを使用するかによってコミュニケーションの円滑さは変わってきます。対面して会話することは，即時のフィードバックが可能で，話される言葉以外にも，声のトーン，表情，身振りなどといったさまざまな情報が同時に提示されます。そのため，最も手がかりの多いリッチなメディアだとされてきました（**Column ❺**）。しかし，どのような場合にも対面会話によるコミュニケーションが有効なわけではなく，どのような決定前提を伝えるかによってメディアの有効性は変わります。いいかえれば，伝えるべき内容とメディアとの適合性に，コミュニケーションの円滑さは左右されます。

　まったく別の業界から最近転職してきた上司が持つ仕事についてのこだわりといった曖昧な情報を，同僚に伝えるためには，手がかりの多い対面会話が有

## Column ❺ メディア・リッチネス

　コミュニケーションにおいて伝えられる記号はしばしば多義的で，それが何を意味しているのかということについて，さまざまな解釈が成り立つときがあります。メディア・リッチネス理論では，そうした多義性を解消するために，リッチなコミュニケーションが求められると考えます。理論の提唱者であるダフトとレンゲルによれば，「タイムリーな方法で理解を変化させるために異なる準拠枠組みを克服したり，曖昧な論点を明快にすることができるコミュニケーションのやりとりがリッチであり」，「理解に時間がかかったり，異なるパースペクティブを克服できないコミュニケーションはリッチネスが低い」とされています。

　リッチネスは，①迅速なフィードバックが可能か，②多重的な手がかりやチャネルが利用できるか，③言葉の多様さや自由度が高いか，などによって規定されると考えられており，下表にあるように，コミュニケーション・メディアによって，扱えるリッチネスの程度は異なってきます。理論が提示された時代背景から，下表には昨今の情報通信技術を用いたメディアが含まれていませんが，上記の基準を適用することで，どのくらいリッチなメディアであるかを推し量ることができます。

表　メディアにおけるリッチネスの違い

| メディア | フィードバック | 手がかり・経路 | 言　語 | メディア・リッチネス |
|---|---|---|---|---|
| 対　面 | 即　時 | 視覚・聴覚 | ボディ・ランゲージ，自然言語 | 高　い |
| 電　話 | 迅　速 | 聴　覚 | 自然言語 | ↕ |
| 私的文書 | 遅　い | 限定された視覚 | 自然言語 | ↕ |
| 公的文書 | 大変遅い | 限定された視覚 | 自然言語 | ↕ |
| 数値記録 | 大変遅い | 限定された視覚 | 数　字 | 低　い |

出所：Daft & Lengel（1984）p. 197 をもとに一部修正。

効でしょう。一方，プログラマーの間でコード（プログラム）の内容について調整を図る際には，新しい情報通信メディアを利用したコミュニケーションのほうが円滑に進むように思われます。また，会社の就業規則の些細な変更などは，文書での配布や電子掲示板への掲載が一般的だと考えられます。個々人がどのようなメディアを選択するのか，さらに組織メンバーがどのようなメディ

アを活用できるようにコミュニケーション環境を整備するのかによって，組織におけるコミュニケーションの円滑さが変化します。

　第3にあげられるのは，送り手と受け手，およびその関係にかかわる要因です。まず，送り手と受け手のコミュニケーション・スキルは当然関係してくるでしょう。ここでコミュニケーション・スキルとは，調整を図るために決定前提を共有するスキルを指します。そうしたスキルの一部には，言語をいかに用いるかに関するスキルも含まれます。さらに，両者の関係もコミュニケーションの円滑さに影響を与えます。両者が公式の階層構造においてどのような位置関係にあるかは，コミュニケーションの円滑さにかかわってきます。また，いわゆる人間関係の良好さという非公式な要素も，当然かかわってきます。

## コミュニケーション円滑化の背景要因

　以上で取り上げた要因はコミュニケーションのモデルにおおむね対応していますが，これらのほかにもさまざまな要因が，コミュニケーションの円滑さに直接的または間接的な影響を与えます。たとえばオフィス・レイアウトも，組織内のコミュニケーションに影響を与えます。机が隣に並んでいれば，物理的な場の共有によって意図せずに互いの状況が伝わり，決定前提の共有が円滑に進みやすくなると考えられます。また，日常的に顔を合わせたり，雑談したりする機会があれば，そうした折に情報共有がなされるかもしれません。そう考えると，各自の机を定めないフリー・アドレス制の採用が，職場のコミュニケーションのあり方を変化させることを通じて，組織における調整のあり方や，さらにはその成果に対して，影響を及ぼすかもしれません。

　なお，ここまでは，コミュニケーションの円滑さを取り上げる際，決定前提の共有を図ろうとする意図的なコミュニケーションに焦点を当ててきました。しかし，職場のコミュニケーションは，明確な意図を持つやりとりだけではありません。たとえば日々の雑談などに代表される，何となく話すといったふるまいは取り上げていませんでしたが，そうしたコミュニケーションも職場の雰囲気の醸成にかかわっており，コミュニケーションの円滑さなどに把握しがたい効果を及ぼしています。こうした非公式なやりとりの効果については第6章で取り上げます。

最後に，コミュニケーションが円滑に進むことが組織に対していつも望ましい結果をもたらすのかどうかということを，少し検討しておくことにしましょう。短期的な視点に立つと，コミュニケーションが円滑に進めば調整は容易になり，組織の有効性にとって望ましいといえます。しかし，長期的に見ると，コミュニケーションが円滑であることが望ましい効果のみを持つとは限りません。たとえば，コミュニケーションを円滑にできることに重きを置いて同質的な組織メンバーを採用することで人材の多様性が失われ，発想の豊かさが失われたり，環境の変化に適合したイノベーションの創出が難しくなるといったことも起こりえます。もちろん，コミュニケーションを通じて高度な調整ができなければ，イノベーションを実現することも難しいため，コミュニケーションの円滑さを犠牲にして多様性を重視するという単純な解決策がとれるわけでもありません。このように，コミュニケーションにはさまざまなジレンマが付きまとうのです。

---

**NEXT STAGE**

　第4章では，組織の成立条件の1つである貢献意欲について取り上げます。目的が定まり，調整するための構造やプロセスが整備されたとしても，組織メンバーが貢献意欲を持って役割を果たそうとしなければ，組織は目的を達成できないためです。とくに，組織の目的と個人の組織へ参加する目的とが，どのように関係づけられるのかに注目します。

---

**EXERCISE**

① 自分がメンバーの一員である組織で，決定前提を共有するためになされている工夫を，できるだけたくさんあげてみましょう。

② 各自の机を定めないフリー・アドレス制をどんな会社が採用しているか，新聞記事データベース（日経テレコンなど）や雑誌記事データベース（日経BP記事検索サービスなど）などを使って調べた上で，コミュニケーションの円滑化という観点からその長所と短所を考えてみましょう。

| さらなる学習のための文献リスト | Bookguide |

- サイモン，H. A.（2009）．『経営行動（新版）』ダイヤモンド社．
- 田中政光（編著）（2011）．『サイモン』文眞堂（経営学史叢書 VII）．
- 沼上幹（2004）．『組織デザイン』日経文庫．
- 高尾義明（2004）．「組織のコミュニケーション」二村敏子（編）『現代ミクロ組織論』（第 9 章）．有斐閣ブックス．

➡サイモン（2009）と田中（2011）は，第 2 章の Bookguide で紹介した通りです。沼上（2004）は，分業のタイプについて詳細に分類し，解説しています。高尾（2004）では，コミュニケーションの複雑さや場の共有の影響について，詳しく説明しています。

# CHAPTER 第4章

# 貢献意欲

**SHORT STORY**

　ITエンジニアの山本さんは，昨年C社に入社しました。山本さんは，大学卒業後，大手システム・インテグレータのD社に入社し，日本におけるITベンチャーの先駆けともいえるE社でも働き，C社が3社目です。山本さんは，C社のトップ・マネジメント・チームのモチベーションの高さに敬服しつつ，同時に違和感も覚えています。

　C社は，創業時から魅力的なビジョンを掲げ，創業者の田中さんをはじめとするトップ・マネジメント・チームは，そのビジョンの実現のために，寝食を忘れて仕事に打ち込んできました。トップ・マネジメント・チームは，それぞれの専門性を尊重しているものの，ビジョンの実現に向けた課題解決のためならば，時には自分の専門性へのこだわりも脇においてやるべきことに取り組むべき，という考えを持っています。しかし，そのような会社のビジョンへの一体感を重視する考え方は，組織の拡大とともに全社的には薄れてきているようです。

　C社の従業員の中でも，創業時の苦労を知らない者のほうが，今では多数派を占めるようになっています。従業員の多くを占めるITエンジニアは，自分の専門性を発揮できることや給与・休暇などについての好待遇を会社に期待しており，山本さんもその1人です。山本さんは，システム・インテグレータのD社で勤務していたときと違い，C社では規則にあまり縛られずに働けるところがよいと感じており，すぐに転職しようなどとは思っていません。しかし，「うちの経営陣はブラックだ」と言い残して転職するエンジニアも，少しずつ増えているといいます。

| KEYWORD | 役割　　組織人格　　行動予期　　自由裁量　　モニタリング |
| --- | --- |
| | プロセス予期　　結果予期　　インセンティブ設計　　一体感　　同一視 |

## 1　ステークホルダーとしての組織メンバー

　本章で取り上げる貢献意欲は，組織の成立条件の1つです。組織が成立するために組織メンバーの貢献意欲が不可欠であることは，直感的に理解できます。組織メンバー全員が，目的を実現するためになすべき仕事に対してやる気をもって取り組まなければ，すなわち貢献意欲がなければ，組織の成果は上がらないように思えるからです。

　しかし，従業員などの組織メンバーは，もともとステークホルダーであることを思い出してみましょう（▶第2章）。ステークホルダーとは，組織との間で誘因と貢献のバランスが成り立っていることにより，組織にかかわり続けている存在です。一般に，組織メンバーである従業員や経営者以外のステークホルダーが，組織の目的やその活動に対する貢献意欲を求められることはありません。たとえば，机などのオフィス什器を納入する業者に対し，支払う対価の見返りとして購入した什器の納品は求めても，組織目的への貢献意欲を求めることは筋違いのように思えます。顧客に対しても，組織への貢献を求めることは一般的とはいえないでしょう。本章では，それらのステークホルダーと異なり，なぜ組織メンバーのみに貢献意欲が求められるのかを，組織メンバーが引き受ける役割に注目して考えていきます。

組織メンバーとしての役割の引き受け

**組織メンバーの貢献としての役割の引き受け**

　組織メンバーは，組織にとってさまざまなステークホルダーの1つです。ここでは，組織メンバーの代表例として会社で働く従業員を取り上げますが，以下の議論は，学校・病院・行政機関などといった会社以外の組織で働く人たちにも，ほとんど成り立ちます。

　第2章の議論を振り返ると，組織の目的と個人が組織に参加する目的とは，基本的に異なっています。組織の活動に参加すること自体が個人の目的になっていることもありえますが，少なくとも参加を決める際には例外的であり，組織との間でギブ・アンド・テイクの関係が成り立つことにより，個人は自らの意思で組織に参加します。

　従業員が組織に参加しているとは，その組織のメンバーとして何らかの立場に付属する**役割**を引き受けてふるまっている状態といえます。それでは，役割を引き受けているとは，どういうことでしょうか。

　役割は，英語ではロール（role）という単語になりますが，ロールには映画や舞台などの役柄という意味があります。ロール・プレイング・ゲームのロールも同じ意味です。語源的には，俳優の台詞が書いてある紙の巻物（roll）から転じて，劇中の役柄という意味が生じ，そこから派生して，あるポジションを占める人に対して集団や社会が予期する行動様式という意味が生まれてきました。したがって，役割を引き受けているということは，役柄を演じているということと，いいかえることができます。たとえば，ある人がホテルのフロントで働いているときには，その人はホテルのフロント係を演じているといってもよいでしょう。

　組織の役割を演じているときは，純粋な個人としてふるまっているわけではありません。ある一定の時間・空間において，個人的な欲求や嗜好を満たすことよりも，組織メンバーとしての役割を果たすことが優先されています。その

ような状態を，**組織人格**でもって役割を遂行していると捉えます。

このように，組織の役割を引き受けて，その組織の行為を担うということは，他のステークホルダーの参加には見られないことです。たとえば，顧客が商品を購入する際に，商品を提供している組織の立場を代表することはありません。所有と経営が一致している大株主経営者を除くと，その他のステークホルダーと組織とのかかわり方も，ほぼ同様です。

組織人格でもって役割を遂行している従業員は，組織のエージェントとして，他のステークホルダーとコミュニケーションをとったり，組織が保有する資源に対して働きかけを行います。ここでいう資源とは，物的資源（モノ），財務的資源（カネ），人的資源（ヒト），さらには知識や技術です（▶第1章）。従業員は，それぞれの役割に応じて，原材料を加工したり，備品を購入するためにお金を使ったり，他の従業員を採用したり，知識を新たに獲得して社内データベースに登録する，といった活動を行います。

組織の役割を担うエージェントとしての従業員が，組織メンバーとして自らに課された役割をそれぞれ果たそうとすることで，継続的な協働が生み出され，組織が成立します。役柄という比喩を使えば，組織メンバーとは，いわばシナリオに命を吹き込む役者たちといえます。

### 役割に含まれる予期

次に，組織メンバーが引き受ける役割とはどのようなものなのかを，確認していきましょう。役割は，組織の目的達成に関係づけられた，行動や意思決定に関するさまざまな予期から成り立っています。いいかえれば，役割とは，そのポジションに結びつけられた，さまざまな**行動予期**の束を意味します。たとえば，スーパーのレジ係という役割を担っている従業員に対しては，顧客が商品をレジの前に持ってきたら，商品に付いているバーコードを1つ1つ読み取って料金を計算し，その料金を請求し，現金やクレジットカード等によって代金を確実に受け取るという行動をとることが，他の人たちから予期されています。

役割に含まれる予期には，公式的に定められたものもあれば，いつの間にか成り立っているようなものもありますが，少なくとも公式的に定められた予期

は，組織の目的達成にかかわっています。上のレジ係の例であげた予期は，いずれも公式的な予期ですが，それに従った行動をとることで，顧客から確実に代金を回収し，それを通じて当該スーパーの収益獲得という目的に貢献します。

　予期が課されることによって，責任が生じます。すなわち，このように行動するだろうと期待されているところで，そのように行動しなかった場合には，それに対して応答したり説明したりしなければならなくなります。たとえば，レジ係の従業員が，持ち場のレジを離れた場合には，なぜそうしたのかを説明する責任が生じます。支払いを終えた高齢の顧客が，レジのすぐ先で突然倒れたのを見て，助けようと駆けつけた場合には，より幅広い，従業員全般に課されている予期に基づいて責任を果たそうとしたと見なされます。一方，個人的な用件で誰かに連絡するために無断で持ち場を離れたとすれば，役割を一時的に果たしていなかったということで，無責任な行動だと上司や同僚から非難されても仕方がないでしょう。

　役割には，自分に割り当てられている仕事そのものに関することだけではなく，さまざまな予期が含まれます。たとえば，顧客と日常的に接する役割では，どのような服装が許容されているかということも，予期に含まれるかもしれません。また，第3章に出てきた規則やマニュアルに書かれている内容のように明示的なものもあれば，どこにも明記はされていないものの従うべきとされている，暗黙のルールのようなものも含まれます（▶第6章）。

　役割に基づいて各人がふるまうことによって組織の協働が成り立ちますが，役割に含まれるさまざまな予期とは，前章で使った言葉でいえば，事前に与えられた決定前提です。そこですでに学んだように，事前に決定前提をすべて明示することは，合理性の限界から見て不可能です（▶第3章）。したがって，役割を規定する職務記述書やマニュアルをいくら精緻に作成しようとしても，書ききれないことが必ず残ります。

　役割を厳格に規定できないことから導かれる重要な帰結が2つあります。1つは，役割の担い手に**自由裁量**の余地が残されることです。自由裁量とは，組織から与えられている決定前提を受け入れたとしても，従業員自身が判断できる余地のことをいいます。映画や舞台の役柄を演じるという喩えでいえば，シナリオがしっかり決まっている古典的なドラマ（たとえば，歌舞伎やシェークス

ピア）の場合でも，演じる役者はその役や台詞を自分で解釈して，それを演技に反映させることが可能です。実際の組織という舞台は，誰からどのような台詞が発せられるかわからない，いわば即興劇であり，一見役割が厳密に規定されて自由裁量の余地はないように思えても，そうではない部分が必ずあります。

　もう1つは，役割の規定が組織プロセスの中で調整されていくことです。役割には厳密に規定しきれないところが残ることから，互いの役割に含まれる予期の中身はおおむね共有されていたとしても，細かく見ればある役割にどのような予期が含まれているのかについて，認識が異なるということも生じてきます。そうした認識のズレは，同僚間，上司─部下間，部署間など，さまざまなところで生じる可能性があります。役割の内容は責任を持つ範囲を規定するので，その認識について顕著な違いがある場合には，認識の共有を図ることが必要になってきます。そのために，決定前提に影響を与える調整過程として，コミュニケーションがなされます（▶第3章）。

　また，役割の内容の変更も行われます。たとえば，上司が部下に仕事の範囲の変更を指示したり，役割を記述したマニュアルを改訂することは，役割の変更にあたります。環境変化への対応や，組織内の活動のより効果的な連携のために，新たな行動予期を追加したり，反対に必要性が低下した行動予期を除外するといったことが，組織で行われています。

　しかし，役割の規定がどのようなものかは組織へ参加するかどうかの決定にもかかわることなので，どんな変更も自由に行えるというわけではありません。些細な手順の変更くらいであれば，ほとんど違いがないものとして受け入れられるかもしれませんが，これまでと異なるスキルを必要とするような大きな変更の場合には，マニュアルが改訂されても実質的に受け入れられず，従業員の行動を変えないかもしれません。

　上司の新たな指示や命令についても同様です。指示や命令を下された組織メンバーが，とくに何も考えずに受容する場合もあれば，受け入れられない役割の変更だと受けとめ，指示や命令が実行されないことも起こりえます。

# 3　組織メンバーの参加の確保

## 参加の揺れ

　前述の通り，組織の目的と個人が組織に参加する目的とは，基本的に異なっていますが，両者が関係づけられていることで，個人は自ら組織への参加を決めます（▶第2章）。典型的には，組織に参加し役割を引き受けることを通じて，組織の目的に貢献する代わりに，個人の参加目的を満たす報酬が約束されるといった，ギブ・アンド・テイクの関係が結ばれることで，個人は組織メンバーとしての役割を引き受けます。

　職場に出勤し，そこで働くという，従来型の働き方であれば，役割を引き受けた個人は職場に来て，そこで実際に役割を遂行することになります。従業員が組織に参加しているとは，役割に付随する予期を満たしているということであり，個人の人格全体のごく一部である組織人格を演じ続けているということです。しかし，職場でいったん演技を始めれば，組織人格を優先する状態がずっと続くわけではありません。いいかえると，組織人格を演じるべき職場においても，1人1人の従業員に焦点を当てて細かく観察すれば，組織への参加の程度は絶えず変化しているのです。

　人に代わって組立作業などを行う産業用ロボットと比べてみましょう。ロボットはスイッチを入れるとオンの状態になり，故障などのトラブルがなければその状態で動き続けます。このように，ロボットが組立作業に貢献しているかどうかは，オン／オフという形でデジタルに表すことができます。

　一方，働いている人を細かく見たときに，職場に来たらロボットのように100％組織人格になり，就業時間が終わったら即座に一個人に戻るといったように，デジタルに表すことはできません。いいかえれば，従業員の組織参加，すなわち役割遂行は，0と1の間で揺れ動いているような，アナログでしか表現できません。

　たとえば，会議中にSNSで社外の友達とこっそりメッセージを交換したり，

工場などでの流れ作業の最中にも手を動かしながら次の休日に遊びにいく予定を考えたりしていることは，さほど珍しくないでしょう。また，そのように個人的なことを行ったり考えたりしていなくても，そこで果たすべき予期に十分応答していなければ，組織人格に即していないと見なされます。休憩時間を除く業務時間中，ずっと組織人格のみでふるまい続けるのは，なかなか大変なことです。

　もっとも，業務時間中ずっと完全に組織人格で行動することが求められているわけではありません。上述した会議中のSNSの個人的利用や，別のことを考えながら作業している場合でも，役割を遂行していると見なされることもあれば，非難されることもあるのです。あるいは，いつも組織人格でもって行動し，非公式的な関係を持たないことが，かえって不自然と見られたりすることもあります（▶第6章）。このように，組織人格を発揮する場においても，参加の程度に揺れがあることは一般的といえます。

### モニタリングの限界

　従業員が職場にいても，それぞれがその役割を十分に果たさなければ，調整された活動のシステムとしての組織は生み出されません。したがって，組織人格でもって役割を遂行するかどうかに揺らぎがあるということは，組織マネジメントの立場から見れば当然問題だといえます。イノベーションにつながるような新たな知識を創出するという観点からは，組織メンバーの参加の揺らぎはマイナスだけをもたらすわけではないかもしれませんが，従業員を決まった役割を果たす労働力という資源として活用する視点からは，従業員の参加に振れ幅があることは望ましくないといえます。

　そのため，どのようにして役割に付随するさまざまな行動予期を満たすように従業員を方向づけるかは，組織マネジメントの重要な課題でしたし，現在でもそうです。1つの方法として，ギブ・アンド・テイクの関係を契約などでしっかり定めた上で，組織メンバーによる貢献を**モニタリング**することが考えられます。いいかえれば，役割を遂行しているかを監視して，遂行していれば報酬を，遂行していなければ制裁を与えるという方法をとるということです。

　しかし，もっぱらモニタリングに頼って役割遂行へとマネジメントすること

には，一定の限界があります。第1に，前節で述べたように行動予期の範囲には曖昧さが内在しているため，役割遂行を正確に評価するのが難しいことがあげられます。第2に，監視する役割を担う人たちの監視も必要になるため，組織が大規模化すると，監視する人たちの監視，さらにその監視といった関係が生じ，モニタリング・コストが高くなるとともに，モニタリングの実効性が低下していくことがあげられます。第3に，在宅勤務によるリモート・ワークをはじめとして，そもそも監視が難しい状況が増えつつあります。最後に，次節で述べる通り，ますます激しく変化する昨今の経営環境に適合したマネジメントではないからです。

したがって，監視されているから役割をこなすというよりも，自らの役割に課せられている目的を理解し，それを果たしているかどうかを自らモニタリングして，それに合った行動を選択するという態度を醸成することが求められています。いいかえれば，モニタリングされているから貢献するという消極的な貢献意欲ではなく，積極的な貢献意欲を引き出すことの必要性が高まっています。

# 4 貢献意欲の必要性の増大

## プロセス予期と結果予期

モニタリングの限界とともに，自ら目的を果たそうとする従業員の貢献意欲がますます求められるようになっています。その理由をより詳しく説明する準備として，役割を構成する予期と意思決定を関連づけることで，予期を2つのタイプに分類します。

意思決定は，問題認識，選択肢の生成，選択肢の評価と選び出しというステップからなります（▶第1章）。しかし，それぞれのステップを1度ずつ経れば意思決定は終わりということはなく，選択がもたらす結果がその問題の解決に有効であったかが評価され，それが次の問題認識へと反映され，新たな意思決定へと連鎖していきます。このような連鎖がさまざまな場面で生じながら，

組織の活動は進行しています。

　意思決定の連鎖を踏まえて役割に含まれる予期を分類すると，問題認識から選び出しに至る選択のプロセスに関する予期と，選択の結果に関する予期に分けることができます。前者を**プロセス予期**，後者を**結果予期**と呼ぶことにします。

　プロセス予期とは，選択のプロセスにおいて，事前に与えられた決定前提に従って意思決定を行っているかどうかに関する予期です。そこには，マニュアル通りに行動する，権限を持つ上司の指示に従うといった予期が含まれます。いいかえれば，正当なプロセスを経て意思決定をしているかについての予期です。より具体的には，何を目的に設定するのか，どのような基準で選択肢を評価するか，選択肢の絞り込みにどのような制約条件を考慮するかなどについて，**第3章**で見てきた組織構造および組織プロセスにおける調整を踏まえて決定されているかどうかが問題となります。

　一方，結果に関する予期は，その決定によって認識されていた問題の解決が図られたかどうかに関するものです。いいかえれば，選択の結果が当初認識された問題の解決に寄与することを期待します。組織がそれぞれの組織メンバーについて役割を設定するのは，それによって組織の目的を達成するためです。したがって，それぞれの役割ごとに，役割に紐づけられた目的を達成することが，結果予期には含まれています。

　プロセスの標準化が十分になされている役割では，プロセス予期を満たせばその役割に付与された目的達成に関する予期がおのずと達成されるという関係が，ある程度成立していました。いいかえれば，マニュアル通りに行動したり，上司の指示通りに勤勉に働いていれば，着実に成果が出ることがある程度期待できたといえます。

　ところが今日では，多くの組織において，プロセス予期を満たすだけで結果予期に合致するということが難しくなっています。すなわち，決められたプロセスを守り，その範囲で意思決定をすれば，着実な成果につながるというわけにはいかなくなってきています。そのため，プロセス予期と結果予期を分けて考える必要性が高まっています。

## 積極的な貢献意欲の必要性

　このようにプロセス予期と結果予期の関連性が弱くなってきた背景に関して，とくに重要な2点を取り上げます。第1に，環境の不確実性，曖昧性が高まっていることです（▶序章）。環境の変化が小さく，因果関係が単純なら，規則やマニュアルを整備するなどして，プロセス予期を事前にしっかりとつくり込むことで，ある程度の成果を見込むことができました。だからこそ，従業員が事前に定められた役割通りに動くかどうかが，とりわけ大きな問題となっていたわけです。しかし，環境変化が大きくなり，原因と結果の曖昧性も高くなってくると，事前に定められたプロセス予期通りにふるまっても，見込んでいたようには目的が達成されないということが頻繁に生じます。

　第2の背景は，第1の点とも関係していますが，競争の激化とそれに伴う改善や革新の必要性です。グローバル化や知識経済化などを背景に，組織間の競争は激化しており，組織が目的を達成していくためには，製品・サービスといったアウトプットそのものや，アウトプットを生み出す業務プロセスのイノベーションや革新を求められるようになってきています。イノベーションについては第11章で取り上げますが，どのようにすればイノベーションを生み出せるのか，それらに必要な新しい知識を創出できるのかを，誰もが従えるような実践的なレベルでプロセス予期に落とし込むことは，事実上不可能といってよいでしょう。

　このように，プロセス予期を満たすことと目的の達成という結果予期を満たすこととの乖離が拡大している中では，組織メンバーが自ら問題解決を図っていくことで，はじめて目的達成が実現されます。別の見方をすれば，事前に与えられる決定前提だけでなく，従業員の自由裁量の余地に，結果が左右される程度が高くなっているということです。そのため，組織メンバー1人1人の積極的な貢献意欲，すなわち主体性を持って目的達成に向けて問題解決を図ろうとする意欲を喚起することが，いっそう重要になっているのです。

# 5 関係づけメカニズム

## 2つの関係づけメカニズム

　組織は，その目的達成のために，従業員が主体的に問題解決を図るような貢献意欲を引き出さなければならなくなっており，そうした貢献意欲を引き出すように，組織の目的と個人の参加目的との関係づけを行うことが求められています。従業員の貢献意欲を高める関係づけには，2つの方向性があります。第1の方向性は，組織の目的達成と個人の目的達成はあくまで別物であることを前提に，主体的な問題解決を引き出すような**インセンティブ（誘因）設計**を行うことです。従業員が組織に参加する時点では，ギブ・アンド・テイクの関係が想定されているので，こちらのアプローチが主要なものといえます。

　第2の方向性は，組織目的と個人目的とをオーバーラップさせようとするものです。個人が組織に対して**一体感**を持ち，組織の目的達成が，個人が組織に参加し続ける目的の一部になれば，両者はおのずと関係づけられることになります。なお，現実の施策において，この2つの方向性は混ざり合っているのが普通かもしれませんが，以下では基本的な理解を促進するために，それぞれを別々に検討していきます。

## インセンティブ設計

　組織の目的と個人の目的はもともと異なっているということを踏まえれば，ギブ・アンド・テイクの関係を前提としたインセンティブを工夫することになります。ここでは，組織の目的達成と個人の目的達成とを関係づける典型的なインセンティブ設計として，成果主義的賃金制度を取り上げ，検討してみることにしましょう。

　成果主義的賃金制度とは，短期的な目標の達成度合いに応じて，個人の経済的報酬が増減するような制度のことをいいます。現実にはさまざまなバリエーションがありますが，たとえば，営業担当者が四半期の営業目標という目的を

超過達成すると、その担当者のボーナスが増えるといったものです。ここでは、営業目標を達成するという組織の目的と、より多くの経済的報酬を得たいという個人の目的が関係づけられています。

　もっとも、成果主義的賃金制度を導入しさえすれば、目標達成に向けた個人の貢献意欲が高まり、同時に組織全体の目的も達成されるという望ましい状態が実現されるケースは、現実的にはなかなか見られません。成果主義的賃金制度が暗黙の前提としているよりも、人や組織のプロセスが複雑であるためです（▶第7章・第8章）。

　成果主義的賃金制度では、ヒトが経済的報酬によって強く動機づけられることが前提とされていますが、いつでも経済的動機のみによって人が動くという前提は単純すぎるでしょう。たとえば、職場の人間関係やその仕事に対する自分なりの意味づけが、貢献意欲に影響するかもしれません。また、目標の難しさなども仕事へのやる気に影響を与えます。さらに、報酬と関係づけられた短期的な目標のみに過度に焦点が当たることによって、本来守られるべき法令や規則が、決定前提から次第に漏れていくといったことも考えられます。

　したがって、設計したインセンティブが機能し、組織の目的達成と個人の目的達成とがうまく関係づけられるためには、対象の一方である人を深く理解することが不可欠です。同時に、そうしたインセンティブのあり方が組織のプロセスや構造に及ぼす影響についても注意を払うことが必要です。たとえば、成果主義的賃金制度によって、長期的な戦略的視点に立って物事を考えないようになったり、個人間の競争が煽られて情報共有を図ろうとする職場風土が失われるように作用するかもしれないからです。

## 一体感の醸成

　次に、組織目的と個人目的をオーバーラップさせるアプローチについて取り上げます。直感的には、一体感に基づいて組織目的と個人目的とがオーバーラップするなどといったことは、例外的であるように思うかもしれません。もちろん、事業を自ら始めた創業経営者であれば、ごく自然に組織に一体感を感じ、組織の目的達成が個人の目的達成の大きな割合を占めていることでしょう。また、組織の目的に共感してボランティア団体に参加したボランティアの人た

> **Column ❻　社会的アイデンティティ**
>
> 　自分がどういう人間であるかという自己概念の中には，自分を個性や性格，能力や特性などといった内的な属性から捉える個人的アイデンティティだけでなく，自分を所属する社会的集団もしくはカテゴリーから捉えた社会的アイデンティティも含まれています。たとえば「○○商事の社員である」「△△大学の学生である」「日本人である」「□□県出身である」といったように，何らかの集団やカテゴリーと自分を同一視し，その集団やカテゴリーの一員として自己を理解することが，社会的アイデンティティです。海外にいるときほど自分が日本人であることを強く感じるように，自分が所属するさまざまな集団やカテゴリーのうち，どれが自分を表す顕著なものと認識されるかは，置かれている環境によって異なってきます。
>
> 　こうした社会的アイデンティティは人々の行動や認知に影響を与えますが，その典型が内集団びいきです。人は自分を肯定的に捉えたい傾向があるために，自分が所属する集団（内集団）を高く評価し，内集団に所属する人たちをその集団に所属しない人たちよりも好意的に見たり優遇したりすることが，内集団びいきと呼ばれる現象です。こうした内集団びいきは，ほとんど意味を持たない些細な違いで集団がつくられたときにも生じるといわれています。

ちにも，目的のオーバーラップが生じているといえるでしょう。しかし，こうした例外的に思えるケースではなく，会社に勤める一般的な従業員にも，程度の差はあれ，一体感を通じた目的のオーバーラップが生じることは珍しくありません。

　社会的動物としての人間には，集団や組織に対して一体感を感じる社会心理的メカニズムが備わっています（**Column ❻**）。たとえば，所属している，もしくは所属していた学校が，何かの大きな大会で優勝したら，自分がまったくかかわっていなくても誇らしい気持ちになることが少なくないのではないでしょうか。このような自分と組織の同一視とともに一体感は生じ，それが組織目的と個人の目的のオーバーラップの契機となります。

　もっとも，一体感を感じる対象は，仕事をする組織に限られるわけではなく，さまざまなものがあります。勤務している会社に対してはほとんど一体感を感じていなくても，所属する部署には一体感を感じていることがあります。ある

種のプロフェッショナルが，専門性やそれに基づく仕事に一体感を抱いているというのも，よく見かけられる姿です。また，仕事に関係する対象への一体感は薄いものの，仕事外でかかわる集団や組織，たとえば地域コミュニティや応援するスポーツチームに対しては，強い一体感を抱いているということもあります。もっとも，より多くの時間を費やす対象のほうが，それだけ一体感を喚起される機会も多くなりやすいことから，仕事関連の組織や所属する部署などの下位集団に対して，いつの間にかある程度の一体感を持つようになるといったことは少なくありません。

　組織の側から見れば，一体感の醸成を通じて組織の目的と個人の目的を部分的に融合できれば，組織メンバーが高い貢献意欲を持つことが期待されるため，意図的に一体感を強化するような取り組みがなされることも少なくありません。最近，企業の運動会が改めて注目されているといわれることがありますが，全員で集まって何らかの活動を一緒に行うことなどは，そうした取り組みと見なすことができます。こうした取り組みには，組織文化のマネジメントと共通するところもあります。（▶第 **6** 章）

　また，インセンティブ設計によっても間接的に一体感を高めることが可能です。たとえば，所属する支店が他の支店を上回る業績を上げると支店メンバー全員に報奨金が出るといった制度は，組織目的と個人目的との関係づけを促進するとともに，支店への同一視や一体感を強化するようにも働きます。一体感を感じる社会心理的メカニズムを基礎に，さまざまな組織的施策が行われることで，一般的な従業員においても，組織目的と個人目的とがある程度オーバーラップするくらいに一体感が醸成されることは，決して少なくありません。こうした一体感の醸成によって，その組織に所属していることが個人のアイデンティティの重要な一部分になり，組織目的や自分の役割にかかわる下位目的を達成しようという，積極的な貢献意欲が生じてきます。

　組織への一体感の醸成を図るとは，組織が個人への浸透を図っていることだといえます。もっとも，参加の揺れに関して指摘したように（▶第 3 節），個人も組織に個人的な要素を持ち込んでいます。たとえば，自分がやりがいを感じる仕事に対する自分なりのこだわりといったものも，個人が持ち込んでいる決定前提だといえるでしょう。さらに，ポリティクスのように（▶第 **7** 章），個人

が組織の目的に影響を及ぼそうとすることもあります。このように，組織と個人が相互に浸透しつつ，組織は成り立っています。

　現代の組織においては，マニュアル通りルーティン・ワークのように役割をこなすだけでなく，役割を積極的に引き受けて自ら遂行しようとする貢献意欲が，より重要になっています。こうした中で，組織には，組織メンバーや環境に適合したインセンティブを工夫すると同時に，組織と個人が相互に浸透していることを踏まえて，いかに主体性を備えた貢献意欲を喚起していくかを絶えず検討することが求められているのです。

---

**NEXT STAGE**

　第1部では，組織の定義を踏まえて，組織目的，コミュニケーション，貢献意欲という3つの成立条件について詳しく検討してきました。第2部では，これらの検討を踏まえて，組織の構造とプロセスについて詳細に見ていきます。まず第5章では，第3章の議論を踏まえて，合理的に構築される組織構造を取り上げ，官僚制を合理的システムの典型と位置づけます。

---

**EXERCISE**

① 自分がメンバーの一員である組織で，組織メンバーとしてどのような役割を果たすことが求められているか，役割に含まれている行動予期を詳しく書き出してみましょう。

② 自分がかかわっているさまざまな組織やその中の部門などに対して，それぞれどのくらい一体感を感じているか比較してみましょう。

---

さらなる学習のための文献リスト　　　　　　　　　　　　　　　Bookguide

- サイモン，H. A. (2009).『経営行動（新版）』ダイヤモンド社.
- 高尾義明 (2013).「組織成員のアイデンティフィケーション」組織学会（編）『組織論レビューI 組織とスタッフのダイナミズム』（第5章）. 白桃書房.
- ルーマン，N. (1992/1996).『公式組織の機能とその派生的問題』上下

巻，新泉社．

⇨組織への一体化は，第**2**章と第**3**章の**Bookguide**でも紹介したサイモン(2009)によって，最初に組織論に導入されました。現在では，組織や集団へのアイデンティフィケーションとして多くの研究がなされており，高尾(2013)では，最近の研究動向がレビューされています。組織メンバーに課される役割や予期について深く考えようとするときには，ルーマン(1992/1996)を手にとるとよいでしょう（原著初版は1964年刊）。

第 2 部

# 組織の構造とプロセス

PART 2

CHAPTER
5 合理的システムの設計
6 自生的システムの創発
7 組織プロセス
8 経営資源としての変化する人

# CHAPTER 5

第 **5** 章

# 合理的システムの設計

**SHORT STORY**　ある金曜日の夜，F社で働く中村さんは，同期入社の小林さん，加藤さんと，3人で久しぶりに会っています。F社は建設機械や産業用機械などを製造・販売している大手メーカーです。3人は12年前に新卒で入社し，入社後の研修で同じグループだったことから，専門や配属された事業部は異なっていましたが仲よくしてきました。

　中村さんは，3度の異動を経験し，F社で働き続けています。小林さんは，5年前に同業他社の外資系メーカーG社に転職して，そこでマネジャーとして働いています。加藤さんは，6年前の出産後，育児休業を経て，いったんは職場復帰したものの退職し，3年前に業界の異なるH社に転職しています。

　中村さんが他の同期の最近の動向を一通り話し終えたところで，それぞれの会社の仕組みの違いが話題に上りました。

中村さん：コスト削減についての全社プロジェクトに携わってるんだけど，相変わらず事業部間の組織の壁が厚くて，なかなか前に進まないんだよね……

加藤さん：その辺りは変わってないみたいだね。外資だとどうなの？

小林さん：うちは地域と事業のマトリクス組織だから，ぜんぜん違うね。

加藤さん：マトリクスだとボスが2人？

小林さん：そう。今は業績がまあまあいいので，日本法人の社長と僕のいる事業グループのグローバルのトップが衝突することもあまりないけど，僕が入社する前の日本法人の社長のときは大変だったらしい……（109ページに続く）

89

| KEYWORD | 統制の幅　階層化　権限移譲　部門化　分権化　集権化　自己充足単位　水平的関係　機能別組織　事業部制組織　マトリクス組織　官僚制　支配　官僚制の逆機能 |

# 1 公式構造のデザイン原則

　第**3**章では，分業を前提とした組織において調整を円滑に行うために，無秩序にコミュニケーションをとるのではなく，調整の必要を減らすとともに必要な決定前提が供給されるように，安定した構造を事前につくり上げておくことが重要であると説明しました。そこでは，役割や規則を定め，権限を階層的に配置することを，組織構造の基本として取り上げました。そうした構造がよりよいものになれば組織は目的を追求するための調整が行いやすくなることから，組織論では組織構造の合理的な設計が検討されてきました。そこで本章では，合理的な組織構造の設計について掘り下げるとともに，その典型としての官僚制を取り上げ，組織の合理的システムとしての側面を議論します。

### 垂直的分化としての階層化

　なぜ階層が必要であるかについて，簡単に復習しておくことにしましょう。組織メンバーはそれぞれに意思決定を行っていますが，事前に与えられている決定前提では判断できないときに，階層を通じて決定前提を追加的に得ることで意思決定を行えるようになります。突発的な事態が生じて，マニュアルを参照しても対応策が見つからず，妥当な対応方法がわからなかったり，決められなかったりしたときに，上司に指示を仰ぎ，その指示を決定前提とすることで，決定できるようになります。

　このように，例外事項の処理に階層が用いられますが，1人の管理者が処理できる例外の数には限界があり，コントロールできる人数にも必ず限界があります。そうした限界を**統制の幅**（スパン・オブ・コントロール）と呼びます。統制の幅があることには，人間の合理性の限界が当然かかわっていますが，統制

**CHART** 図5.1　統制の幅と高階層化

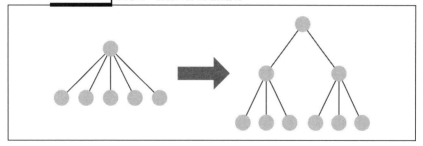

の幅は管理者個人の能力の限界だけによって決まるわけではありません。

　階層が例外事項への対処とかかわることから，例外に対応する必要性が高いほど，統制の幅は狭くなります。例外に対応する必要性もさまざまな要因によって左右されます。まず，業務の性質や，そこでかかわっている環境に左右されます。また，部下の能力が高く，部下自身で例外に対応できることが多ければ，その分だけ統制の幅は広がることになります。

　統制の幅がもたらす重要な帰結は，組織の規模拡大に伴う**高階層化**です。たとえば，あるマネジャーの統制の幅が6名で，現在5名の部下がいるとします。業務の拡張のために，そこに3名の部下が加わったならば，部下が8名となり能力の限界を超えてしまいます。そのため，部下のうち2名を中間管理者とし，彼らのもとにそれぞれ3名の部下を配置するといった対応がとられるでしょう。そうすると，この部署は2階層から3階層へと階層が増加したことになります（図5.1）。統制の幅のみによって階層の高さが決定されるわけではありませんが，統制の幅は，組織の規模拡大とともに高階層化がどの程度進むかに，深くかかわっています。

　こうした階層化によって中間的な階層が生じますが，そうしてできた中間階層の管理者には権限が移譲されることになります。**権限移譲**しなければ，権限移譲する前の上位管理者の負担は軽減されず，中間的な階層を設置した意味がないからです。

　権限とは，役割に付与された，意思決定が可能な範囲のことでした（▶第3章）。上位階層の管理者は，下位の管理者のみでどのくらい意思決定できるか，その範囲を定めます。多くの場合，何らかの規則を制定することによって，階層と役割に付随する権限を事前に明示化します。

1　公式構造のデザイン原則

## 水平的分化としての部門化

　このような権限配置と同時に検討しなければならないのは，1人のマネジャーが，どのような役割を持つ人たちを指揮するのかです。まったく関連性のない役割を持つ複数の部下を1人の管理者が指揮監督することは，調整を円滑に行うという意味で合理的とはいえません。たとえば，先端的な技術開発を行っている大規模メーカーにおいて，1人の管理者が基礎研究部門と販売支援部門を同時に管理するというのは，合理的であるように思われません。なぜなら，両方の部門でなされている業務内容を把握し，適切に指示を出すための知識を，1人の管理者が兼ね備えることが難しいからです。

　一般的に，**部門化**の際に考慮の対象にすべき重要な要因とされているのは，同じ部門に含められる人たちの間の相互作用関係およびその重要性です。ここでいう相互作用とは，第3章で取り上げたコミュニケーションであり，決定前提に影響を及ぼすことですが，そこには日常的な業務遂行のための調整だけでなく，専門知識の共有なども含まれます。

　組織内の個々の役割は，何らかの形で他の役割と相互作用関係にありますが，方向性や頻度，必要性の程度は異なります。双方向的コミュニケーションの重要性が高く，頻度も多い役割を1つの部門にまとめることで，役割間のコミュニケーション・コストを抑えることができます。たとえば，販売を担当する役割と販売支援を担当する役割との相互作用は双方向的であり，重要性も高いので，同一部門にまとめるメリットは大きいでしょう。販売を担当する役割と出張などの経費精算を担当する役割との間にも双方向的なコミュニケーションは生じますが，その重要性はさほど高くないことが多いため，別の部門に配置されてよいと考えられます。

　一方，製造現場の流れ作業での上流と下流では，日常的には一方向的なコミュニケーションが多いかもしれませんが，トラブルへの対処や専門知識の共有のための双方向的コミュニケーションの重要性は高く，同一部門にすることは妥当といえるでしょう。このようにして，より重要なコミュニケーションを円滑にできるよう，役割を担う人たちのコミュニケーション・コストの観点から，部門化を捉える必要があります。

部門化によって，同じ部門に含められた役割に従事する人たちの間では，その他の部門の人たちとの間よりも相互作用が多くなります。逆にいえば，「組織の壁」があるという表現が実務界でよくなされるように，部門が異なることによって，相互作用が円滑に行われにくくなる傾向が見られます。

## 部門化の代表的原理

　次に，実際に見られることの多い部門化原理を紹介します。典型的な部門化の原理として，①機能に基づく部門化，②製品・サービスに基づく部門化，③顧客別の部門化，④地域別の部門化，の4つをあげることができます。
　①の機能別の部門化とは，果たしている機能によって集約し部門をつくることです。たとえば，メーカーであれば，営業，製造，品質保証，研究開発，人事，総務といったカテゴリーで，部門をつくることです。
　②は，扱う製品ごとに部門が分かれます。たとえば，冷蔵庫を開発・製造・販売する部門と，エアコンを開発・製造・販売する部門が，別々のグループとして設置されます。
　③では，顧客がグルーピングの軸になります。たとえば，個人ではなく会社や団体などを顧客とするいわゆるB to Bの場合，顧客が事業展開する業界によってニーズが違うことに注目し，顧客の業界に対応した部門化をすることが考えられます。また，1社当たりの販売量を踏まえて，大企業，中小企業，個人事業主といった分け方もありうるでしょう。
　④は，グローバル化とともに以前よりも多く見られるようになっていますが，地域ごとにグルーピングすることです。地域によって顧客が異なっているという意味では③のバリエーションとも見なせますが，グローバルな事業展開が拡大するにつれて，①や②のような側面も加味されるということが少なくありません。
　上の地域別の部門化のところで少し述べたように，これら4つの原理は排他的なものではなく，オーバーラップするところがあります。また，これらの原理の1つのみが採用されるのではなく，複数の原理が組み合わされることがほとんどです。たとえば，人事や経理といった部門は機能別で分け，営業部門の中は最初に地域で分化し，さらにその中で顧客別にグループがつくられる，と

いった具合です。それぞれの部門化がもたらすメリット・デメリットがありますが、その点については典型的な組織形態である機能別組織と事業部制組織を比較する第3節で検討します。

部門を分類する際に、ライン部門とスタッフ部門という分類がなされることもあります。ラインという言葉は、もともとは軍事用語で前線、すなわち戦闘が行われているところという意味でした。企業の場合には、顧客に相対している部門や、顧客に提供する製品・サービスに直接的にかかわっている部門、たとえばメーカーにおける製造部門などを、ラインと呼ぶことが一般的です。一方のスタッフという言葉は、もともとは軍隊を率いる将軍の持つ杖を意味したといわれています。そこから転じて、将軍の指揮を作戦面で支える参謀、さらには指揮する人たちをサポートする部門を指すようになりました。こうした由来からすると、経営企画部門や秘書部門などがスタッフ部門の典型といえますが、実際には人事部門や経理部門などのラインをサポートする部門も、スタッフと呼ばれるようになっています。

 ## 組織の発展に伴う構造の変化

| 権限移譲 |

序章でも述べたように、環境の不確実性が増大し、例外を処理する必要性が高まっています。これまで以上に、事前の規則や手続きで対応できない例外を処理することが増えていくと、上位階層は意思決定を求められることが増えて、処理能力を超えてしまい、妥当な意思決定を行えなくなります。

こうした負担を減らすために、いくつかの方法がとられます。最初に採用されることが多いのは**分権化**です。分権化とは、下位階層の意思決定の範囲をこれまでよりも広げることです。上位階層が持っていた権限を下位階層に移譲することを伴うため、権限移譲と呼ばれることもあります。なお、分権化とは反対に、上位階層に権限を集中させることを**集権化**と呼びます。

組織の規模拡大や環境の不確実性の増大などから権限移譲が進行すると、上

位階層が下位階層の組織メンバーの業務プロセスを具体的にコントロールすることが減っていきます。しかし，上位階層は自らの役割に課された目的の達成に向けて，部門をマネジメントする必要があります。そこで，下位の階層ごとに目標を設定し，それがどの程度達成されたかを評価することを通じてコントロールするようになります。これは，第4章で取り上げた，プロセスに関する予期と結果に関する予期の区別に対応します。そこでも述べたように，自由裁量の拡大とともに，結果に関しての予期が相対的に重要性を増していきます。

### 自己充足的単位の設定

　組織の活動の規模や範囲が拡大すれば，分業がいっそう進むとともに必要な役割を担う人員も増え，組織の高階層化が進行しがちです。組織の階層はツリー状になっていることが多く，複数の部門にまたがるような問題の解決の場合には，それらを統合する権限を持つ上位階層に問題の解決が委ねられます。
　たとえば，図5.2のような組織形態のもとで，Aという製品カテゴリーの新製品について製造部門と販売部門の意見が対立したとき，調整する権限を持っているのはトップのみです。このような部門間調整がB・Cという他の製品カテゴリーでも頻繁に生じると，トップは調整に忙殺されます。
　もしA～Cの3つのカテゴリーそれぞれの新製品に関する調整が緊密に連携している必要がなければ，それぞれを別々に決定できるような権限構造を採用することで，意思決定をスピードアップすることができます。
　それを可能にする権限構造にもいくつかの方法がありますが，代表的なものは図5.3に示したような事業部制組織に代表される，**自己充足的単位**の設定です。A製品事業部は，開発・製造・販売といった，A製品に関する事業を展開していくための主要な機能を充足しています。したがって，A製品事業部は，A製品に関してほぼ独立した1つの単位として機能します。事業部制組織については，次の第3節で詳しく取り上げます。

### 水平的関係の創出

　規則に厳格に従えば，公式的な情報の流れは組織図に描かれた階層を上下していくことになります。たとえば，図5.2で製造部門から販売部門に情報を伝

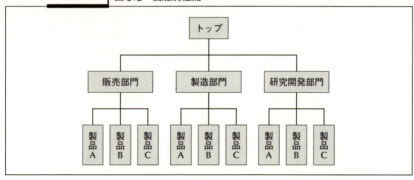

**CHART** 図5.2　機能別組織

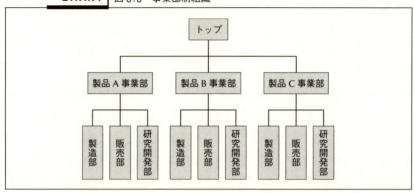

**CHART** 図5.3　事業部制組織

達する場合，製造部門の担当者から製造課長，製造部長，社長へと情報が上がっていき，そこから販売部長，販売課長，販売担当者と降りてくるという流れになります。しかし，情報が階層を1つ1つ上下するのには時間がかかります。そのため，現実的には，日々の情報交換は担当者間で水平的に行われています。こうした水平のコミュニケーションによって，互いの決定前提を更新し，それぞれの業務が円滑に遂行されるのです。もっとも，それぞれの部門の目的の達成に深くかかわっていたり，業務遂行に大きな影響を及ぼすような事項などでは，担当者間の情報交換では調整を実現できず，公式的な階層に基づく調整に頼ることになります。

　しかし，緊密で頻度の高い調整の必要性がある場合，階層関係だけで解決しようとすることには限界があります。たとえば，新製品の開発はさまざまな部

門の今後の活動や目的を大きく左右するとともに、その実現に向けて度重なる調整が必要です。上市される新製品が少なければトップが自ら関与できますが、緊密な調整が求められる場合にはそうした調整すべてにトップがかかわることは非現実的になります。

そうした場合に、プロジェクト・チーム、タスク・フォースといった部門横断的なユニットを立ち上げ、そこで細部の調整を図るということがしばしば行われます。このような**水平的関係**の創出は、実務の世界でしばしば「横串を通す（入れる）」と表現されますが、水平的関係をつくる補完的なユニットが有効に機能すると、組織としての調整能力が高まることになります。

## 3 典型的な組織形態

公式構造は、以上のような組織デザインの原則が適用されて組み立てられます。ここでは、典型的に見られる組織形態の分類として、機能別組織と事業部制組織を取り上げ、それらの特徴や長所・短所を確認することで、組織デザインの複雑さを考えてみたいと思います。

### 機能別組織

**機能別組織**では、その名前の通り、製造・販売・開発といった機能によって、部門化がなされています。したがって、第①節の部門化の代表的原理でいえば、①の機能に基づく部門化に該当します。機能別組織の長所は、専門性が類似した役割がまとめられることから生じます。まず、専門知識が1つの部門に集約されることで、知識の蓄積や部門内の伝播が容易になります。また、製造部門などでは、規模の経済が働きやすくなります。

製造と開発、開発と販売といった、異なる機能間の調整はトップが担います。トップの方針に従って、全社レベルでの意思統一が図られるため、機能別組織は基本的に集権的組織といえます。自己充足的単位が設定される背景として説明したように、トップに権限が集中しているがゆえに、製品の種類の増加や多角化の進行はトップの負担を増やし、組織全体としての意思決定スピードの低

下が生じます。

　各機能部門は，製造部門が生産性の向上を目標に取り組み，販売部門が販売に関する目標の達成を追求するといったような形で，分化した目的を追求します。そこでは，組織全体の追求する目的は意識されにくくなる傾向があります。

### 事業部制組織

　自己充足的単位の設定の項でも説明したように，**事業部制組織**は，事業部というユニット（単位）をつくって，そこに核となる機能を含めることにより，事業部内でおもだった調整を行えるようにしたものです。図5.3に製品別事業部を示したように，事業部制組織の多くは第❶節でいう②製品・サービスに基づく部門化によるものですが，④に該当する地域別の事業部制組織なども増えつつあります。

　それぞれの事業部に主要な機能が備わっているために，個々の事業部でどのくらい利益を獲得したかを計算できることから，事業部としての利益額や利益率が目標として設定されて，調整が図られます。

　機能別組織では機能間の調整がトップに集中していたのに対して，事業部長が自らの権限でそれぞれの製品についての調整を行えるという意味で，事業部制組織では分権化がなされています。当該製品に関して全般的な意思決定を行う事業部長には，事業全体のマネジメント能力が求められます。そのため，事業部制組織は経営者の育成に向いているといわれることもあります。一方トップは，全社的視点から戦略を構想し，事業部間の資源配分を決定するといった役割を担います。

　事業部制組織では，他の事業部に対して独立的に意思決定を行うことができるために，事業部の間の壁が問題になることが少なくありません。事業部間の壁とは，事業部を横断するコミュニケーションや調整がうまく進まないことです。その対策として，前節で述べたように水平的関係を創出したり，次に述べる中間的形態を採用することがあります。

　製品の多様性や事業の範囲が拡大すると事業部制組織が採用されることが増えてきますが，ある一定の多様性を超えると自動的に事業部制組織に移行するというものではありません。そのときには，何を目的として調整が円滑に行わ

れるように組織構造を組み立てるかということが問題となります。この点に関しては，経営戦略との関係を考える必要があります（▶第10章）。

## 中間的形態

ここで紹介した機能別組織，事業部制組織は，いずれも典型的なモデルであり，実際には中間的な形態がとられることが少なくありません。たとえば，メーカーでは，販売や開発にかかわる部門は事業部に含まれるが，製造部門はさまざまな事業部から切り離されて独立しているといった，一部事業部制という形態も多く見受けられます。また，製品開発などで緊密な調整が必要な場合には，プロジェクト・マネジャーを置いて十分な権限を与えることで，当該製品に関する管理を任せることもあります（▶第11章）。

さらに，機能別組織と事業部制組織の両方を取り入れて組み合わせた，**マトリクス組織**が用いられることもあります（図5.4）。マトリクス組織は，機能の集約によるメリットと事業による統合のメリットの両方を追求できる，理想的な形態のようにも思われます。

しかし，ここでは，これまでの組織形態で暗黙の前提とされていた命令の一元化が崩れてしまっています。マトリクス組織以外では，命令を下す権限を持つ上位者が1人になるような，階層的権限構造が採用されていました。それに対してマトリクス組織では，たとえば，製品A事業部と製造部門が交差しているユニットのマネジャーは，A事業部長と製造部門長の双方から命令や指示を受けることになります。すなわち，従うべき決定前提の伝達が複数からなされるということです。

それぞれの上司からの決定前提が矛盾しないものであれば問題は生じませんが，製造部門長からコストの削減に力を入れるように指示がなされると同時に，A事業部長からはコストは二の次で顧客へのデリバリーを速めるよう指示が出るといったように，矛盾した指示を受ける状況が生じるかもしれません。こうしたコンフリクトを，製造部門長，A事業部長，両者の部下であるA製品製造マネジャーの3者で解決できればよいですが，製造部門長とA事業部長が異なる目標の実現を指向して両者が対立すると，当該ユニットのマネジャーは右往左往することになりかねません。

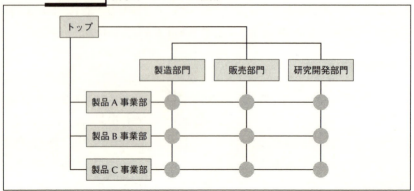

CHART 図5.4 マトリクス組織

このように，マトリクス組織は，構造は洗練されているように見えますが，1つのユニットのマネジャーが2人の上司から指示を受けることによって組織プロセスの複雑さが増してしまうことから，思ったような成果が上がらないこともあるといわれています。

# 4. 合理的システムとしての官僚制

第3節までは公式的な構造を取り上げて，そのデザイン原則と実際に見られる形態を説明してきました。そこでは，さまざまなコンフリクトがある中で，よりよい調整を行えるようにするために，合理的な構造設計がなされていることが見て取れました。

本節では，現実からいったん距離を置き，そうした合理的な構造設計の持つ可能性と限界を捉えるために，**官僚制**をめぐる議論を紹介します。最初に官僚制とは何かを定義し，それが持つ機能を紹介した後，合理性を追求するためにつくり上げられた官僚制が実質的な非合理性を招くという，官僚制の逆機能を取り上げます。

### 官僚制の定義

官僚制というと，国や自治体の組織がまず頭に浮かび，その硬直性が思い起こされることが多いようです。しかし，組織論においては，世間一般で使われ

るネガティブな用法と少し異なって，次のような原則に基づいた組織を官僚制組織と呼んでいます（ウェーバー，1960/1962）。

① 規則によって権限が定められ，その範囲で職務が遂行される
② 規則に基づく役割の階層関係が形成されている
③ 文書が媒介として用いられて職務が遂行される
④ 職務が専門分化し，職務遂行のための規則を扱う訓練をされた専任の職員によって職務執行がなされる
⑤ 職務活動中には職務と私生活の領域が分離される

以上の原則は，政府や地方自治体といった行政組織に典型的に見出されますが，程度の差はあれ，現代のほとんどの組織に見出すことができるものです。①は，第3章と本章で見てきた，組織の構造の基本といえる部分です。②の階層的権限構造も同様です。トップ以外には，自らの役割の決定前提を指示できる上位階層が存在するように，役割が体系化されています。そして組織のトップも，①にあるように，規則によってその権限が定められています。

③の文書には，いわゆる書類だけでなく，電子メールをはじめとする情報通信メディアを用いたコミュニケーションもあてはまります。後で参照できることで，言った／言わないという議論にならず，正確に決定前提が伝達されるため，合理的な組織運営には不可欠といえるでしょう。

④は，分業の必要性（▶第3章）から生じますが，知識の高度化がますます進行しており，職務の専門分化は拡大しています。⑤は，公私混同しないという原則と理解すれば，現実的には逸脱が生じることがあるとしても，一般性のあることは納得できるでしょう。

これらの原則がほとんどあてはまらない組織を想像できるでしょうか。誰が何を決めるかが規則としてまったく規定されておらず，権限の範囲や広さがいつの間にか変わり，調整がすべて記録に残らない対面会話で行われ，私生活と職務が混じり合っているという状態は，継続を前提とした現代の組織では，ごく小規模な組織において例外的に見られるだけでしょう。このように考えると，官僚制の原則が社会全体に広まっていることを認めざるをえないと思います（Column ❼）。

ここまで説明してきた組織構造の基本的要素を備えているような場合，その

> **Column ❼　社会のマクドナルド化**
>
> 　アメリカの社会学者リッツァは，官僚制の議論を下敷きに社会がマクドナルド化していると主張しました（リッツァ, 1999）。ここでいうマクドナルドは，短時間に低コストで食事を提供するファスト・フード・レストランの代表例です。
>
> 　マクドナルド化は，「効率性」「計算可能性」「予測可能性」「制御」という次元からなるとされます。東京の都心にある駅前店でも，地方都市のロードサイド店でも，同じサイズ，同じ味のハンバーガーが，おおむね同じくらいの待ち時間・価格で，顧客に提供されます。それを可能にしているのが，標準化された作業工程，それを支えるさまざまな技術の導入，さらに緻密につくられたマニュアルなどの仕組みです。
>
> 　官僚制は精密な機械に喩えられることがありますが，ファスト・フードの現場でも，標準化を追求した規則に基づく制御によって精密なオペレーションがなされているという意味では，まさに官僚制にあてはまっており，官僚制が現代の社会における前提となっていることが見て取れます。

多くは官僚制組織です。たとえば，文書化されたマニュアルを遵守して職務を遂行するというのも，官僚制の原則を採用していると見なすことができます。したがって，現代の組織はその大半が多かれ少なかれ官僚制の要素を含んでおり，官僚制の原則にある程度以上準拠して公式的な組織構造がつくり上げられていることがほとんどだといえます。

### 官僚制の合理性

　世間一般では，官僚制という言葉は非効率であることの代名詞のように用いられ，合理的な組織とは見なされていないようです。しかし，組織論のもともとの用法では，官僚制は，大規模化・複雑化した組織を合理的に運営するための機構を意味します。行政組織において典型的ですが，規則に基づいて生ける精密機械のようにトップから下された方針を効率的に実現することを目指したのが，官僚制です。そこで，官僚制が本来，合理性を指向したものであることを，官僚制の原則を整理したドイツの社会学者ウェーバーによる，**支配の形態**

についての議論を参照して説明します。

　支配というと日常的なことのように思えないかもしれませんが，ここで支配というのは，ある人が命令や指示を出し，別の人をそれに従わせることができる，ということです。第1部で出てきた用語を使えば，決定前提を受容させる力といいかえられるでしょう。

　こうした支配が成立することは，組織が成り立つ大前提です。それでは，あなたがある組織で働いているとして，なぜ上司の命令に従うのでしょうか。さまざまな答えがありえますが，ウェーバーによる支配の正当性の議論に基づくと，①従うのが伝統だから，②その上司がカリスマ的なすごい人でその人の示すビジョンに共感しているから，③規則で従うことになっているから，という3つの理由にまとめられます。これらはそれぞれ，①伝統的支配，②カリスマ的支配，③合法的支配（規則に基づく支配）と類型化されています。

　①は，昔ながらの共同体でよく見られるように，年長者の長に従うことが当然とされているので，納得できてもできなくても従うということです。②は，一見理想的なようですが，ハードルが高いように思えます。特定の人に依存しているというリスクもあります。カリスマ的な個人が暴走したり，組織から離れてしまった場合には，組織が崩壊してしまいます。また，組織が大規模化すると，カリスマ的個人だけで組織を動かすのは難しくなるでしょう。

　これらに対して，規則は，妥当な目的の達成のために制定されているのだと信頼されている限り，それに従うことが支配の正当性を確立しやすいといえます。いいかえれば，規則が目的に対して合理的だと考えられていることで，規則に基づく命令は正当なものと捉えられ，従われます。官僚制の原則とはまさにそこに依拠しており，合法的支配の形態として官僚制を位置づけることができます。

　官僚制は，なぜそうするのかわからない慣習に従う伝統的な集団よりも合理的であると考えられます。カリスマへの依拠も，継続性などを考えると一定の限界があります（Column ❽）。以上のような類型的な比較から，現実の運営に合理的でない面がいろいろ見られるとしても，官僚制は相対的に合理的だといえることがわかります。

> **Column ❽ カリスマの日常化**
>
> 　カリスマとは非日常的なものと見なされる個人の資質のことです。フォロワーは，日常的なものを超えた非凡な資質に対する畏敬の念を持ち，この資質を有する人物に対して自発的に従おうとすることで支配が正当化されます。既成秩序を打破しようとする革命的状況などでは，カリスマ的支配が見出されることが少なくありません。
>
> 　しかし，リーダーの非日常的な資質に依存しているため，カリスマ的支配は不安定な傾向があります。そのため，カリスマ的支配は次第に，伝統的支配または合法的支配に転化していくとされており，それを「カリスマの日常化」と呼びます。たとえば，カリスマ的な創業者社長の後継者問題を考えてみると，カリスマ的支配の長期的継続が困難であることが理解できるでしょう。

### 官僚制の逆機能

　このように，官僚制の原則は現代組織の根幹に位置づけられているものであり，組織の合理性追求を可能にするために不可欠なものです。しかし，官僚制に関しては，その原則の適用が意図しない影響を及ぼし，ネガティブな結果を導出する現象も知られています。そうした現象を，**官僚制の逆機能**と呼びます。ここでいう機能とは，環境への適応と調整を促進する活動であり，逆機能とは適応や調整を阻害する活動です。

　官僚制の原則は，本来，組織の目的を効率的に達成することを意図して，組織に適用されています。たとえば，職務を細分化し，標準化を図るためのマニュアルを参照しつつ，上位階層からの命令に従って職務に携わることは，組織の効率的な運営に必要であると考えられています。しかし，そうした仕組みが，その意図した通りの結果のみを生み出すわけでありません。

　たとえば，マニュアルに書かれている1つ1つの指示は，組織目的の追求にとって妥当なものであると理解できても，そうした指示項目が膨大にあれば，マニュアルの指示に含まれる制定の狙いを汲み取るよりも，ともかくマニュアルに従っていることが目先の目標になるかもしれません。さらに，規則の遵守が強調され，ほんの少しでもマニュアルに従わないと処罰されるようになった

りすれば，最低限マニュアルに従うことだけをするという行動（最低許容行動）を招く危険性があります。加えて，組織の上下関係に軋轢が生じるのを避けるために，規則を引き合いに出して上司が部下に指示することが度重なると，規則を絶対視する意識をいっそう強化することになります。

　このような，「規則に従ってさえいればよい」という態度は，なぜ問題なのでしょうか。第１部での議論と関係づけて確認しておきましょう。マニュアルや規則全般は，各人がそれぞれの役割において職務を遂行する際に，決定前提を供給するための手段です。マニュアルが合理的なもので，それらによって示される決定前提によって，いつでも選択肢を１つに絞り込むことができ，行動の指針が決まるのであれば，規則にさえ従っていれば組織は合理的に運営されることになります。しかし，多くの組織において，プロセス予期，すなわち規則を遵守するという予期を満たすことが，求められた結果を達成するという予期の充足につながらないことが増えています（▶第４章）。すなわち，それぞれの役割において求められる結果を達成するには，規則で定められたプロセスを満たしているだけでは不十分で，役割に課せられた目的を達成しようと，組織メンバーが主体性を持って選択肢を創出し，問題解決を図ろうとすることが求められています。

　規則に従えばよいという態度は，規則に従うという手段を目的に置き換えており，上述のような積極的な貢献意欲とは対極的といえます。最低限規則にだけは従うという態度で職務に臨む組織メンバーがいても，短期的には問題は顕在化しないかもしれません。しかし，環境の不確実性・曖昧性が高まり，知識の創出が重要な競争優位の源泉になっている現代では，そうした受け身的な組織メンバーの増加は，組織の適応力を損なう原因になります。

　官僚制の原則がこうした適応力低下を意図せず生み出しているというのが官僚制の逆機能ですが，なぜそうした逆機能が生じるのでしょうか。根本的な原因は人間の合理性の限界にありますが，それに加えて注目すべきは，組織においてさまざまな役割を具体的に担っている人間の複雑性です。

　精密な機械を目指している官僚制は，活動に従事する組織メンバーも取り替えの利く部品のように見なしてしまう傾向にあります。組織に労働力を提供し，役割を引き受けるという意思決定を個人が行った以上，組織メンバーは組織の

定める規則に忠実に従って行動すべきだという主張は，もっともかもしれません。しかし，第4章で組織への参加の揺れを取り上げたように，職務を果たすべき職場にも，人が持つ，職務を遂行する以外のさまざまな要素が滲み出てきます。また，組織メンバーは公式構造とは別のコミュニケーション・パターンを自然とつくり出し，非公式なルールを生み出します（▶第6章）。事前に設計されたものではない，自生的なパターンやルールが，官僚制の逆機能を強めることもあれば，逆機能を低減するような補完的な働きをすることもあります。

また，規則に従えばよいという態度ではなく，与えられた役割の遂行に対して積極的な貢献意欲を持つかどうかは，そこで働く人自身の要素やその人が置かれている環境によっても左右されることから（▶第8章），官僚制の逆機能が顕著になるかどうかには人やその環境がかかわってきます。

規則が規則から自動的に生まれてくるわけではなく，従いきれないほどの膨大な規則を生み出し，官僚制を強化しているのも人間の行動であることを踏まえると，官僚制の逆機能がまったくなくなるということはありえないといってよいでしょう。しかし，そうした逆機能の発現に起因する組織の適応力低下を，少しでも食い止めようとする必要があります。そのためには，上で述べたような，自然発生的に生まれる要素や人の複雑性を理解することが必要です。そこで，続く第6章では自生的なシステムを取り上げ，第7章では構造と対置される組織プロセスの影響を検討し，さらに第8章では人の変化を見ていくことにします。

### NEXT STAGE

本章では合理的にデザインされた構造を取り上げましたが，そうした構造だけが組織メンバーの調整に影響を与えるわけでありません。第6章では，自然発生的に生まれ，調整に影響を及ぼす，社会的ネットワークと組織文化に焦点を当て，それらの自生的な構造がもたらすインパクトを詳しく説明します。

## EXERCISE

① 新聞記事データベース（日経テレコンなど）や雑誌記事データベース（日経BP記事検索サービスなど）を使って，マトリクス組織を採用している会社を複数探し，それらの会社に共通する特徴があるか考えてみましょう。

② 自分が実際にかかわっている（またはかかわっていた）組織において，どのような官僚制の逆機能の事例が見られるか説明してみましょう。

### さらなる学習のための文献リスト　　　　　　　　　　　　　　　Bookguide

- 沼上幹（2004）．『組織デザイン』日経文庫．
- 渡辺深（2007）．『組織社会学』ミネルヴァ書房．

➡沼上（2004）はコンパクトながら，組織デザインを包括的かつ体系的に解説しています。渡辺（2007）の第2章では，ウェーバーの官僚制をはじめとする合理的システム・モデルを紹介しています。また，同書の第3章では，官僚制の逆機能論も取り上げられています。

# CHAPTER

第 6 章

# 自生的システムの創発

**SHORT STORY**　F社で同期だった中村さん,小林さん,加藤さんたちの話題は,会社の仕組みから会社の風土へと移っていきます。

中村さん：つい愚痴ってしまうくらい,事業部間の風通しはよくないけど,同期のネットワークからは,調整のためのキーパーソンを教えてもらったり,情報が得られてすごく助かっているよ。

加藤さん：転職するとそういうネットワークはいったんゼロになるけど,それなりにやっていけているかな。H社は,F社より人もずっと少ないし。

小林さん：外資系には基本的に同期という概念はないけど,ネットワークはけっこう大事かも。とくに本社との人的ネットワークとか。

中村さん：外資系ってドライで合理的っていうイメージだから,人脈ってあまり仕事に関係しない気がしてたけど……

小林さん：いや,決してそんなことはないよ。やっぱり人が働いているんで,そういうのは仕事にかかわってくるよ。

加藤さん：ところで,F社は相変わらず上意下達の文化なの？ H社は,部内の会議なんかだと役職を気にせずみんな発言するし,そういうところはF社と文化が違うなと思ったんだよね。

中村さん：あまり大きくは変わってないけど,最近は年上の部下を持つ上司も増えてきて,前よりは部下にも気配りする傾向が出てきたかもしれないな。（129ページに続く）

**KEYWORD** 自生的なシステム　社会的ネットワーク　結束型ネットワーク　ネットワークの密度　クリーク　強い紐帯（つながり）の強さ　規範　橋渡し型ネットワーク　弱い紐帯（つながり）の強さ　ソーシャル・キャピタル　組織文化　価値観や信念　儀礼・儀式　暗黙の仮定　組織文化の定着　組織文化の変革　下位文化　組織文化の認識　複合的システム

# 1　社会的ネットワーク

　第5章では合理的なシステムを取り上げ，公式的な組織構造の働きについて説明しました。しかし，組織において人々の行動を調整する働きを果たしているのは，合理的システムだけではありません。本章では，自然発生的に生まれ，人々の行動や決定に影響を及ぼす代表的なものとして，社会的ネットワークと組織文化を取り上げ，**自生的な**システムが組織にどのようなインパクトをもたらしているか検討します。

## 非公式な関係とネットワーク

　組織構造，とりわけ階層は，役割間の影響関係を公式に規定するものです（▶第3章・第5章）。上司─部下という公式的な階層関係が，決定前提の伝達において有効に働くように設計されています。第5章では水平的な関係も決定前提に影響するものとして取り上げましたが，これも公式的なものでした。これらの公式的な関係を合理的に設計することはもちろん重要ですが，そうした関係のみで決定前提が伝達されているわけではありません。
　容易に想像できることですが，職場では公式的な関係以外にもやりとりがなされています。第8章で詳しく見るように，人はさまざまな欲求を持ちますが，その1つに社会的なつながりを求める欲求が含まれます。この社会的欲求は，組織で役割を遂行している際にも抱かれているため，公式的な役割関係の情報伝達にとどまらない，さまざまなやりとりが職場でなされることになります。

こうしたやりとりの中には，仕事にかかわる情報だけでなく，職場の人たちについての噂話，仕事や職場とまったく関係のない雑談など，いろいろな内容が含まれます。

　このような自然発生的な人のつながりに決定前提が左右され，その結果として行動が変わるといったことは，よく見られます。たとえば，隣の課に仲のよい友人がいて，その友人から部長が商品にどのようなこだわりを持っているかという情報を得られた場合，それをもとに部長が気に入りそうなプレゼンテーション資料を作成すれば，新しい企画を承認してもらえるかもしれません。

　近年，こうしたつながりやその影響を幅広く考えるために，**社会的ネットワーク**の視点が組織の分析に広く適用されるようになっています。ネットワークとは，複数の要素とそれら要素間のつながりのことを指します。1つ1つの要素の単位はさまざまに設定することができるので，組織全体を1つの要素とするネットワークも考えられますが（▶第9章），ここでは組織メンバー1人1人をネットワークの要素と捉え，その間のつながりがもたらす影響を考えます。

　もっとも，何をもってつながりがあるとするのかということが，じつは簡単ではありません。同じ会議に出席している人たち，以前に同じ部署で働いていて異動後もときどき話をする同僚，喫煙ルームでたまに会う部署や職種の異なる喫煙者グループ。これらのいずれについても，つながりがあると見なすことができます。分析の目的によって，どのような関係性をつながりと捉えるかは変わってきますが，組織内の社会的ネットワークの調査では，仕事上のことなどについて情報交換したり相談したりする関係性を把握して，分析することが比較的多いといえます。本章でも，おもに公式的な階層以外で発生する情報交換関係や相談関係を想定し，説明していきます。

## 結束型ネットワーク

　組織に関するネットワークの研究は，近年著しく進展しており，ここでその全体像を伝えることはできませんが，きわめて大雑把に分類するならば，2つのタイプのネットワークが注目されています。その2つが，結束型ネットワークと橋渡し型ネットワークです。本項ではまず，同質的で強い結びつきを意味する**結束型ネットワーク**を取り上げます。

### Column ❾　ホーソン研究

　1920年代半ばから30年代初めごろにかけて，アメリカのウェスタン・エレクトリック社のホーソン工場で行われた一連の研究は，経営組織論をはじめとした経営学にきわめて大きなインパクトを与えました。ホーソン研究ではさまざまな実験や観察，インタビューなどが行われましたが，ここでは主要な3つの研究を取り上げます。

　最初の照明実験では，照明が生産性にもたらす効果が検討されましたが，両者に明確な関係は見出されませんでした。そして，次のリレー組立実験が，長期にわたり実施され，最も重要な研究とされているものです。照明実験の失敗を踏まえて，厳密な実験を行うために特別室を準備し，少数の女性組立工を対象に賃金や休憩時間，軽食の支給などといったさまざまな条件を操作して，生産性に影響を与える要因が検討されました。それらの条件と生産性の間には直接的な関係が見出されなかった一方で，実験を通じて全体的に成果が上がっていくという結果が得られました。実験に途中からかかわるようになった心理学者のメイヨーやレスリスバーガーなどによって，この結果は，物理的・生理学的条件や経済的条件ではなく，心理的・社会的要因が，生産性に対して決定的な役割を果たしているものと解釈され，それを追試するような面接や追加的な実験が行われました。

　第3のバンク配線作業観察研究では，先の2つの実験のように条件を操作するのではなく，十数名の男性組立工の作業が人類学的な方法を用いて観察されました。そこでは，組立工の間の自然発生的な非公式集団の間で共有された規範が，意図的な生産抑制を引き起こしていました。

　以上のようなホーソン研究から，人間関係論が生まれました。それによると，人々の外界の条件についての態度は，職場状況や本人の過去の経験などによって異なり，また，人々の行動は，非公式な人間関係から発生して感情の論理に基づく集団規範に大きく左右されます。人間関係論は，技術的・経済的要因にもっぱら焦点を当てていた従来の考え方に異を唱えるものであり，経営学のその後の展開に大きな影響をもたらしました。ただし，実験の途中で反抗的だった女性組立工を実験から外したことや，結果に対する賃金の役割を過小評価したことなど，研究の手続きの妥当性や結果の解釈などについては，近年に至るまで多くの批判や異論が提示されています。

ほとんどすべての組織では，公式構造によって役割やその関係性が規定された，部門がつくられています（▶第5章）。その部門に所属する人たちからなる集団では，職務を遂行するために，決定前提に影響を与えるべく公式的コミュニケーションがとられます（▶第3章）。しかし，そうした集団で，業務の遂行に関することについてしか相互作用がなされないということは，あまりないでしょう。業務とは直接関係のない雑談や噂話，プライベートな相談などが，職場の内外で行われています。これは，先ほども少し述べたように，人々が社会的なつながりを求める欲求を有しているからです（▶第8章）。

　公式的な構造からすると，このような相互作用から生じるつながりは，非公式なものといえます。しかし，自然発生的な非公式の関係性が，業務の遂行やそのパフォーマンスに大きな影響をもたらす可能性のあることが次第に知られるようになり，経営学においては，非常に有名なホーソン研究（Column ❾）以来，非公式なつながりの持つインパクトが注目されてきました。

　たとえば，マネジャー1名と部下5名からなる3つのグループのつながりを比較してみましょう（図6.1）。ここでは，非公式なつながりに注目し，太い実線は雑談したりするなど非公式なつながりのあること，細い実線は公式的な報告・命令関係でしかつながっていないことを，それぞれ意味することとします。

　集団としてのまとまりという観点から見れば，図6.1のグループA・グループB・グループCのうち，直感的に最も望ましい状態であると感じられるのはグループAでしょう。グループAは，マネジャーも含むグループ・メンバーが互いにさまざまなやりとりをすることの多い状態にあります。このような状態を，**ネットワークの密度**が高い状態といいます。こうした集団では，メンバー間で信頼や親密さが育まれ，集団としてのまとまり（凝集性）が高くなる傾向が見られます。さらに，継続的な接触により文脈を共有したり，共通理解が促進されたりするために協力行動がとられやすく，深いレベルでの知識共有もなされやすいといわれています。

　非公式なつながりを見たとき，グループBには集団としてのまとまりを見出すことが難しいでしょう。このような状態にあるグループBでは，グループ全体でミーティングを開いたとしても，互いに牽制し合うなどして情報の共有は進まないかもしれません。マネジャーが介入しなくても部下同士が事前に

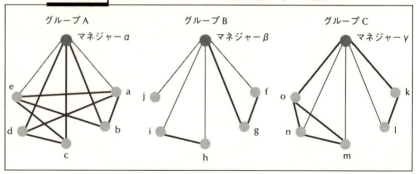

図6.1 ネットワークの密度が異なる3つの集団

協力するといったことも，生じにくそうです。

グループCは，メンバーk・lからなるサブグループと，メンバーm・n・oからなるもう1つのサブグループに，分断されているように見えます。ネットワーク分析では，そうしたサブグループのことを，**クリーク**と呼びます。クリークとは，直接的に相互に結ばれているメンバーからなるサブ（下位）ネットワークで，派閥という訳語があてられることもあります。クリーク同士が必ず対立しているわけではありませんが，一般的にクリーク間での信頼度や親密度は高くありません。このようなグループにおいて，メンバー全体で密接に協調して行動しようとした際には，2つのクリークをつないでいるマネジャーの負荷が大きくなると予想されます。

グループAのような密度の高いグループでは，継続的な接触をもとにした共通理解や信頼が関係性をさらに強化するように働き，つながりがいっそう強化されていきます。社会的ネットワーク論では，こうした密度の高いグループの特徴を「**強い紐帯（つながり）の強さ**」と呼びます。

しかし，このような「強さ」を持つネットワークには，強さゆえの弱みもあります。それは，ネットワーク内部のつながりが強いために，ネットワークの外に対して閉鎖的になりがちであることです。結果として，ネットワーク外とのやりとりが相対的に減ったり，ネットワーク内で頻繁な接触や情報のやりとりがなされるために，メンバーの知識・意見・物の見方の同質化が進みやすくなります。こうした強みと弱みは，次項で取り上げる橋渡し型ネットワークの強み・弱みと，ちょうど裏腹の関係にあります。

非公式なつながりが強いグループでは，そのグループ独自の非公式な集団規範が生み出されやすいといわれています。**規範**とは，「この集団のメンバーならば〇〇すべきである」または「この集団のメンバーならば△△してはいけない」といった期待で，集団メンバーの行動や態度を規定する働きを有します。集団規範は第 **7** 章で改めて取り上げますが，規範が形成されると，互いの行動の同質性が高くなり，メンバー間の協力行動がとられやすくなります。

　ところが，非公式な規範がそのグループの公式的な目的達成に合致しているとは限りません。たとえば，「仕事は1つ1つ手を抜かずにやり抜くべきである」といった規範であれば，公式的な目的追求と整合的であり，組織目的の達成に寄与するでしょう。しかし，「頑張りすぎず，でも怠けないで，ほどほどに働こう」という規範が形成されている集団は，生産性を大きく改善しようといった公式的な目的に対して，その達成を妨げるように動くかもしれません。また，グループで目指すべき目的が大きく変わった際などには，それまでは組織目的の達成に寄与していた規範が，かえって新しい目的追求を阻害してしまう可能性もあります。

　このように，結束型のネットワークには，コミュニケーションの円滑化や共通理解・相互信頼の強化といった強みもありますが，同質化や閉鎖性といった弱みも持っているといえます。

### 橋渡し型ネットワーク

　結束型ネットワークと対置されるもう1つの典型が，**橋渡し（ブリッジ）型ネットワーク**です。これについても結束型のように，イメージ例をあげながら説明しましょう。図 6.2 で，細い実線が公式的な報告や命令でつながっていることを意味するのは図 6.1 と同様ですが，非公式なつながりは太い実線と点線で示されています。結束型で取り上げた頻度の高い安定的なつながりは，図 6.1 と同様に太い実線であるのに対し，接触の回数が少なかったり安定していないつながりを，点線で示しています。

　公式構造では遠い関係にある，A事業部のTさんとB事業部のKさんとの間，B事業部のKさんとC事業部のOさんとの間に，非公式なつながりがあり，それらが点線で示されています。Tさん・Kさん・Oさんは異なる事業部

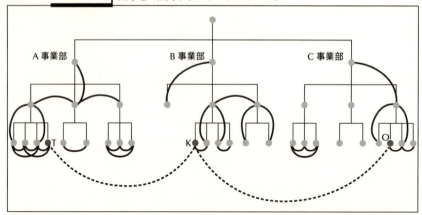

CHART 図6.2 社内ネットワークのイメージ

に所属し，日常的な接触は少ないことから，弱いつながりと見なすことができるでしょう。ここでは，TさんとKさんは会社の中で不定期に集まっている同じ趣味（フットサル）のサークルのメンバーで，KさんとOさんは同期入社という関係だとしておきましょう。本来なら，弱いつながりはもっと多いはずですが，ここでは説明に必要な部分のみ描いています。

　こういった異なる集団間を橋渡しするようなつながりによって，新奇性のある情報や知識が流通することがあります。たとえば，A事業部で進められている新製品開発プロジェクトに参加するTさんが使っているオンライン・マーケティングの分析手法は，A事業部では当たり前になっていても，B事業部やC事業部では知られていないかもしれません。このように特定の部門に偏在している知識や情報は，細い実線，すなわち公式的な構造を経由してでは伝わらないことも少なくありません。

　ところが，たまたまB事業部のKさんが，サークル活動の合間に，A事業部で使われているオンライン・マーケティング手法の話を，Tさんから聞いたとします。Kさんは，自分の業務と直接は関係のない話題だったために頭の片隅にとどめていただけでしたが，同期の飲み会で久しぶりにOさんに再会して，Oさんのプロジェクトがマーケティングの新しい手法を探しているという話を聞き，Tさんから聞いたことを思い出してOさんに話したところ，それがOさんにとっては目新しく貴重な情報だった，というようなことがありうるわけです。このように，異なる集団に所属していて日ごろ密接にやりとり

をしない人とのつながりを通じて,新しい情報や知識がもたらされることがあります。

　結束型のように文脈を共有しているわけではないので,異なる集団から得られた知識や情報がまったく役に立たないことも多いでしょう。しかし,当たり外れがあるにしても,広い範囲から多様な情報を獲得できることが,目的達成のためのブレイクスルーになったり,イノベーションを引き起こすきっかけになったりするかもしれません。

　こうした橋渡しの働きは,組織内だけではなく組織外とのつながりにも見出せます。SNSで緩やかにつながっている学生時代の友達から,たまたま業務ニーズにマッチしたワークショップの情報を得たりといったことがあるかもしれません。

　なお,弱いつながりの橋渡し型ネットワークは,パワー関係を生み出すことがあります。図6.2の例では,TさんとOさんはKさんを介してつながっています。Kさんを媒介して得られる情報が貴重なものであれば,TさんとOさんはKさんに依存することになり,KさんはブローカーとしてTさんとOさんに対してパワーを持つことになります。結束型ネットワークではつながりが強く,メンバーは互いをよく知っている状態になるために,情報の媒介がパワーを生み出しにくいのに対して,橋渡し型ネットワークではネットワークに隙間があるため,個人や集団間を媒介するブローカーに利益がもたらされることが多くなります。

　橋渡しの効果は,基本的に弱いつながりに基づくものです。結束型に見られる強いつながりは,頻度も高く,親密さや信頼に基づいて安定的ですが,橋渡しを生み出す緩いつながりは,頻度も少なく,そうしたつながりが何をもたらすか予測が難しいことから脆弱といえます。また,時間をかけてじっくりと複雑な技能を伝えていくのには不向きでしょう。しかし,橋渡しの結果として得られる情報のインパクトが大きいことから,「**弱い紐帯（つながり）の強さ**」と呼ばれ,社会的ネットワーク分析においては非常に重要な見方になっています。

### 構造としての社会的ネットワーク

　結束型と橋渡し型という2つのネットワークを,意思決定という観点から整

理しておくことにしましょう。結束型ネットワークでは，日ごろの接触を通じて決定前提が多く共有されています。調整が必要な場合にも，信頼が構築されていることから，新たな決定前提の共有や合意形成は比較的容易です。その一方で，関係が閉鎖的になる傾向があるため，よりよい意思決定のために外部からの意見を取り入れて新たな選択肢を創出することは難しくなると考えられます。

一方，橋渡し型ネットワークは，異質な知識や情報の入手を通じて，これまでになかった選択肢を創出し，よりよい意思決定の可能性を拓きます。しかし，変革を実行するときなどに重要となる合意形成においては，不安定な弱いつながりを頼りにすることができず，困難に直面する可能性が高いといえます。

このように，2つのネットワークはいずれにも長所・短所があります。もっとも，組織内にどちらかのネットワークしかないということはめったにありません。説明を容易にするために，結束型ネットワークと橋渡し型ネットワークを別々に取り上げましたが，実際には1つの組織に両方が混在しているのが一般的です。

橋渡しや結束といった働きを持つ，自然発生的なネットワークは，合理的なシステムで取り上げた公式構造とは異なる構造と捉えることができます。なぜなら，合理的な構造で規定されていないつながりが，入手できる情報や知識をある程度規定し，それによって組織内の意思決定に影響をもたらしているからです。

構造としての社会的ネットワークは，公式的な組織構造とは異なり，日々少しずつ変化します。なぜなら，毎日新たなつながりが生じたり，その強さが強くなったり弱くなったりするからです。しかし，全体として捉えると社会的ネットワークは安定的であり，組織内の意思決定に継続的な影響を及ぼします。

社会的ネットワークは，自然発生的に形成されるつながりに基づいているものの，そうしたつながりの発生や維持と，公式構造は無関係ではありません。たとえば，同じ部署に所属していると自然と話す機会が生まれます。とはいえ，公式構造からだけでは社会的ネットワークのパターンを見通すことはできないので，公式構造とは異なる自生的な構造と捉えるべきでしょう。

非公式な社会的ネットワークによって，組織内では，公式的な構造とは異

なったルートで，異なった情報が伝播されます。そうした情報が組織メンバーの決定前提となることを通じて，組織メンバーの行動に影響を与えます。たとえば，公式に発表されていない人事についての噂話が，非公式なネットワークを通じて，あっという間に組織メンバー間に流通するといった話はよく聞かれます。

　こうした情報の流通は，公式組織におけるコミュニケーションを補完することもあります。たとえば，階層の上下間のコミュニケーションではしばしばネガティブな情報が隠されてしまいがちですが，そうした伝わりにくい情報が非公式なルートで伝えられることもあります。その一方で，非公式なネットワークが重視されすぎると，情報が特定の人やグループに偏在したり，非公式なパワー関係が生み出されたりするなどの，望ましくない結果をもたらすこともあります。

　社会的な関係が価値を生み出すという側面に着目して，社会的ネットワークを**ソーシャル・キャピタル**（社会関係資本）と呼ぶことも増えています。前項で，橋渡し型ネットワークでは組織外とのつながりからも新奇性のある情報を得ることがあると述べたように，社会的な関係は組織内に閉じているわけではありません。組織のメンバーが組織外の人や組織とどのようなネットワークを持っているかも，組織のソーシャル・キャピタルに深くかかわっています。そこで，第9章では，組織全体を1つの単位として，組織と組織の関係をネットワークと捉え，そのインパクトを取り上げることにします。

## 2　組織文化

### 組織文化への注目

　前節で結束型ネットワークに触れた際に，集団メンバーの行動や態度が非公式な集団規範に影響を受けることを紹介しました。このように，組織図や規則といった公式に定められたものでないにもかかわらず，組織メンバーがいつの間にか共有している何かが，組織メンバーの決定前提として働き，組織の成果

にも影響を及ぼしているということが，次第に知られるようになってきました。**組織文化**とは，組織全体のレベルで共有されている何物かの影響を捉えるために考案された，構成概念です。公式構造や戦略，経営者の個人特性などでは説明の難しい組織現象が，組織文化が存在するという前提を置くことで説明できるようになると考えられたためです。

　組織文化への注目には，かつて日本企業の経営に高い関心が向けられたことが関係しているといわれます。組織文化がとりわけ注目され始めた 1970 年代後半から 80 年代，「ジャパン・アズ・ナンバーワン」と称されるなどして，日本企業の経営が脚光を浴びていました。合理的な組織設計という観点からは解明できない日本企業の優れた業績を説明するものの 1 つとして，人間関係を重視するといった文化的要素や価値観に光が当てられたといわれています。

　さらに，日本に限らずアメリカなどでも，優良企業ほど全社で共通の価値観を有しているという主張がなされ，組織文化ブームが起こりました。その後，組織文化をどのようなものと捉えるかに関して議論が進むにつれ，共通の価値観が優れた業績を導くといったシンプルな図式で組織文化を捉えることの限界も指摘されましたが，それでも組織文化は，組織メンバーの行動，さらには組織の成果に大きな影響を与えうるものとされています。

### 組織文化とは何か

　組織文化について多くの研究がなされてきたものの，じつは統一的な定義は存在しません。本書では，意思決定に注目してきた本章までの流れを踏まえ，「組織メンバーに共有されていると了解されている，**価値観や信念**などの非明示的な諸前提の集合」と定義することにします。

　さまざまな公式的な規則は，内容が明示された決定前提であるのに対し，組織文化に含まれる前提は，組織メンバーにとって明確な形で示されているわけではありません。それにもかかわらず，当該組織のメンバーには共有されていると了解されているさまざまな前提を，組織文化と捉えます。

　それでは，どのようなものが組織文化に含まれるのでしょうか。組織文化の古典的な研究では，「進歩はわが社の最重要製品である」（ゼネラル・エレクトリック社）といった，公式に掲げられた価値観が，文化の中核とされています。

そうした文化を体現した人たちがヒーローとして語られ，さまざまな儀礼・儀式が実施されることで，価値観が表現されると同時に，行動の規範が示されるといわれています。たとえば，望ましい価値観を体現した従業員を表彰するようなセレモニーを定期的に開くことや，普段の会議の形式に価値観が埋め込まれているといったことが指摘されています。

このように，組織文化として最初に取り上げられたのは，比較的見えやすい**儀礼・儀式**といった行動様式や明文化されている価値観でした。その後，研究が進むにつれて，観察しやすい現象の背景にある信念や価値観，**暗黙の仮定**も注目されるようになりました。

たとえば，ある会社では，上司が部下に対して「オマエはどうしたいの？」と聞くことがよくあるそうです。その組織では少なくとも，そのように聞くことは自然なことと理解されています。ここには，どのような価値観や信念が含まれているでしょうか。

最初に注目できるところは，上司が部下に「オマエ」といっていることです。部下に対して「オマエ」と呼ぶことについて，互いに違和感を覚えないという職場は，あまり一般的ではないでしょう。ここには，上司と部下との距離感の近さ，もしくはある種の馴れ馴れしさといったものを見出せるかもしれません。また，丁重さや建前をあまり重視していないという解釈もできるかもしれません。

次に，部下のやりたいことを上司が聞くという発言は，部下は上司の命令に服従する存在であるという価値観が強い会社では出てこないでしょう。少し見方を変えれば，上司の意向を忖度する（推し量る）ことは重要でないということを，上司が語っているともいえます。

もっとも，この発言だけを取り上げれば，現場をよく知っているのは部下なのでその意見を重視するという，現場主義の現れであるとの理解も可能です。しかし，この行動様式が，「自ら機会を創り出し，機会によって自らを変えよ」という社訓のもとで生じているとすれば，この会社には，事業というものは個人がやりたいことを形にする結果として生み出されるのだという，暗黙の仮定があると見ることもできるでしょう。

このように，具体的に把握できる行動様式や物事の背景に，物事を判断する

## Column ⓾ 組織文化の3層モデル

組織文化研究の第一人者であるシャインは，下図のような組織文化の3層モデルを示しました（シャイン，2012）。最も容易に観察できるレベル1に含まれるものとしては，服装やオフィス・レイアウト，神話や儀式，目に見える組織構造などがあげられます。文物のレベルでもさまざまな特徴が見出せますが，より深層のレベルが反映されたものであるため，レベル1だけで文化的意味を解釈することはできません。

レベル2は，戦略や目標，哲学，ビジョンといった，公式に標榜された価値観です。価値観は常に意識されているわけではないものの，組織メンバーにとって価値観を認識することは，さほど難しくないとされています。レベル3の基本的仮定は，現実や時間，人間性や真実などについての仮定によって構成されており，組織文化の本質と位置づけられます。基本的仮定は組織メンバーにとってあまりに当然で，メンバー自身で意識することが難しいため，組織文化の意図的な管理や変革が困難になると考えられています。

図　組織文化の3層モデル

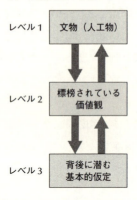

軸になる価値観，さらには，そこでは常識となっているがゆえに自分たちでは把握しがたい暗黙の仮定などを見て取ることができます。そうした，表面から見通しにくいものこそが組織文化の根幹であるとして，組織文化が氷山に喩えられることもあります。氷山は，海上に浮かんでいる部分はごく一部でほとんどが水面下にあり，その大きさが海上からは見通せないからです（Column ⓾）。

## 組織文化の働き

　組織文化を，共有された諸前提と定義することで，意思決定という観点から組織文化の働きを整理することができます。本項では，もう少し具体的に，公式的な規則や手続きに加えて，同じ価値観や信念を決定前提として共有していることがもたらす効果を考えてみましょう。

　第1に，組織内での意思決定のばらつきが減ることがあげられます。公式的な規則がどれだけ整備されていても，自由裁量の余地（▶第4章），いいかえれば判断がばらつく余地は必ずあります。組織文化の浸透によって，価値観などの判断の基準や物の見方など，より多くの前提が共有されるようになれば，判断のぶれは小さくなります。組織文化が全社的に共有されているとすれば，部署や事業部門の違いを越えて，ベクトルが揃うことになります。

　第2に，不確実な状況で迅速な調整が可能になることがあげられます。たとえば，顧客第一という価値観が社内に浸透していることで，意思決定の主要な判断軸がより明確になっていれば，規則や前例で対応できない例外的な事態に対応する場合にも，上司に判断を求める必要性は小さくなります。また，他部門とのコミュニケーションにかかる負担も小さくなり，素早く柔軟に調整することが可能になります。

　さらに，文化の共有によって上司からの指示やモニタリングが減り，自律性が高まることを通じて，仕事に対する貢献意欲の向上にも寄与することは，第3の効果といえます。また，共通言語が確立されることで組織メンバー間のコミュニケーションが円滑になったり，他のメンバーと同じ価値観を共有していると実感できることは，一体感の醸成（▶第4章）にも効果があるでしょう。

　組織文化は，組織が外部環境への適応や内部の統合に関するさまざまな問題に対処する中で学習した結果として，いつの間にかでき上がってきたものであると考えられます。したがって，組織が直面する問題がそれまで経験したものと大きく異ならなければ，組織文化の共有は組織にとって望ましい結果をもたらします。しかし，そうした条件が崩れ，非連続的な変化への対処が迫られている場合には，組織文化がこれまでと同じように判断・行動しようとする慣性をもたらし，むしろ長期的適応の足枷となってしまうといったこともあります。

### 文化のマネジメントの可能性

　組織文化が組織の成果に影響を与えるという主張が広まるにつれて，非公式に生まれた文化がマネジメントの対象とされるようになりました。組織文化のマネジメントの方向性として，文化の定着と変革があげられます。

　文化のマネジメントの方向性の1つは，**組織文化の定着**を図ることです。先述した表彰制度などを巧みに利用すれば，組織文化を体現している人が組織メンバーの模範となることを通じて，いっそうの定着が図られるかもしれません。また，多くの大企業で，組織独自の価値観や信念を経営理念として定め，研修やワークショップなどを通じて従業員に浸透させようとしていることも，文化を定着させるマネジメント手法の1つといえます。

　もっとも，こうした施策よりも組織文化の定着に大きな影響をもたらすのは，経営者のふるまいだと考えられています。経営者がどんな出来事に注意を払い，コントロールしようとしているか，危機のときにどんな行動をとったか，どんな人を幹部に昇進させてきたかといったことの観察から，組織メンバーは組織の価値観や暗黙の仮定を読み取り，それが反映されていくといわれています。

　もう1つのマネジメントの方向性は，文化を変革しようとすることです。過去の環境に適合してきたそれまでの文化が，かえって現在の環境や今後の環境変化に適合する足枷になると見なされた場合には，**組織文化の変革**が企図されます。定着の場合と同様に変革でも，経営者の行動や判断が鍵になるということについては，多くの研究者・実務家の意見が一致していますが，有効な文化変革の方策が十分明らかになっているとはいえません。それには，次に取り上げる組織文化の認識もかかわっています。

　組織文化のマネジメントでは，組織構造の設計といった合理的システムのマネジメントとは異なる難しさに直面することになります。それは，いかに文化を認識するかという問題です。現状の文化をより定着させるにせよ，変革を図るにせよ，文化のマネジメントを推進するには，組織文化をある程度精確に把握できることが前提となります。これまでも組織文化の測定やそれに基づく類型化は多く試みられてきましたが，そうした試みによって組織文化を認識することの難しさがむしろ明らかになってきました。

> **Column ⓫　ホーフステッドの国民文化測定**
>
> 　オランダの社会心理学者であるホーフステッドは，多国籍企業であるIBMの従業員から集めたデータをもとに，仕事に関連した国民文化の比較を行い，「権力格差」「不確実性回避」「個人主義―集団主義傾向」「男性らしさ―女性らしさ」という4次元を抽出しました（ホーフステッド，1984）。権力格差とは，権力の弱いメンバーが，権力が不平等であることをどの程度受け入れるかに関する違いです。不確実性回避は，不確実な状況や未知の状況に対して脅威を感じる程度です。個人主義―集団主義傾向は，個人がどの程度他者から独立しているのか，それとも集団に統合されているのかを示すものです。男性らしさ―女性らしさという次元は，仕事に関して何を重視しているかに関するものです。高収入，昇進や仕事に対する承認といったことを重視していると男性らしさが高く，人間関係，仕事の協力，居住地などを重視すると女性らしさが高いとされています。
>
> 　ホーフステッドの調査では，日本は，権力格差はさほど大きくなく，個人主義傾向は平均的で，不確実性回避傾向は高く，男性らしさは非常に高い傾向にあるとされました。一方，アメリカは，権力格差は小さく，個人主義傾向が非常に強く，不確実性回避傾向はあまり高くなく，男性らしさがやや高いという結果になっています。
>
> 　これに対して，IBMの従業員が一国の国民文化を代表できているのか，IBMにおける下位文化が影響しているのではないかといった批判もなされましたが，国民文化が組織のあり方に及ぼす影響を具体的に検討した重要な研究とされています。なお，その後の調査では，「長期志向―短期志向」「放縦―抑制」という2つの次元が追加されています。

　まず，文化が一枚岩ではないことが知られるようになりました。部門ごとの独自の文化の存在や，組織階層による文化の相違が見出されるなど，組織が大きくなれば1つの組織内に複数の**下位文化**が形成されていることが一般的になります。また，組織文化には，国民文化，業界の文化なども自然に含まれてきます（Column ⓫）。全社的に共有されたその組織独自の文化に対する疑念から，1つの組織においても多様な文化的要素が散らばって布置されているという見方も提示されました。**組織文化の認識**という問題を突き詰めていく中で，組織文化とは客観的実在というよりも，その組織にかかわっている人たちが組織に

まつわるさまざまな現象を解釈し，相互作用する中で絶えずつくり出されているものであるという考え方も，主張されるようになっています。

このように，組織文化とは何であり，それが直接マネジメントできるものかどうかということについては，意見が分かれるようになってきています。しかし，組織文化の「発見」が，組織においていつの間にか生み出され，共有されるようになった何かが，組織メンバーの意味解釈を通じて，組織メンバーの意思決定や行動に影響を与えていることに注目する重要なきっかけになったことは確かです。

## 3 複合的システムとしての組織

第5章では，意識的につくり上げられた構造が果たしている機能に注目するとともに，それが意図せずに生み出す逆機能に注目しました。最低許容行動や目的の置換といった逆機能が生じるからといって，組織が合理的な構造設計をすべて捨て去ることは考えられません。事業の規模が大きくなったり，関与する人数が多くなったりすると，公式的な構造がなければ，組織は事実上機能しないからです。したがって，程度の差はあれ，組織はかなり合理的なシステムを備えているといえます。

その一方で，本章で注目した社会的ネットワークや組織文化も，ほとんどの組織において一般的なものです。非公式なつながりがまったく見られない組織はほとんどありませんし，組織文化という言葉で評されるような価値観や暗黙の仮定も，組織の活動に持続的な影響をもたらしています。そういった，いつの間にか生み出された要素からなる自生的なシステムも，合理的なシステムと同時に組織には備わっているといえます。

したがって，組織とは，意図的に設計された合理的システムといつの間にかでき上がった自生的システムとのハイブリッド，すなわち**複合的システム**と捉えることができるでしょう。非公式的なシステムは，時には公式的なシステムの欠陥を補って水平的な情報共有を促進するように働くこともあれば，反対に，公式的な権限に基づく変化や公式的に策定された戦略の実行を阻害するように

作用することもあります。また，非公式的なシステムの変革を促すべく公式的なシステムが変更されることもあれば，非公式的なシステムが公式的なシステムの変容をもたらすこともありえます。このように，組織を公式システムと非公式システムの複合的システムと見ることによって，組織現象を捉えやすくなります。

> **NEXT STAGE**
> 　第5章と本章では，調整に安定的な影響を及ぼす構造を紹介しましたが，組織プロセスで生じる相互作用も，組織の意思決定を左右しています。そこで，第7章では，リーダーシップといった，組織における代表的な影響プロセスを取り上げ，構造だけでは説明できない心理的・社会的作用がもたらす影響を説明します。

## EXERCISE

① 橋渡し型ネットワークから有益な情報を得るためには，日ごろからどのような行動をとるとよいのか考えてみましょう。

② 自分がメンバーとしてかかわっている（かかわっていた）組織で見られる，他の組織であまり見られない行動パターンが，どのような価値観・信念や暗黙の仮定を反映しているのか振り返り，その内容について他の人に説明してみましょう。

## さらなる学習のための文献リスト　　　　Bookguide

- 中野勉（2011）．『ソーシャル・ネットワークと組織のダイナミクス』有斐閣．
- シャイン，E. H.（2012）．『組織文化とリーダーシップ（原著第4版）』白桃書房．
- ハッチ，M. J.（2017）．『Hatch 組織論』同文舘出版．

◉中野（2011）は，社会的ネットワーク分析の基礎的な方法からネットワーク型組織への実践的応用まで取り上げており，組織への社会的ネットワーク・アプローチの可能性をつかむのに役立ちます。シャイン（2012）は組

織文化論を代表する1冊です（原著初版は1985年刊）。ハッチ（2017）の第6章では，組織文化論の歴史をたどるとともに，組織文化のシンボリックな側面，ポストモダニズムと組織文化の関係といった組織文化論の最新の展開が取り上げられています。

# CHAPTER

## 第 7 章

## 組織プロセス

**SHORT STORY**　　中村さん，小林さん，加藤さんの話は，さらに続きます。

小林さん：部下の年齢が上司のマネジメント・スタイルに影響するというのは，日本の会社の典型って感じだね。こっちだと，自分と同じビジネス・グループの人たちの中にも年齢を知らない人がいるし。もちろん，日本人従業員が一番多いから，相手の年齢が明らかに上だと，話し方とか自然に変わるけど。

加藤さん：会議とかどんな感じ？

小林さん：そもそも会議の数は少ないし，時間も短めなのがいい。ときどきある本社との電話（ビデオ）会議は，早朝に英語だから，いまだにつらい。

中村さん：事前に根回ししたりはしない？

小林さん：そこは，ある意味同じかな。会議で提案する内容が，他の部署の業務に影響を及ぼす事項なら，先に話をしておくほうがやっぱりスムーズに進むよ。

中村さん：うちは働き方改革の影響で，会議の削減・効率化が全社的に推進されてる。でも，会議の効率化や削減が進むかどうかはマネジャー次第。結局，マネジャーが決められない人だと，会議時間も延びるし，回数も多くなるな。

加藤さん：うちの部長は，押さえるべきところだけ押さえて，課長や中堅どころがリーダーシップを発揮しやすいようにバックアップしてくれるタイプなんだ。任せてくれるから，仕事もやりやすい。

中村さん：それは，上司に恵まれているね。（151 ページに続く）

> **KEYWORD**　リーダーシップ　配慮　構造づくり　リーダーシップのコンティンジェンシー理論（状況適合理論）　LMXモデル　変革型リーダーシップ　シェアド・リーダーシップ　影響力　ポリティクス　やり過ごし　コンフリクト　関係性コンフリクト　職務コンフリクト　集団ダイナミクス　集団間コンフリクト　集団極性化　集団浅慮　心理的安全　個人性の浸透

# 1 組織プロセスの重要性

　第3章で，調整に関する構造とプロセスという区別を示しました。構造については，公式的なものを第5章で，非公式的なものを第6章で取り扱いました。構造は，決定前提を供給したり，それを得るルートを示したりすることで，調整を円滑化します。

　それに対して，双方向的なコミュニケーションの中で今後の決定前提が創出されることに注目するのが，プロセスです。プロセスの典型的な場面としては，会議を思い浮かべるとよいでしょう。会議中になされた討議によって今後の方針が決定され，それが今後の意思決定における決定前提として作用します。

　具体的な相互作用には，公式的な構造のもとでは捨象されるはずのさまざまな要素が反映されることが，しばしばあります。その結果，それまでAという上司が指示し，部下たちが従ってきたのと同じ命令を，最近Aに代わってその地位を引き継いだBが下しても，部下たちが同じようには従わないといったことも起こることがあります。会議でも，以前から続く部門間の感情的な対立が阻害要因になって，合理的な討議がなされないことがあったりします。このように，組織プロセスで生じる相互作用には，役割・階層・規則などの合理的システムだけでは説明できないような心理的・社会的要因が作用し，それがその後の意思決定に大きな影響を及ぼすことがあります。

　こうした組織における影響プロセスの中でも，とくに注目されてきたのはリーダーシップです。リーダーシップの定義は後ほど紹介しますが，リーダー

シップは，本来，役職や役割に付随するものではなく，個人に帰属するものです。だからこそ，同じ役職に就いていても，Aさんはリーダーシップを発揮したのに，その後任のBさんはリーダーシップを発揮できないということが起こるのです。

リーダーシップは，リーダー個人に帰属する要素が組織の目的達成に対して望ましい影響をもたらすものといえますが，第4章で言及した組織メンバーの参加の揺れからも想像できるように，組織プロセスにおいては，組織メンバーの個人的側面が顕在化して，個人の利害が組織的な意思決定に反映されるといったことも起こります。また，第6章で非公式な規範について言及したように，人が集まって集団を形成すること自体がさまざまな影響をもたらします。本章では，以上のような組織内プロセス，すなわち，リーダーシップ，ポリティクス，コンフリクト，および集団ダイナミクスを取り上げます。

近年，構造的に規定される決定前提に頼るのみでは，激しくなる一方の環境の変動に適応することが難しくなってきました。そのため，双方向的なコミュニケーションによって調整を図って，決定前提を新たに生み出し，それを共有する重要性が高まっています。リーダーシップへの期待がますます高まっていること，それと同時に，会議や打ち合わせといった相互作用プロセスに多くの時間が費やされていることなどからも，組織プロセスに依存する程度が高まっている現状を窺い知ることができるでしょう。

# 2 リーダーシップ

## 個人に帰属するリーダーシップ

リーダーシップは，組織論で用いられる構成概念の中で，最も日常的に用いられるものの1つです。一般的には，リーダーシップの担い手，すなわちリーダーは，社長，部長，キャプテンといった，他のメンバーに指示を与える権限を有する役職に就いている人たちだと考えられています。しかし，組織においては，公式的な役職に就いていない人がリーダーシップを発揮することもあり

**CHART** 表7.1 マネジメントとリーダーシップの対比

|  | マネジメント | リーダーシップ |
|---|---|---|
| 課題 | 複雑性への対処 | 変化の推進 |
| 課題実現への取り組み方法 | 計画立案と予算の策定<br>組織編成と人員配置<br>コントロールと問題解決 | 針路を設定<br>人々の連携を図る<br>モチベーションとインスピレーションの喚起 |

出所：Kotter（1990）をもとに筆者作成。

ます。後に触れるように，さまざまな人たちがリーダーシップを発揮するようになることは，今後いっそう重要になってくると考えられます。とはいえ，まずは，公式的な役職に就き，リーダーとしてふるまうことを役割として期待されている人たちを，リーダーシップの担い手と考えることにします。

いうまでもなく，役職者のすべてのふるまいがリーダーシップの発揮と見なされるわけではありません。それでは，リーダーシップの発揮を期待される人たちの，どのような行動やふるまいが，リーダーシップと呼ばれるのでしょうか。リーダーシップの核を探るために，著名なリーダーシップの研究者たちが示してきた，リーダーシップとマネジメントの対比を参照してみましょう。

表7.1は，そうした研究者の1人であるコッターによる，マネジメントとリーダーシップの対比をまとめたものです。マネジメントには，計画を立案して，それを実行できる体制をつくり，計画通りに進んでいるかコントロールし，進んでいなければ問題解決するという，古典的な管理過程が含まれています。とくに実行段階に注目すれば，すでに構築された構造に従って，没人格的に計画を遂行しているという像が浮かび上がります。

それに対して，リーダーシップの課題は変化の推進であり，変革に向けて人々の連携を図り，モチベーションを喚起することです。モチベーションについては第8章で取り扱いますが，人々のモチベーション，さらにはインスピレーションを喚起するためには，組織メンバーを没人格的なマネジメントの対象と見るよりも，人格を持った個人として扱うことが必要になってきます。同時に，リーダー自身も権限を持った役職者としてのみではなく，個性を持った人間として組織メンバーに相対することになります。このように，リーダーシップには，規則や権限といった構造に頼るだけでは生まれてこない，個人に

帰属する対人的影響力が含まれています。

## リーダーシップ研究の焦点

　リーダーシップを解明するためには，どこからアプローチすればよいのでしょうか。これまで，おもに焦点が当てられてきたのは，リーダーの個人的特性，行動，置かれている状況，フォロワー（部下）との関係性などです。以下では，リーダーシップ研究の流れを踏まえながら，リーダーシップ研究で取り上げる要素が変遷しつつ拡大してきたことを見ていきましょう。

　リーダーシップの研究は，偉大なリーダーが共通して備えている個人的特性を明らかにすることから始まりました。個人的特性とは，たとえば，年齢，身長，外観，性別，知能，決断力，雄弁さ，社交性といったものです。しかし，個人的特性のみではリーダーシップを十分には説明できなかったことなどから，リーダーのとる行動に着目したアプローチがさかんになっていきました。

　リーダーの行動に注目した研究では，「**配慮**」行動と「**構造づくり**」行動という2つの軸で，リーダー行動のかなりの程度を説明できるとされています。「配慮」とは，相互信頼，部下のアイディアの尊重，部下の感情への気配りによって特徴づけられるような，集団の人間関係を尊重するリーダー行動を指します。一方，「構造づくり」とは，自分と部下の役割を定義し，部下に具体的なタスクを割り当て，手順やスケジュールを設定することで，部下の仕事環境を構造化しようとするリーダー行動です。

　配慮／構造づくりの2次元でリーダー行動を整理し，それらがともに高い水準であることが集団の成果を高めるとした **Hi-Hi** パラダイム（図7.1）は，納得性が高いものの，これがあてはまらない例も実際には多く見られました。その後，状況との適合性によってリーダー行動の有効性が変化することが指摘され，**リーダーシップのコンティンジェンシー理論（状況適合理論）** と呼ばれて，リーダーシップ研究の大きな流れとなりました。

　たとえば，メンバーの対人関係の質，タスクの構造，リーダーの権限の大きさから，リーダーにとって状況が望ましいものであるかどうかを評価し，リーダーにとっての状況好意性によって，集団の成果に効果をもたらすリーダーシップ・スタイルは異なるということが，指摘されています。より具体的には，

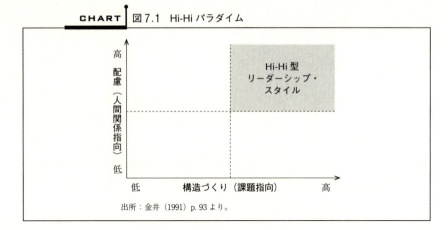

図7.1 Hi-Hi パラダイム

出所：金井（1991）p.93より。

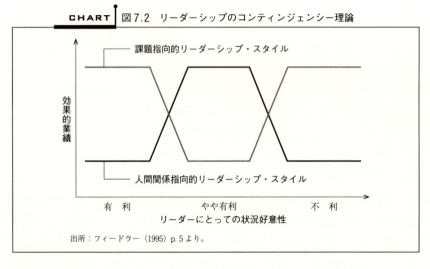

図7.2 リーダーシップのコンティンジェンシー理論

出所：フィードラー（1995）p.5より。

図7.2にあるように，もっぱら構造づくりを行うような課題指向的リーダーシップ・スタイルは，リーダーにとって最も望ましい，もしくは最も望ましくない状況において，業績を高めるのに有効であるのに対して，配慮をよく行う人間関係指向的リーダーシップ・スタイルは，中間的な状況で有効であるという結果が見出されています。このほかにも，仕事の特性や，部下の成熟度などが，リーダー行動の有効性に影響を及ぼす状況要因として取り上げられています。

以上のアプローチでは，おもにリーダーにのみ焦点が当てられていました。

> **Column ⓬　リーダーシップのフォロワー主体アプローチ**
>
> 　フォロワーがリーダーシップを認知することで，はじめてリーダーシップが成立すると考えるのが，リーダーシップのフォロワー主体アプローチです。フォロワーによるリーダーシップ認知プロセスには，2つのパターンがあるといわれています。1つは，フォロワーがもともと持っている「リーダーとはこのようにふるまうものだ」というイメージと，リーダーによるフォロワーへの働きかけとがマッチしていると，リーダーシップの発揮を無意識的に認識するというものです。もう1つは，組織的な成功といった出来事やリーダーについての逸話などから，リーダーシップの発揮を意識的に推論するものです。このほかにも，リーダーシップとは，リーダーの行動や資質とは無関係に，フォロワーの間で社会的に構成された現象であるとする，「リーダーシップの幻想」という，やや極端な捉え方も提唱されています。
> 　リーダーシップの成立においてフォロワーが果たす役割が決して小さくないことはリーダーシップ研究でも広く認められるようになり，リーダーシップと対になる形でフォロワーシップという概念も用いられ，その役割についての研究もなされるようになってきています。

そこで見落とされがちだったのは，自発的にフォローする（従う）人たちがいて，はじめてリーダーシップが成り立つということです。そこで，フォロワーの視点やフォロワーとの相互作用にも注目したアプローチが現れました。代表的なものが，リーダーと部下1人1人との間の互恵的交換関係をベースに，その関係性が成熟することでリーダーシップが生成すると考える，LMX（leader-member exchange）モデルです。さらに，リーダーシップの成立はフォロワーの認知次第であるという考え方に立って，フォロワーがもともと持っているリーダー像などに着目した，フォロワーを主体とするアプローチも展開され（Column ⓬），次に述べる変革型リーダーシップ論にも影響を与えています。

### 変革型リーダーシップ研究とリーダーシップの担い手

　行動アプローチや関係性に注目したアプローチにおけるリーダー像は，私たちが一般にリーダーというものに対して持っているイメージと比べると，やや

**CHART 表7.2 変革型リーダーシップの次元**

| 下位次元 | 理想化された影響 | ビジョン体現のためにはリスクをとることを厭わないといった行動をとることで，フォロワーから理想的なロール・モデルと見なされる |
| --- | --- | --- |
| | インスピレーションによる動機づけ | 魅力的なビジョンをもとに，フォロワーの仕事に意味やチャレンジを与えることで，モチベーションを喚起する |
| | 知的刺激 | これまでの前提を疑ったり，新しいやり方で古い状況にアプローチしたりすることなどによって，フォロワーを革新的・創造的な方向へと促す |
| | 個別的配慮 | フォロワーの多様性を受け入れ，フォロワーの成長のためにコーチングやサポートを行う |

出所：Bass & Avolio（1994）をもとに筆者作成。

小粒であるようにも感じられます。これに対して，新しいビジョンを提示して組織の変革を主導するようなリーダーを研究した**変革型リーダーシップ論**が，1970年代後半以降に登場し，現在ではリーダーシップ研究における主要な位置を占めるようになりました。

変革型リーダーシップのもとでは，フォロワーは，リーダーの示すビジョンや理念に情緒的に関与し，リーダーに自発的・積極的に従っていくとされます。このような変革型リーダーシップは，表7.2にあげる4つの次元からなるとされています。

ここで描かれているリーダーシップは，表7.1でマネジメントと対比されていたリーダーシップ概念と，まさに一致します。変革を導く魅力的なビジョンを自ら示し，知的刺激を与えつつ，個別的な配慮を示すことでフォロワーのモチベーションを引き出すのが，変革型リーダーシップです。

変革型リーダーシップに注目が集まるのは，経営環境がきわめて流動的で不確実になっている現状を反映しているといえます。すなわち，経営環境の変化を踏まえて，組織文化の変革（▶第6章）などの急進的な変革を実行することが，多くの経営者の課題になっているからでしょう。

しかし，環境変化に適合していくには，カリスマ性を持つ少数のリーダーが変革型リーダーシップを発揮するだけでは十分でないことも少なくありません。たとえば，新製品の開発といった，高い不確実性のもとでさまざまな専門性を

持つ人たちが協働するような場面では，開発プロジェクト・リーダーといった上位者のみならず，その他のメンバーも必要なときにはリーダーシップを発揮できるような状態をつくり出していくことが求められます。このような状態をシェアド（共有された）・リーダーシップと呼びますが，そこでは，リーダーシップの担い手は上位者に限定されていません。むしろ，さまざまな人たちによるリーダーシップの発揮を促進することが，上位者の重要な役割の1つといえるでしょう。

　最後に，リーダーシップの定義を確認しておくことにしましょう。リーダーシップとは，「目標やその実現方法といった，組織や集団がこれから進むべき方向性の提示・共有，および共有された目標の実現に向けた促進に関する，自発的な影響プロセス」であるということができます。環境の変化が大きい現代においては，特定の人たちが発揮するカリスマ的なリーダーシップはもちろん重要であるものの，多くの組織メンバーによってリーダーシップが有効に発揮されることで，組織の高い有効性の実現が可能になると考えられます。

# 3　ポリティクスとコンフリクト

## ポリティクス

　リーダーシップは，役割や役職に帰属するものではなく，それを発揮している個人に帰属する**影響力**に基づくものでした。公式的構造に全面的に依拠せずに，個人が対人影響力を行使しようとする活動は，リーダーシップ以外にも見出すことができ，そうした活動を**ポリティクス**という概念で捉えることができます。

　ポリティクスについてもさまざまな捉え方がありますが，①影響力を行使する方法と，②影響力を行使する目的の，2つに注目して整理することができます。公式的に確立された目的を追求するために，公式的な権限に依拠して他者の決定前提に働きかけることは，単なる指示や命令，情報伝達です。ポリティクスは，それ以外の部分に見出されます。

まず，影響力を行使する方法を取り上げます。合理的システムで想定される影響力の行使は，権限に基づく指示・命令や合理的な説得ですが，それら以外にもさまざまな影響手段が用いられることがあります。すべての影響手段を網羅することはできませんが，説得の場面において代表的とされるものをいくつか紹介します。

　たとえば，将来の利益提供を申し出たり，過去の貸しを思い出させたり，受け入れない場合の不利な結果をほのめかしたりするといった交換条件の提示，説得相手よりもさらに上位の権威者からの非公式な支持の取り付け，自分の主張を後押しする人たちとの結託，説得相手の機嫌をとるといった方法です。ほかに，情報をこっそり漏洩する，逆に隠蔽する，会議の議題や参加者を自分の意図に合わせて操作したりするといった，間接的な手段もあります。これらの手段には，公式的であるかどうか判別しがたいものも，明らかに非公式的なものも含まれます。そうした影響手段を使うことで，組織メンバーが影響力を行使し，自分の望ましい方向に物事が進むように働きかけるのが，ポリティクスの1つの側面です。

　次に，もう1つの側面である，影響力を行使する目的について取り上げましょう。なぜなら，上にあげたさまざまな影響手段は，さまざまな目的に用いられうるからです。

　対照的な例を2つあげましょう。顧客満足のいっそうの向上という全社方針のもとで，革新的な技術を用いて顧客満足の向上を図る施策が，新技術の利用に及び腰な上司に却下されたときに，ひそかに経営幹部の支援を取り付けてその施策を実行しようとすることは，ポリティクスといえます。一方，自分の人事評価を高めるために，同僚の陰口を言ったり，上司に個人的な弱みを知っていることをほのめかしたりするといったことも，同様にポリティクスと呼ばれます。

　このように，影響力を行使する目的が，公式的な組織の目的に適っている場合もあれば，まったく個人的な利益の追求である場合もあり，その中間的なケースももちろんあります。自分の所属する部門の利益を守るために，他部門が進めようとしているプロジェクトを中止させるべく，第三の部門と結託するといったこともありうるでしょう。

ポリティクスが生じる，おもな理由としては，公式的な調整の限界と個人性の発露という，2点があげられます。権限など公式に定められている影響力のみを行使することで組織の目的が達成されるのであれば，組織は機械のように作動していくことになります。しかし，再三述べているように環境の変動がより大きくなってきている中では，例外事項への対処が増えるとともに，それを上位者に報告し指示を受けるといったプロセスだけでは問題を解決できないことも，しばしば生じるようになっています。時には，上司の命令を部下が意図的に「やり過ごし」たりすることが有効な場合もあります（**Column ⓭**）。

　規則や権限階層を前提とした指示・命令にのみ依拠した調整では，思うように物事が進まなかったり時間がかかりすぎるといった場合，さまざまな影響手段を用いて調整が図られます。日本企業で行われることの多い根回し（**Column ⓮**）も，このような観点から見れば，有効なポリティクスと見なすことができます。

　もう1つの理由が，個人性の発露です。第4章で参加の揺れを指摘しましたが，組織の活動に携わっているときにも，個人は役割に完全に埋没しておらず，それに収まらない要素が個人から滲み出てきます。そうした個人性の発露はさまざまな形をとりますが，影響力を行使して直接的に個人の利益を高めようとするという現象もその1つです。部門の利益を守るといった目的から生じるポリティクスも，個人の利益が組織全体よりも部門の利益とより関連していることを踏まえると，個人の利益の追求と類似しているといえます。

　一方で，個人が組織のビジョンや現在携わっているプロジェクトに没入した結果として，ポリティクスが生じることもありえます。たとえば，ある新製品開発プロジェクトに参画し，その開発にのめり込んでいた研究員が，開発の成果が出ないためにプロジェクトが解散されたものの諦めきれず，潜在的な顧客からの声を集めたり，トップに直訴するといった，さまざまな働きかけを行った場合はどうでしょう。プロジェクトを解散したということから見れば，その新製品開発はすでに公式的な活動ではなく，その新製品開発へのこだわりは，ある種の個人性の発露と見なされます。

　こうした例は極端としても，何か新しいことを始めるために必要な資源の動員を図る際に，それにこだわりを持つ個人が，公式的な方法に限らずさまざま

3　ポリティクスとコンフリクト　●139

### Column ⓭ 「やり過ごし」とゴミ箱モデル

やり過ごしとは，上司から指示があったにもかかわらず部下がその指示を実行しないことです。官僚制に代表される合理的システムでは生じるはずがないやり過ごしを，理論的に捉えるためには，組織的意思決定に関するゴミ箱モデルを参照することが有効です（高橋，1992）。

ゴミ箱モデルは，問題があれば解を探し，望ましい解を選択すべきとする，規範的な意思決定モデルへの批判から，現実に起きている意思決定プロセスを記述するものとして提唱されました。ゴミ箱モデルでは，環境の曖昧性が高い場合，選択機会（選択が迫られる機会）・参加者・問題・解が，それぞれバラバラに流れていると捉えます。ゴミ箱とは，選択機会のメタファーであり，そこに参加者や問題や解が入ったり出ていったりします。ゴミ箱の例としては，定例的な会議を思い浮かべるとよいかもしれません。

このモデルでは，①問題解決による決定，②見過ごしによる決定，③やり過ごしによる決定という，3タイプの決定が生じるとされます。ゴミ箱に問題・解が流れ込み，参加者のエネルギーが十分あれば，問題に対して解が選ばれ，①の問題解決による決定がなされます。②の見過ごしによる決定は，ゴミ箱に問題が流れ込んでいないときに参加者が集まって決定がなされる（すなわち，問題が見過ごされる）ものです。反対に，問題の大きさに対して参加者のエネルギーが足りないために解決に至らず，そのうちに問題が別の選択機会に移ってしまうことで，問題がやり過ごされるというのが，③のやり過ごしによる決定です。シミュレーションの結果によれば，とりわけ問題が大きい際には，①の問題解決による決定は一般的でなく，②見過ごしや③やり過ごしによる決定がなされることが多いとされています。

このようなゴミ箱モデルの知見は，上司の指示に対する部下の対応に適用できます。やり過ごしの意図にもよりますが，上司が異動してきた直後などで，負担の大きさを十分わからずに曖昧な指示をした場合などは，部下がその指示をやり過ごすことが組織の円滑な運営に資することもあると考えられます。

な影響手段を使って働きかけることはありえます。ポリティクスというとネガティブなイメージが喚起されがちですが，変革やイノベーションを生み出していくためには，ポジティブな意味でのポリティクスが必要となる局面も，時にはあるのです（▶第11章）。

> **Column ⓮ 根 回 し**
>
> 　根回しとは，物事を行う際，事前に非公式の場で関係者からの了承を得ておくことです（山田，1985）。たとえば，他部署に影響を及ぼすような新しい施策を実施しようとするとき，公式の会議の場でそうした施策をいきなり提案するのではなく，事前に根回しを行うことがよくあります。影響が及ぶ部署から会議に参加する人たちや，発言力の大きい人たち，反対しそうな人たちなどに，前もってその施策について説明することで合意形成を行うのが根回しで，根回しの際に得た意見も取り入れた提案を行えば，会議では円滑に承認が得られることになります。これにより，会議という公式なコミュニケーションが円滑化し，実行が容易になる反面，根回しの過程でさまざまな意見を取り込んでいくと，新しい施策のもともとの狙いがぼやけてしまうといったことが生じる可能性もあります。
>
> 　根回しが多くの日本企業や日本の行政組織で行われる背景として，稟議制度という公式的な決定手続きが採用されていることがあげられます。稟議制度とは，何らかの重要な決定をする際，所管部門の担当者が決定に関する起案を行い，部門内の上位者の承認，回議という形での関連部門の了承を得た上で，最終的に決裁権限者が承認するという手続きを定めた制度です。回議という形で関連部門の了承を得なければならないことが，根回しの必要性を高めているといえます。稟議制度は，担当者が起案するところに注目すると，ボトムアップ的な意思決定を可能にしている制度といえますが，実質的にはトップが決めたことを公式的に記録するために用いられているケースも少なくありません。

　もっとも，組織の至るところで頻繁にポリティクスがなされているという知覚は，従業員のストレスを高め，職務満足を低下させます。また，派閥争いといったポリティクスが組織の停滞を招くことも少なくありません。したがって，ポリティクスは両義的なものと捉えることが重要です。

### コンフリクト

　ポリティクスと深くかかわる現象の1つに，**コンフリクト**があります。コンフリクトとは，複数の主体（個人もしくは集団）間での，利害をめぐる対立や敵対の認識プロセスのことを指します。潜在的なもの，すなわち行動などに表れ

ていないものを含めると，個人間・集団内・集団間などのさまざまなレベルで，コンフリクトは無数に生じているといってよいでしょう。

　コンフリクトは，さまざまな事柄に関して生じる可能性があります。たとえば，どのような目的を立てるべきかや，経営理念のような抽象的な目的をどのように解釈するかといった目的の認識，目的を達成する手段および具体的なタスク遂行・調整の方法，さらには目的やその手段を検討する前提となる事実の認識・解釈などにおいても，コンフリクトは発生します。このような職務にかかわるコンフリクトは，調整プロセスに影響を与えます。また，職務に直接的に関係しない，人間的な衝突から起こるコンフリクトもありますが，そうした「反りが合わない」といった**関係性コンフリクト**も，**職務コンフリクト**を招くなどして，結果的に調整プロセスに影響を与えます。

　コンフリクトの原因や背景要因は，個人の性格の不一致なども含めて非常にたくさんありますが，ここではとくに組織的要因を取り上げます。第1に，当事者間の相互依存関係があります。互いにかかわる必要がなければ，そもそもコンフリクトはほとんど生じないでしょう。当事者間が依存関係にあるとき，自分のほうがパワーを持って有利にことを運ぼうと双方が望むために，コンフリクトが発生するのです。第2に，資源の希少性があげられます。限られた資源を複数の人や集団が活用する状況では，誰がその資源を使うのか，優先権を持つのかということについて，対立は生じやすくなります。たとえば，資金や人材の配分をめぐり，複数の部門が自部門に有利になるよう競合するといったことです。第3に，役割や責任の曖昧さが関係することがあります。たとえば，責任の所在が曖昧なトラブル処理の担当を，複数の部門が押し付け合うことなどです。

　役割や権限を明確に定めたり，依存関係にあったり，資源をめぐって競合する部門を統括するような上位階層を設置するなどすれば，コンフリクトの発生は抑制できるでしょう。しかし，人間が制約された合理性しか持たない以上，コンフリクトがまったく生じないように組織の構造を設計・運用することは不可能です。また，自生的な構造（▶第6章）が，コンフリクトが生じる土壌となることもあります。さらに関係性コンフリクトもあるということを考慮すれば，どのような組織にも何らかのコンフリクトが生じる芽は必ずあります。

一般的に，コンフリクトがあるのは望ましくないことと考えられています。たしかに，あまりに激しいコンフリクトは，協働の基盤を損ない，十分な調整を難しくして，コンフリクトに関係する人々や集団，さらには組織全体の成果を低下させます。しかし，コンフリクトを過剰に避けようとすると，かえって意見を十分に主張できなくなったり，必要な調整がなされなかったりして，組織が停滞することもありえます。

　また，建設的なコンフリクトがあるということも指摘されています。コンフリクトのプロセスで異なる見解が示されることが新たなアイディアを生むきっかけになったり，意思決定の質を向上させる可能性があるからです。このような側面に注目すると，組織の存続や成長にとって価値を持つものになりうると，コンフリクトを評価することもできます。

　コンフリクトにどのように対処するかに絶対的な処方箋はありませんが，そのタイプは協調／対決／回避という3つに分けられるといわれています。建設的な解決のためには，異なる利害を有する他者の立場と自己の立場とを統合できる枠組みを探すといった，積極的な協調を模索することが重要だと考えられます。また，第三者の活用が有効な方法であることも少なくないでしょう。

# 4 集団のダイナミクス

## 集団の形成

　部門化（▶第5章）によって，組織の内部に集団（グループ）が形成されます。ここでいう集団とは，小さな単位の組織であるとともに，人の集まりです。どのくらいの人数から成り立っている集まりまでが1つの集団と呼べるかは一概には決められませんが，互いに人となりを認識できるくらいのサイズを想定しておくとよいでしょう。

　組織の規模が大きくなると，組織の中にさまざまな小集団が存在するようになります。同じ部署に所属している小集団が最も典型的ですが，それ以外にも，臨時的なプロジェクト・チームや，同じ会議に出席しているメンバーの集まり

など，公式的な構造によってその範囲が決まっているものがあります。さらに，いつも昼食を一緒にとるグループといった，非公式的な集まりも該当します。

したがって，たいていの場合，1人の人は，複数の集団に所属しています。Y社の大阪工場製造部品質管理課に所属しているSさんは，品質管理課という集団のメンバーであると同時に，製造部や大阪工場という，より大きな集団のメンバーでもあります。また，納期短縮を目的とした臨時的なプロジェクト・チームという集団のメンバーかもしれませんし，工場内の非公式なフットサル・サークルのメンバーかもしれません。このように，組織にはさまざまな集団があり，個人はさまざまな集団に同時的にかかわっています。次項以降で，集団の形成によって生まれるダイナミクス（**集団ダイナミクス**）を取り上げていきます。ただし以下では，同一部署に所属しているメンバーといった，目的を共有し，相互作用が密接な公式的集団を，おもに想定します。

## 集団の影響力

集団の影響を考える際には，結束型ネットワーク（▶第6章）における，密度の高いネットワークを思い出すとよいでしょう。相互交流の密度が高い集団では，メンバー間の信頼度や親密度が高く，高い凝集性，すなわち集団としての強いまとまりが見られます。また，集団のメンバーの行動や態度を規定する規範が形成され，集団の規範に従わない行動に対する制裁や同調への圧力が生じます。すべての集団がこのような特徴を強く備えているとは限りませんが，ほとんどの集団はこうした特徴をある程度は有しており，それがメンバー間の情報の共有や調整のあり方に影響を与えています。

これらに加えて注目すべき集団の特徴は，メンバーシップがもたらす影響です。人は，その集団のメンバーであるかどうかというメンバーシップによって，「私たち」と「彼／彼女ら」を区別します。そうした線引きは，集団に対する一体感（▶第4章）の基盤になり，自分たちの集団を望ましいものと認知する一方で，他の集団をステレオタイプで理解する傾向や，自分と同じ集団のメンバーをえこひいきすることにもつながります。こうした傾向は，凝集性の高い集団ほど強いものの，形式的にグループ分けをした名目的な集団にも見られることが確認されています（▶第4章 Column ❻）。「ウチ」と「ソト」を分けるの

は日本社会の特徴だといわれることもありますが，メンバーシップによる区別が引き起こす現象は，日本以外の多くの社会にも見られるものです。

　ある種の仲間意識が醸成されることは，集団内の結束を高めると同時に，他の集団を敵対視するといった**集団間コンフリクト**を生み出す効果も持ちます。反対に，敵対する集団があると，集団内部の凝集性が高まることも知られています。さらに，次項で取り上げるように，凝集性に関しては，集団での意思決定に望ましくない効果をもたらす可能性も指摘されています。一般的には望ましいとされる集団内部の結束の高さが，逆機能を招く可能性に目を向けることは重要です。

## 集団の意思決定

　組織における代表的な調整プロセスの1つが会議です。会議にはさまざまな目的があり，その形態も多様ですが，会議において重要な意思決定を行うことは珍しくありません。そこでは集団での意思決定がなされていますが，個人が1人で行う場合と比較して，それにどのような特徴があるかを考えてみましょう。

　まず，個人で行うほうが素早い決定が可能です。集団の場合には，集まったり討議するための時間がかかります。そうした時間をコストと捉えると，個人で行うほうが低コストで，迅速に決定ができます。また，個人が決定した場合，責任の所在は明確です。それに対して，集団で決める場合には，責任の所在が曖昧になりがちです。

　しかし，現代では，意思決定を行うために必要な知識・情報の範囲や量が拡大しており，個人で意思決定を行うのが難しい状況は少なくありません。さらに，「三人寄れば文殊の知恵」ということわざもあるように，複数のメンバーがかかわることで，より多くの情報を活用できるとともに，多様な見方から問題を検討し，質の高い意思決定が可能になるかもしれません。このように考えると，会議を開催するなどして集団で意思決定するほうが，時間などのコストはかかるものの，優れた決定を下すことができるように思えます。

　しかし，集団で行うがゆえに，思いも寄らないほど偏った決定や誤った決定をしてしまうということも，よく知られています。そうした現象は，集団極性

化や集団浅慮（グループシンク）といった概念で説明されます。

**集団極性化**とは，集団で討議する前の個人の意見や態度と比べて，集団での決定が，リスク志向的にシフト（リスキー・シフト）したり，反対に，リスクを過剰に回避する慎重な方向にシフト（コーシャス・シフト）するといったように，極端な方向に振れることを指します。集団で討議すると，多様な意見が中和されて，間をとるような，中庸的な態度や意見で一致するように思われます。もちろん，そうした無難な決定がなされることも多くありますが，個人の態度の分布から外れた極端な決定が生じることもあるのです。

集団極性化が起きる原因の1つとして，集団で決定されることで，メンバーの責任感が希薄になることがあげられます。また，自分が表明した意見への他者の態度を観察し，支持されていると感じたら，自分の考えをさらに先鋭化していくことで他者からの肯定的な評価を得ようとする，強化プロセスが生じることなども指摘されています。

**集団浅慮**（グループシンク）とは，凝集性の高い集団において，さまざまな意見の表出や情報の収集が妨げられたり，複数の選択肢の評価が十分なされずに，お粗末な意思決定が下されてしまう現象のことです。自分たちの集団を過大評価し，多数派の意見へ反対や疑念を表明するメンバーに対して同調するように圧力がかけられ，沈黙が多数派への同意と解釈されるといったプロセスが見られるといわれています。集団極性化と集団浅慮は，いずれも，多様な意見が潜在化するプロセスを経て生じることが共通しています。

このように，集団での意思決定はネガティブな結末を迎えることがある一方で，1人で考えていたのでは思いも寄らなかったような飛躍的な創造性が，集団のコラボレーションの中から生じることがあるのもまた事実です。すなわち，「三人寄れば文殊の知恵」の可能性もあるということです。集団による創造性の発揮は，多様な人たちが集まり，創造的な摩擦も経ながら，時間をかけて多くのアイディアを生み出す中で可能になるといわれています。もっとも，そうした状態が自然に生じるということはめったにないため，多様性を尊重したり，**心理的安全**（Column ⓯）を高めるといった，創造性を誘発する環境をデザインする重要性が指摘されています。

### Column ⓯　心理的安全

　心理的安全とは，互いにとって関連のある考えや感情について，人々が気兼ねなく発言できる集団の雰囲気のことです。集団の心理的安全が高いと，考えが明晰になり，創造的なコンフリクトが生じ，斬新なアイディアが提案されやすくなるといった効果があるとされています。

　もっとも，人は往々にして，周囲から無知や無能だと思われるのではないか，ネガティブな邪魔をする人と思われるのではないかといった不安を抱くため，心理的安全の構築は容易ではありません。心理的安全を高めるには，マネジャーが自分自身もよく間違うことを積極的に公言したり，失敗は学習する機会であると強調することなどが重要であるといわれています。

# 5　組織プロセスの複雑性

## プロセスの個人性

　第3章で，組織の調整は，構造とプロセスに分類して検討できるということを示しました。合理的な構造のもとでは，人は所与の役割を淡々と遂行する存在と捉えられています。ところが，本章で行ったようにプロセスを詳細に見ていくと，ポリティクスやコンフリクトに典型的に見られたように，合理的システムでは表面化していない個人性が滲み出て，組織の活動に反映されていることが見出せます。このために，合理的に設計された構造が意図した通りに機能しないといったことも生じています。

　組織が合理的なシステムで想定されているよりも複雑であることは，必ずしも否定すべきことではありません。たとえば，リーダーシップを担う個人の際立った特徴が，人々の変革へのモチベーションを高めて組織が活性化したり，個人の持つ技術へのこだわりが，イノベーションを創出する鍵になったりすることがあります。

　もちろん，組織プロセスにおける**個人性の浸透**が，組織にネガティブな効果

をもたらすこともあります。個人の利害が過度に追求されるようなネガティブなポリティクスが横行すれば、組織全体の目的の追求はおろそかになってしまいます。また、目の前にある限られた規則やマニュアルの遵守にのみ注意を向けるという、官僚制の逆機能（▶第5章）としてあげたような最低許容行動も、反対の意味での個人性の発露といえるかもしれません。このように、プロセスを通じて個人性が浸透することで、組織の活動にさまざまな影響がもたらされます。

## 構造とプロセスの相互規定

　組織プロセスには個人性が反映される余地があるものの、個人が組織プロセスを自由に左右できるわけではありません。なぜなら、組織プロセスは、すでに構築された構造によって制約を受けているからです。

　その一方で、構造の構築や変化は、1つ1つの組織プロセスの結果です。規則の変更や組織の改編といった公式構造の変化は、突然生じるわけではなく、そのための一連の意思決定を必要とします。もっとも、構造を変化させるための組織プロセスにも、構造による制約がかかっています。このように、構造とプロセスは相互規定的な関係にあります。構造については、さらに、組織文化や社会的ネットワークといった自生的構造（▶第6章）も複合的に作用する中で、具体的な組織プロセスが紡がれていきます。

　また、組織プロセスでなされる1つ1つの意思決定は、後続のプロセスを制約します。これまでの流れを覆すような意思決定を行おうとすることは、理論上可能であったとしても容易ではありません。反対に、過去の前例を踏襲する意思決定は、その前例がどのような構造やプロセスに立脚していたか十分に吟味されることなく、容易に受け入れられることが少なくありません。こうして、前例が踏襲されるという形でこれまでのプロセスが累積し、構造を変化させる制約になったり、あたかも規則であるかのように作用することもあります。

　このようにして、構造とプロセスの複雑な絡み合いのもとで意思決定が生み出され、それがさらに後続の意思決定の制約となっていく中で、それぞれの組織には独特な意思決定のパターンが成り立ちます。そうしたパターンが、合理的システム、自生的システム、そして本章で取り上げた組織プロセスのいずれ

かだけに還元できないことは明らかです。そこで，第**3**部では，個々の組織に見出される意思決定や行動のパターンを，組織ルーティンという概念でさらに抽象度を上げて捉え，そうしたルーティンからなるシステムとしての組織の変化を捉えていくことにします。

> **NEXT STAGE**
>
> 本章では組織メンバー間の相互作用による影響を詳しく見てきましたが，第**8**章では，相互作用の当事者である組織メンバーに焦点を当てます。組織メンバーは絶えず変化していることを，ワーク・モチベーション，能力，組織コミットメントという観点から捉えます。

## EXERCISE

① 自分が直接交流したことがある複数の優れたリーダーに対して，リーダーシップ理論を適用して，それぞれのリーダーの長所を比較してみましょう。

② 集団の凝集性（まとまり）が強いことが，かえってよい結果を導かなかった事例がないか思い出し，よい結果が得られなかった理由を，集団のダイナミクスの観点から考えてみましょう。

### さらなる学習のための文献リスト　　　　　　　　　　　　　　　　Bookguide

- 小野善生（2018）．『リーダーシップ徹底講座』中央経済社．
- 本間道子（2011）．『集団行動の心理学』サイエンス社（セレクション社会心理学 26）．
- 鈴木竜太・服部泰宏（2019）．『組織行動』有斐閣ストゥディア．

⮕ 小野（2018）は，リーダーシップさらにはフォロワーシップに関して，基礎理論から最新研究まで幅広く解説しています。本間（2011）は，本章で扱った集団内の影響過程や集団の意思決定のみならず，集団間関係なども取り上げており，集団行動をめぐる理論を概観するのに役立ちます。組織行動論のテキストである鈴木・服部（2019）では，リーダーシップ論，グループ・ダイナミクス，コンフリクトと交渉が取り上げられています。

CHAPTER

第 **8** 章

# 経営資源としての変化する人

## SHORT STORY

加藤さんが持参した新入社員研修のときの写真を，3人で眺めています。

中村さん：もう 12 年前か。懐かしいなぁ。

加藤さん：新入社員研修の中でもあの合宿は大変だったけど，あれが社会人生活の原点になっている気がするんだよね。

小林さん：あの研修で実際に使える仕事のスキルが身についたかというとよくわからないけど，仕事で苦境に面したときに思い出すことがときどきある。

中村さん：たしかに実務に直結してなかったけど，その後も OJT でじっくり新入社員を育てるのは日本企業のいいところじゃないかな。今は，年次別や階層別研修が 2〜3 年に 1 回くらいある感じかな。

小林さん：外資系だと年次研修とかはもちろんないけど，スキルを伸ばすための社外研修の予算は，けっこう確保されている。エンプロイアビリティ（雇用されうる能力）を高めるためのサポートを惜しまないという方針があるのが今の会社のいいところかな。本社の意向で，部門どころか日本法人がリストラされて，自分の仕事がなくなるリスクがある分，スキルは自分で高めないと。

加藤さん：そういうリスクがあまりないのは日本の会社のいいところだけど，危機感を持たずに漫然とキャリアを過ごしてきて，会社にぶら下がっているシニア社員が若手のやる気を削いでいることは問題かな，F 社でも H 社でも。

中村さん：私も自分がそうならないように，刺激を得るためにできるだけ外のことを知る機会を持とうとしてるんだ。2 人の話もすごく刺激になっているよ。

| KEYWORD |
| --- |
| ワーク・モチベーション　ニーズ（欲求）理論　ニーズ階層理論　ERG理論　達成動機　権力動機　動機づけ―衛生理論　内発的モチベーション　外発的モチベーション　アンダーマイニング効果　エンハンシング効果　職務特性論　プロセス（過程）理論　期待理論　目標設定理論　公正性　能力　組織社会化　OJT　Off-JT　自己啓発　経験学習　実践共同体モデル　組織コミットメント　キャリア展望 |

## 1 変化するモチベーション・能力

　第1章で定義したように，組織とは調整された活動のシステムであり，組織に人そのものは含まれませんが，活動の起点である組織メンバーは，組織の存在に不可欠です。したがって，役割を引き受けた組織メンバーは，組織にとって不可欠な経営資源である人的資源と捉えられます。

　しかし，他の経営資源である財務的資源や物的資源と異なり，人はそれ自身に変化していく性質があるため，捉えることがより困難です。為替をはじめとした金融市場からの影響を除けば，財務的資源の価値は変化しません。劣化が生じる物的資源はありますが，ある程度予測やコントロールが可能です。それらと比べると，人という経営資源には大きな変動性があります。

　現代では，貢献意欲の重要性がより大きくなってきていますが（▶第4章），同じ仕事をしていても，昨日のワーク・モチベーションと今日のワーク・モチベーションはまったく同じではありません。時間の幅をもっと長くとれば，同じ仕事をしていても，1年前と現在とで仕事を処理する能力は異なっているでしょう。さらに，仕事や組織に対する意識も，時間とともに少しずつ変わってきます。このような変動があることを前提として，組織における人の諸側面を捉える必要があります。

　組織が成果を上げるための条件の1つは，さまざまな役割を担う人々がそれぞれに高い成果を上げることです。個々の組織メンバーの成果は，運も含むさまざまな要素によって左右されますが，単純に定式化すると $P=f(a, m, o)$ と

表すことができます。Pとは成果（performance），mは仕事に対するモチベーション（motivation），aは能力（ability），oは機会（opportunity）を表します。すなわち，モチベーションと能力が高く，それらを発揮できる機会があれば，高い成果が得られるということです。単純すぎるきらいはあるものの，説得力がある定式化だといえます。

そこで本章では，おもにワーク・モチベーションと能力開発について取り上げるとともに，機会と関連するものとしてキャリア意識について言及し，変化する経営資源としての人の特徴を見ていくことにします。これらのトピックに関する研究，とりわけモチベーション研究については膨大な蓄積があるため，ごく一部の理論を簡単に紹介することにとどめざるをえません。さらに詳しく知りたい場合には，章末の**Bookguide**を参照してください。

#  モチベーションの源泉への注目

### ▶ ニーズ（欲求）理論

第4章で，自らの役割に課せられている目的を理解し，それを果たしているかどうかを自らモニタリングして，それに合った行動を選択していくという積極的な貢献意欲を引き出していくことが，今後ますます重要になることを述べました。こうした貢献意欲をどう引き出すかについては，**ワーク・モチベーション**という概念を中心に，膨大な研究がなされています。

ワーク・モチベーションとは，「個人をある職務行動や仕事に駆り立て，方向づけ，継続させるように仕向ける力」（Steers, Mowday & Shapiro, 2004）と定義されます。個人を組織の目的の達成に向けた行動へ強く駆り立て，方向づけし，それが継続されるためには，個人の目的と組織の目的との関係づけが必要になります（▶第4章）。

関係づけとして主要なものは，組織と個人の間に適切なギブ・アンド・テイクの関係を成立させることでした。そうしたギブ・アンド・テイクの関係を維持していくためには，個人のニーズがどこにあり，個人にとって何が報酬となるのかを知った上で，インセンティブの仕組みを構築する必要があります。そ

こで，モチベーションの源泉として個人のニーズ（欲求）に，まず焦点が当てられました。人の持つニーズが，人を動かす原動力と考えられるからです。

労働に関して第一に想起されるインセンティブは経済的報酬であることから，もともとは経済的なニーズにのみ光が当てられていました。しかし，経済的なインセンティブのみではモチベーションにかかわる現象を説明することができず，次第に，人は職場においてもさまざまなニーズを持っているということが明らかにされてきました。このような，人のニーズ（欲求）に注目した古典的なアプローチを，モチベーションの**ニーズ（欲求）理論**と呼びます。ニーズ（欲求）が行動を方向づけるのならば，人の持つニーズ（欲求）を知ることは，人間の内容を知ることにもなるため，内容理論と称されることもあります。以下では，代表的な2つの理論を取り上げることにしましょう。

### ニーズ階層理論

最初に，最も有名なニーズ（欲求）理論として，マズローが提唱した**ニーズ階層理論**を取り上げます。この理論は，研究者のみならず実務家にもよく知られています。

ニーズ階層理論は，人間の持つ欲求が5つに分類され，それらが階層化されているのが特徴です（図8.1）。まず，5つのニーズを説明します。生理的欲求とは，生存に必要なものの充足を求める，空腹，渇き，性などの身体的欲求です。安全の欲求には，危険の回避，住居の確保，さらには，恐怖や不安からの自由といった情緒的な安全，安定した仕事といった経済的安全，健康維持への欲求が含まれます。他の人からの愛情や，集団に受け入れられること，所属感を求めるのが，所属・愛情の欲求です。自尊欲求には，他の人からの尊敬や尊重，社会的地位への欲求に加えて，達成や行動の自律性を求める自己尊重の欲求も含まれます。そして，最も上位に位置づけられている自己実現の欲求とは，自己の成長や潜在能力を活かし，理想的な自己のあり方を目指すものです。

これらの欲求について，図8.1でいうと下に置かれている低次のものから順番に満たそうとするという，階層的関係が想定されているのが重要な点です。その前提として，生理的欲求から自尊欲求までの低次欲求と，高次欲求である自己実現は，異なる性質を持つことが仮定されています。低次欲求は欠乏欲求

CHART 図8.1 マズローのニーズ階層理論

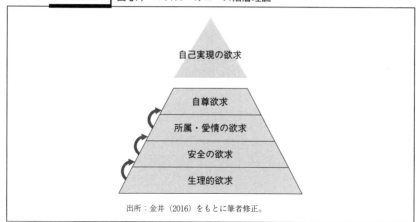

出所:金井(2016)をもとに筆者修正。

であり、いったん充足するとその重要性は低下するのに対して、自己実現の欲求は充足されても、さらなる高みを目指すように個人を動機づける存在欲求であると位置づけられており、そこには分断があるということも、図8.1に示されています。

このような欲求の階層関係が、直感的に、社会の豊かさの変化や個人のキャリア発達と対応しているかのように思えることもあり、ニーズ階層論は、研究者のみならず実務家に対しても影響力を持ってきました。とりわけ、個人の自己実現への注目を喚起したことは、第4節で取り上げる学習とのかかわりにおいても重要な点といえます。しかし、この理論を評価する際には、欲求の分類や階層関係の検証を試みた実証研究は、このモデルを支持していないことを踏まえておく必要があるでしょう。

ニーズの分類については、このほかにもさまざまな研究がなされています。マズローのものと類似していますが、階層性の仮定を外してニーズの分類を3種類にした、アルダファーの **ERG 理論**も、その1つです。ERGとは、存在（existence）欲求、関係性（relatedness）欲求、成長（growth）欲求の、頭文字をとったものです。また、マクレランドは、達成・権力・親和・回避という、4つの動機をあげました。**達成動機**とは、困難で価値のあることを達成したいという欲求で、成功の報酬よりも成し遂げることに重きが置かれます。**権力動機**は、他人に影響力を行使してコントロールしたいという欲求です。親和動機は、

友好的かつ密接な対人関係を結びたいという欲求で，ニーズ階層論の所属・愛情の欲求に基づいたものです。回避動機とは，失敗や困難な状況を回避しようとする欲求です。このようにさまざまな分類がなされていることは，人がさまざまなニーズによって動かされうることを反映しているといえます。

### 内発的モチベーション

ここまでにあげたニーズの多くは，自己実現の欲求を除いて，仕事の中身自体に直接かかわるものではありませんでした。たとえば，経済的報酬や社会的な関係性では，仕事をした結果や仕事のプロセスで外部から得られたものがニーズを充足するといった形で，仕事はニーズ充足の手段として位置づけられていたといえます。

しかし，仕事そのものも，モチベーションを高めるインセンティブになりえます。好奇心が喚起されて興味を持てる仕事と，無味乾燥な興味を持てない仕事とでは，仕事へのモチベーションが変わっても不思議はないでしょう。たとえば，職務に関する不満と満足は異なる要因によって影響を受けるとした，ハーツバーグの**動機づけ―衛生理論**（Column ⓰）では，職務満足に影響を与える動機づけ要因の1つとして，仕事そのものもあげられています。

このように，仕事そのものがモチベーションになることに焦点を当てたのが，**内発的モチベーション**研究です。内発的モチベーションと対置される**外発的モチベーション**のほうが理解しやすいと思いますので，後者について先に説明しましょう。外発的モチベーションとは，報酬の獲得や罰の回避など，行動が外的な要因によってもたらされている状態です。それに対して，内発的モチベーションとは，興味を持つ課題に自ら取り組んでいるときのように，活動そのものが行動の原因となっている状態です。好奇心に駆られて学習したり，趣味に興じている状態などが，例としてあげられますが，仕事においても時間を忘れて没頭するようなことは起こります。

内発的モチベーション研究の最大の特徴は，内発的モチベーションの重要性を強調したことだけでなく，外発的モチベーションを喚起するように報酬を付与することによって，内発的モチベーションが阻害されたり，時には促進されたりする可能性を示したことです。とくに，外的報酬の導入によって内発的モ

> **Column ⓰　動機づけ―衛生理論**
>
> 　私たちは仕事に関する満足や不満を感じますが，満足の反対は不満というように，1次元で捉えて，満足や不満に影響を与える共通の要因があると考えがちです。それに対して，ハーツバーグらは，エンジニアや経営担当者に対して実施したインタビュー調査をもとに，満足を導く条件と不満足を導く条件が異なっており，満足と不満足は独立した2次元であると主張する，動機づけ―衛生理論を提唱しました。満足と不満足に影響を与える要因が異なることを強調するために，2要因理論と称されることもあります。
>
> 　仕事への満足を導く条件は動機づけ要因と呼ばれ，達成，承認，仕事そのもの，責任，昇進といったものが含まれます。一方，不満足を導く衛生要因としては，リストラのような会社の政策，管理・監督・作業条件，対人関係といった，仕事を取り巻く環境にかかわる要因があげられています。なお，日本における追試では，対人関係が動機づけ要因に含まれるなど，ハーツバーグの調査結果と異なる点も見出されています。

チベーションが低下するという，**アンダーマイニング効果**の発見は，内発的モチベーションが注目されるきっかけになりました。

　アンダーマイニング効果は，外的報酬の導入によって内発的モチベーションが低下するということのインパクトから，よく言及されますが，外的報酬によっていつでも内発的モチベーションが低下するわけではないということは，あまり知られていません。いいかえれば，アンダーマイニング効果はどういった状況でも生じるものではありません。報酬を付与することを問題視する研究者の間でも，報酬が事前に予告される，パフォーマンスに沿って報酬が与えられる，活動自体が興味深いものであるなど，一定の条件のもとでアンダーマイニング効果が生じることは指摘されています。また，金銭的報酬ではなく，事後的に賞賛されるといった言語的報酬には，内発的モチベーションを高める**エンハンシング効果**があるともいわれています。

　内発的モチベーションと外発的モチベーションという区別は，次節で紹介するモチベーションの過程理論にも，しばしば取り入れられています。また，内発的モチベーションが高まりやすいように職務を設計することを通じて成果を

> **Column ⓘ 職務特性論**
>
> 職務特性論では，内発的モチベーションに影響する職務特性を明らかにし，そうした特性が高まるように仕事を設計することで，ワーク・モチベーションや満足度を高めることを目指します。代表的には次の5つの特性が，中核的な次元として示されています。
> (1) 職務を遂行する個人に必要とされる技能の多様さの程度（技能多様性）
> (2) 職務における仕事の流れがタスク遂行の全体にわたり，まとまりを持っている程度（タスク完結性）
> (3) 自分の遂行している職務が，他者の仕事や満足などにインパクトをもたらす程度（タスク重要性）
> (4) 職務が個人に対して許容している自由や裁量の程度（自律性）
> (5) 職務を通じて仕事の進捗・業績・効率などに関する明確なフィードバック情報を個人が得られる程度（フィードバック）
>
> これらの次元が高まると，仕事の有意義性を知覚したり，仕事の結果についての自分の責任を知覚したり，仕事の結果についての知識を得たりすることとなり，そのことで，内発的モチベーションや仕事への満足度などが向上すると考えられています。
>
> ただ，近年，こうした研究では従業員がマネジャーの設計した仕事を受容するだけの受け身的な存在であると前提されているとの批判がなされ，従業員自らが仕事やその環境について変化を生み出すことができるとする，ジョブ・クラフティングという考え方も注目されるようになってきています。

高めることを提案する，**職務特性論**（Column ⓘ）などにも反映されています。

# 3　モチベーションの複雑性　▶プロセス（過程）理論

前節で見たように，人間の持つ多様な欲求を整理することによって，仕事へのモチベーションについて考察が試みられてきました。しかし，何らかの欲求が同程度でも，それが行動を引き起こす場合もあれば，そうでない場合もあります。そこで，欲求のみが行動に多大な影響を与えると考えるのではなく，人

の置かれている状況やそれに対する認知などが，欲求が行動を引き起こすプロセスにかかわっていることに注目する理論が，次第に構築されてきました。そうした理論は**プロセス（過程）理論**と呼ばれますが，それらの代表として，本節では期待理論と目標設定理論を取り上げます。

### 期待理論

　ニーズ理論（内容理論）は，基本的には，何らかの行動をとることによってニーズが満たせるかということにのみ焦点を当てていたといえます。それに対し，実際にニーズを満たせる可能性がどのくらいあると認知するかによってモチベーションが影響を受けると考えるのが，**期待理論**です。そこでは，努力することが自分の満足にどの程度つながるかを事前に期待（予想）し，その期待（予想）に基づいて行動を決めるという，合理的な行動選択プロセスが想定されています。

　期待理論では，ある行動にコミット（努力）したことで仕事上の業績を上げ，それによって報酬を獲得し，満足が得られるという過程についての認知を考えます。そこでは，図8.2のように，3つに分けてその認知を捉えます。

　第1は，報酬がもたらしうる満足の程度で，誘意性と呼ばれます。たとえば，営業成績がある水準を超えると追加ボーナスを得られるといった場合，その追加分がもたらす満足です。まだ実際に得たわけではないので，これも期待（予想）といえますが，ニーズ理論と整合的なところです。

　第2が，努力することで業績を上げられるかについての期待です。上の例をそのまま使えば，営業活動に強くコミットすることで，追加ボーナスの対象となるくらいまで営業成績を伸ばせるかどうかについての見通しです。

　第3は，業績が報酬につながるかどうかについての認知で，手段性と呼ばれます。たとえば，会社の業績が極端に悪化した場合には，追加ボーナスの約束は反故にされてしまうかもしれません。

　期待理論では，これらのいずれが欠けてもモチベーションが高まらないという前提から，3つの認知が積算的な関係でモチベーションに影響を与えると仮定しています。しかし，これまでの研究では，これら3つの認知にモチベーションが左右されることは確認されたものの，積算的な関係性については必ず

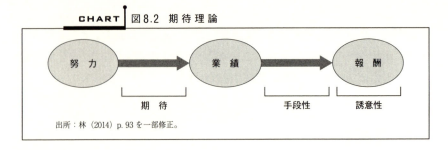

図8.2 期待理論

出所:林 (2014) p.93 を一部修正。

しも検証されていません。

また,期待理論では,認知に基づいて個人が合理的に意思決定することが前提されていますが,いつもそのような合理的な判断プロセスを適用して行動が選択されるわけではないという批判もなされています。

### 目標設定理論

期待理論によれば,他の条件が同じときは達成が容易だと感じるほど,その行動が選択されやすくなることになります。しかし,企業をはじめとしたさまざまな組織における役割遂行を考えると,達成が容易な課題にのみ力を注げばよいというのは,現実的とはいえません。また,達成が難しい目標の実現に向かって取り組んでいるときにモチベーションが高まるということも,多くの人たちが経験しています。

困難な目標を立てたほうがむしろ業績が高くなるという発見から始まった**目標設定理論**は,現在,研究者に最も広範に支持されているモチベーション理論であるといわれています。目標設定理論では,より具体的で,よりチャレンジングな目標が,モチベーションを喚起すると考えます。たとえば,速さと正確性が求められる課題に対して,「できるだけ速く正確に遂行するようにベストを尽くす」という目標よりも,「これまでの実績よりも速さを10％,正確性を5％改善する」という目標のほうが,具体的です。しかも,もしそれが繰り返し行ってきた課題であれば,速さを10％改善するというのは決して容易な目標ではありません。このような目標を設定し,その実現に向かって自己の行動を調整していくことが,高いモチベーションにつながると考えられているのです。

さらに,目標設定によるモチベーション喚起に影響を与える要因として,目

標へのコミットメント，フィードバック，自己効力感があげられています。目標へのコミットメントは，目標への思い入れや達成へのこだわりといいかえることもできます。個人の目標へのコミットメントの強さが，目標設定の効果を高めます。また，フィードバックを得て，現在の状況と目標との差を知ることで，その後の努力の水準を自ら調整することができます。目標にまだ十分に近づいていないようであれば改善に向けて努力しようとしますし，目標が達成されたり達成間近であれば，次に述べる自己効力感が高まります。

自己効力感は，過去の経験などによって形成された，課題を達成できることについての確信や期待のことを指します。自己効力感は，目標へのコミットメントや，設定する目標の高さ，ネガティブなフィードバックを受けた後の態度などに影響することを通じて，目標設定の効果に影響を与えます。

目標設定理論は，上記3つの要因以外にも，他のモチベーション理論で取り上げられているさまざまな影響要因を取り込んでいく形で統合を図っており，包括性の高いモチベーション理論とされています。

## 拡大するアプローチ

モチベーションが，いわゆるアメとムチ（正の報酬と負の報酬）だけでコントロールできるようなものではなく，非常に複雑な心理現象であるということは，ここまでに紹介した諸理論のみによっても十分に伝わったと思います。もっとも，本書でモチベーションにかかわるすべての要因を取り上げられたわけではありません。たとえば近年では，雇用形態・給与・待遇などの個人間格差が拡大していることを背景に，**公正性**についての認知がモチベーションに与える影響が検討されるようになっています（Column ⓮）。

現在は，有効性の高い理論としてプロセス理論がよく議論されていますが，そこで中心的に取り上げられるのは意識的な認知過程です。しかし，その前提となる個人の認知にはさまざまなバイアスがあり，その結果として系統的に合理的とはいえない選択がなされるということが，行動意思決定論などからは指摘されています。したがって，人間の持つ自動的で直感的な認知や情動（感情）の働きなども，検討する必要があります。最近では，そうした試みの1つとして，脳科学と連携した研究なども行われています。

### Column ⓘ 組織的公正

　組織的公正は，おもに分配的公正と手続き的公正という2つの切り口から検討されています。組織において公正性がまず問題になるのは，報酬の分配です。そこで，分配された報酬や決定された事柄に対して個々人が感じる正しさである分配的公正が，衡平理論をもとに検討されました。衡平理論では，個人が，組織に提供したインプットと組織から得たアウトカムのバランスを主観的に認知し，それを他者のバランスと比較することで，公正かどうかを判断すると考えます。しかし，何をもってインプットやアウトカムを認知するのか，誰を比較対象とするのかといった問題が指摘されるとともに，衡平のみで公正を説明できるのかという批判もなされました。

　一方，手続き的公正は，報酬が配分されたり，決定が下されたりするまでの，手続きや過程について個々人が感じる正しさを指します。手続き的公正では，報酬等の決定に至る過程のコントロールに焦点が当てられ，手続きの一貫性，偏見の抑制，情報の正確さ，修正可能性などが，手続き的公正の判断において重要だとされています。

　近年では，分配的公正，手続き的公正に加え，結果に至るまでにどれだけ個人的な配慮や誠意が示されたかという相互作用的公正なども議論されていますが，こうした公正性の認知が，職務満足やパフォーマンス，愛着的コミットメント（▶第5節）などに影響を与えていることが，多くの研究で確認されています。

　ワーク・モチベーションを理解するということは，人間の心理や行動をトータルとして理解しようとすることにほかなりません。モチベーション研究は，これからもアプローチを拡大しながら続けられていくでしょう。

## 4 個人の能力の変化

### 能力開発の重要性

　第1節で示した $P=f(a, m, o)$ という方程式に戻ると，成果（$P$）を上げるた

め，役割を遂行する人たちには，高いモチベーション（$m$）だけでなく，その役割に必要とされる高い能力（$a$）が求められます。

さまざまな役割にはそれを果たすための能力要件があり，そうした要件を満たす人が配置されるのが原則です。たとえば，IT企業でエンジニアを中途採用するときには，どのようなタイプの開発プロジェクトに従事したことがあり，どのプログラム言語を使いこなせるかといった能力要件を満たすかどうかが重視されます。そうした要件が曖昧なこともありますが，それぞれの役割の遂行には求められる何らかの能力要件があります。たとえば，封筒に書類を入れて封をするという，簡単に思えるような作業でも，指示を理解しそれに従って行動できるための一定の認知能力や運動能力が前提とされています。

業務が円滑に遂行されるようにするには，それぞれの役割を遂行するための能力要件を事前に規定し，そうした能力を備えた人たちを組織メンバーとして採用する，という方法が考えられます。たとえば，特定の課題を解決するためにプロジェクト・チームを結成する場合には，そうしたアプローチがとられることが多いでしょう。

しかし，現実にしばしば見られるように，すべての要件を満たしていない人が，仕事をしていく中で必要な能力を身につけていくことは，よくあります。また，仕事をしながら能力をさらに高めていくことが，よりいっそう成果を上げるのに役立つことも多いでしょう。たとえば，マネジャーが，実践を通じて人や事業をマネジメントする能力を高めていくことは，その成果を伸ばすことに寄与します。

さらにいえば，役割を果たすために必要とされる能力の中には，その仕事を経験することでしか身につけられないものも，多くあります。研修などの能力開発機会の提供も重要ですが，変化が激しい業界や職種などで用いられるスキル・知識は，その変化の激しさゆえに研修などで学べるような形での体系化が難しいこともあります。したがって，組織メンバーが，経験からスキルを高めたり，今後の業務に活かせる知識を得たりできるようにすることは，組織にとって重要な課題といえます。

とりわけ，日本で多く見られるように，大学や高等学校などを卒業したての新卒学生を，採用時点で発揮できる能力やスキルではなく潜在能力を基準にし

て採用する場合には，組織が従業員の能力育成を推進していくことが不可欠です。また，能力を育成する機会があると，成長や自己実現といった個人のニーズを満たすことになり，組織メンバーのモチベーション向上にも寄与します。

組織メンバーの能力を開発することは組織が成果を高めるために重要ですが，それは，スキルや知識の習得という面で組織メンバーが変化していくのを促すことにほかなりません。そこで次項では，組織への新規参入者が役割を遂行できるように知識を習得したり，さまざまな慣行に慣れていく過程である，組織社会化に注目します。

### 組織社会化

社会化とは，個人が組織内の役割を引き受けるのに必要な社会的知識や技術を獲得する過程と定義されます。とくに，個人が組織に新しく参加する過程がよく取り上げられます。行動能力の変化の定着という学習の一般的定義に照らし合わせると，組織社会化も一種の学習であるといえます。

組織社会化は，学習する内容に基づいて，職業的社会化，文化的社会化，役割的社会化という，3つの下位次元に分けることができます。職業的社会化とは，仕事に関する知識やスキルを獲得することです。

文化的社会化とは，組織の価値観や行動規範を知り，それを身につけていくことです。第6章で組織文化を取り上げましたが，それぞれの組織には固有の価値観や慣習があり，それが具体的な仕事のやり方に影響を及ぼしています。業務そのものについて高い能力を持っているプロフェッショナルでも，実際に仕事を進めていくためには，こうした文化的な要素を身につける社会化が必要になります。

役割的社会化は，他者からどのような役割が求められているかを知り，さらにそれが調整できるようになることといえます。それぞれの役割を厳密に記述することには限界がありますし，役割に含まれる範囲には相互的に決まる部分もあります（▶第4章）。他者が抱く期待を踏まえつつ，能力やスキルを何のためにどのように活かすかを調整していくことも，役割的社会化に含まれます。

組織への新規参入者は，組織社会化を通じて，先に組織に所属していた人たちから組織のメンバーとして認められ，組織に適応していきます。こうした適

応を組織側から見れば，組織が新規参入者を教化し，個人を変えた結果であると見ることもできます。こうした組織からの働きかけを，組織社会化戦術と呼びます。

　ほとんどの組織は，それまでの組織の秩序を維持するために，新規参入者に対して社会化戦術を施します。集合的に行われる典型的なものの1つが，新人に対する入社式や新人研修です。また，次項でも取り上げる上司や先輩の指導を指すOJT（on the job training）も，社会化戦術において重要な役割を果たします。OJTに携わる上司や先輩以外にも，同僚などとの非公式なかかわりを通じて，組織社会化は促進されます。

　日本では，長期雇用を背景とした新卒大量採用という雇用慣行を踏まえて，新卒の新人を対象とした組織社会化が，とくに注目されてきました。しかし，近年では転職が多くなり，組織にとってみれば新規参入者を迎えることが，また個人にとってみれば新規参入者として組織にかかわる機会が増えてきています。一方，同じ組織に所属していても，業務内容などが大幅に異なる部署への異動や昇進によって引き受ける役割が変わることは，役割を引き受けるのに必要な社会的知識や技術を獲得するという意味では組織社会化といえます。もっとも，そうした知識や技術の獲得は，次項で取り上げる職場における学習として議論されていることも少なくありません。

## 職場における学習

　比較的環境が安定的な中では，業務遂行に必要な知識・スキルの変化もさほど大きくなく，そこでは，組織における能力開発の焦点は，新人の戦力化に当てられていました。組織に長くいる人や階層の上位者が業務遂行に必要な能力を備えていることから，主要な新人の能力育成方法は，上司・先輩が具体的な仕事を通じて仕事に必要な知識・スキルなどを指導するという意味でのOJTでした。そして，OJTを補完するものとして，仕事を離れて実施される教育訓練である**Off-JT**（off the job training）や，自主的に知識・スキルを得ようとする**自己啓発**の支援が，位置づけられてきました。

　しかし，経営環境の変化が激しくなるとともに，新人だけでなく，すべての組織メンバーが，自らの知識やスキルを磨き続けなければならなくなってきて

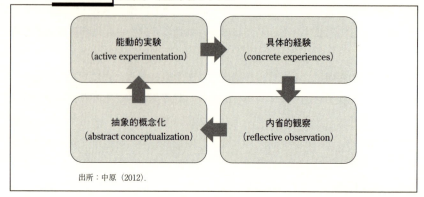

図8.3 経験学習サイクル

出所:中原 (2012).

います。というのも,環境の変化とともに,これまで有用だった知識やスキルが陳腐化したり,これまでになかった業務を遂行するための新たなスキルを身につけたりする必要性が高まっているからです。こうしたことを背景に,近年では,伝統的なOJTだけでは捉えきれない職場での学習を,ワークプレイス・ラーニングという見方で捉えるようになってきました。

 以下で,ワークプレイス・ラーニングの基本的な考え方を紹介します。ワークプレイス・ラーニングでは,職場で経験したことから,いかに次につながる洞察や知識を得るかを考えます。そのプロセスを捉える基本的な枠組みの1つとして,図8.3にあるような**経験学習**サイクルが提唱されています。

 その人自身が何かを直接経験したこと,中でも挑戦的な業務経験(「具体的経験」)について,その場を離れて内省(振り返り)を行うことでその経験を捉え直し(「内省的観察」),経験を一般化して他の状況でも使える知識やスキーマを案出し(「抽象的概念化」),その知識やスキーマを実際に試して(「能動的実験」),それがさらに次のサイクルの「具体的経験」になるというのが,このモデルが示している学習です。

 さまざまな仕事での経験をどう捉え,そこから何を得るかは,個人に依存する部分が少なくありません。しかし,業務の経験やそこからの学習が職場で生じるという意味では,経験学習は1人で完結しているわけではありません。たとえば,経験学習サイクルの鍵となる内省が,同僚の刺激によって生じたり,上司からの示唆によって深まったりすることがあります。したがって,経験学

習サイクルのモデルに依拠して，個人の職場での学習の質を向上させるためのマネジメントを検討することは可能です。

　職場での相互作用にいっそう注目し，そこでの学習を捉えようと，さまざまな学習理論が応用されています。たとえば，モデルとなる他者の行動を観察することを通じた学習に焦点を当てた，社会的学習理論は，そうした理論の1つです。また，親方に弟子入りするといった伝統的な徒弟制の観察から得られた知見を一般化し，共同体への参加を深めていく中で，共同体メンバーとしてのアイデンティティの発達と技能の獲得が同時に進行していくと捉える，**実践共同体モデル**も適用されています。

　このように，職場を学習環境と捉えるなら，職場での業務経験を通じて，個人の能力は変化し続けることになります。組織メンバーにどのような経験の機会を与えるか，学習に影響を与える相互作用をどのように喚起するかなどといったことを通じて，組織は個人の学習に働きかけているといえます。環境の変化を見据えて，どのような能力やスキルを組織において開発すべきかを見定め，個人の学習を促進する施策を組織が実行していくことが，これまで以上に求められています。

# 5　長期的な人の変化

　時間とともに，さまざまな面で人は変わっていきます。本章前半で取り上げたモチベーションは，比較的短いタイムスパンで変化するものです。たとえば，上司の思わぬ失言であっという間にモチベーションが大きく低下するといったことは，容易に想像できます。また，数カ月のプロジェクトの間に，目標の実現が着実に近づく中でモチベーションが変化していくこともあるでしょう。能力は，モチベーションよりは安定的ですが，経験を積む中で磨かれたり，新しい能力を獲得することがあります。反対に，能力を発揮する機会がないことで，能力の水準が下がってしまうこともあるかもしれません。

　人の変化は，モチベーションと能力以外からも捉えることができます。もう少し長いスパンで変化するものとして，**組織コミットメント**があげられます。

組織コミットメントとは，組織と個人の関係を特徴づけ，組織メンバーで居続けることにかかわる意識のことです。所属する組織が好きだったり，一体感を感じているから居続けたい（愛着的コミットメント）という場合もあれば，そこに所属しなくなると失うものが多いから居続けようとする（功利的コミットメント）こともあります。組織コミットメントが低くなれば，組織を離れることを強く考えるようになり，実際に離れてしまうことも多くなります。反対に，組織が好きだから居続けたいと思って組織コミットメントが高い場合には，役割遂行の程度が高かったり，役割を越えて周りや組織に貢献しようする行動（組織市民行動）をよくとるということが知られています。このような参加の意思決定を維持し続けることに密接にかかわる組織コミットメントは，職場の人間関係，与えられた役割や職位，人事評価や報酬といった要因を含む，さまざまな物事の変化とともに変わっていきます。

　さらに長期的に変化するものとして，キャリアについての見方があります。ここでいうキャリアとは，過去・現在の仕事経験，およびそれを踏まえた将来の仕事の軌跡です。キャリアを考える際には，仕事にかかわることだけでなく，プライベートも含む生活全般が関係してきます。モチベーションとは異なり，キャリアについて日々意識するということはあまりないとしても，**キャリア展望**も組織メンバーの行動に影響を与えるものの1つです。

　本章では，モチベーションを皮切りに，組織行動論で取り上げられるさまざまな概念を紹介することで，組織メンバーの変化する側面を見てきました。これらの中には，能力のように，個人が意識的に自ら変えようとした結果として変化する側面が強いものもあれば，キャリア展望のように，いつの間にか変わっていく部分が小さくないものもあります。また，モチベーションのように，組織がマネジメントする対象になりやすいものもあれば，なりにくい部分を含んでいるものもあります。

　いずれにせよ，さまざまな意味で人は変化し，そうした変化は直接的・間接的に組織の活動に影響を及ぼします。だからこそ，組織のマネジメントにとって，絶えず変化しつつある人をどうマネジメントするかが，古くて新しい問題であり続けているといえるでしょう。

NEXT STAGE

　第2部では,組織の構造とプロセスについて学習してきましたが,環境が変動することを前提としつつも,組織の内部の調整に焦点が当てられてきました。第3部では,環境の変化を踏まえて,組織がどのように学習し変化するかを取り上げます。まず第9章では,環境をどのように捉えることができるかを詳しく紹介します。

EXERCISE

① ワーク・モチベーション(または組織的な活動に関するモチベーション)が,とくに高かったときと,とくに低かったときを思い出して,モチベーションの違いを期待理論や目標設定理論をもとに分析してみましょう。
② これまで体験した組織での学習を,経験学習サイクルを用いて説明してみましょう。

さらなる学習のための文献リスト　　　　　　　　　　　　　　　　Bookguide

- 金井壽宏 (2016). 『働くみんなのモティベーション論』日経ビジネス人文庫.
- 中原淳 (2012). 『経営学習論』東京大学出版会.
- 鈴木竜太・服部泰宏 (2019). 『組織行動』有斐閣ストゥディア.

➡ 金井 (2016) は,モチベーション理論を幅広く紹介しながら,自分なりのモチベーション持論を見つけることを勧めています。中原 (2012) は,組織社会化を含め,職場での人の学習を幅広く取り扱っています。第7章のBookguideでも紹介した鈴木・服部 (2019) では,組織行動論のテキストとして,本章のトピックの多くをカバーしています。

第3部

# 変動する環境における組織

PART 3

CHAPTER 9 環境と組織
10 戦略と組織学習
11 イノベーションと組織
12 変化を続ける組織

# CHAPTER

## 第9章

# 環境と組織

**SHORT STORY**　東証に上場している食品スーパーI社の企画財務部で，IR推進担当課長を務める吉田さんは，同社ではじめてのIRミーティングに向けた準備を進めています。IRとは，インベスター・リレーションズの略で，企業が投資家に向けて経営状況や財務状況等の情報を発信する活動です。

　IRミーティングでは，投資家に同社の堅調な業績をアピールしたいところですが，I社をめぐる経営環境は決して楽観視できるものではありません。高齢化や人口減少によってマーケット規模が縮小しており，同業他社との競争は激しくなっています。さらに，ドラッグストアやホームセンターなどでの食品の取り扱いが拡充してきたのみならずインターネット通販も台頭しており，業態を越えた競争にも巻き込まれています。

　しかも，労働人口の減少に伴う人手不足によって人件費が増加傾向にあります。しかし，同社は同業他社に比べて従業員の定着率が高く，そのことが現場起点の店舗改革の基礎となってきました。

　吉田さんも新卒で入社した後3つの店舗を経験し，最近になって本社で財務関連の業務に従事するようになりました。業務を通じて日ごろから資本市場のダイナミックな変化を実感しているので，たとえ安定株主が多いI社でも，IRミーティングを行うのは時代の流れに沿った動きだと思っています。もっとも，首都圏で店舗展開する同業のJ社が昨年度にIRミーティングを実施したことが，社長がIRミーティングの実施を指示したきっかけかもしれないと感じているのも事実です。（193ページに続く）

| KEYWORD | コンティンジェンシー理論（状況適合理論）　機械的管理システム　有機的管理システム　グローバル化　組織間関係　資源依存関係　パワー関係　埋め込まれた紐帯　関係的埋め込み　距離を置いた紐帯　組織間ネットワーク　構造的埋め込み　戦略的アライアンス（戦略的提携）　産業クラスター　制度的環境　正当性　合理化された神話　制度的同型化　制度的企業家 |

## 1　環境を捉えるパースペクティブ

　前章までに，環境という概念を何度も用いてきましたが，環境について詳しく取り上げていませんでした。現代組織論では，環境との関係を踏まえて組織を考えることが，基本的な視座になっています。そこで本章では，組織の環境についてのさまざまな見方を詳しく説明します。

### コンティンジェンシー理論のインパクト

　組織論が環境へ注目する引き金となったのは，1960年代後半からのコンティンジェンシー理論（状況適合理論）の登場でした。コンティンジェンシー理論の基本的な考え方は，組織の構造やプロセスとその環境との適合性によって，組織の成果が変化するというものです。たとえば，環境の不確実性が小さい場合には官僚制組織をそのまま体現したような**機械的管理システム**（機械的組織）が有効であるのに対して，不確実性が大きい場合には階層や規則に縛られずに調整を行う**有機的管理システム**（有機的組織）のほうが有効性が高い，といった命題が実証研究をもとに提示されました（Column⓳）。「あらゆる環境に適した唯一最善の組織はない」とするコンティンジェンシー理論の登場は組織論の大きな転換点となり，環境への適合や環境との関係構築が，組織マネジメントの重要課題として認識されるようになりました。

　もっとも，初期のコンティンジェンシー理論では，環境として取り上げられる範囲は限られていました。おもに検討されたのは，内部環境の1つとされる

## Column ⑲ 機械的管理システムと有機的管理システム

コンティンジェンシー理論の初期の代表的研究の1つ（Burns & Stalker, 1961）によって，機械的管理システムと有機的管理システムという概念が提示されました。それぞれの特徴は，下表の通りです。バーンズとストーカーは，イギリスの企業20社を調査した結果，変化の小さな環境では機械的管理システムが機能し，変化が速く不確実な環境においては有機的管理システムが高い成果を達成する傾向が見られると主張しました。なお，前者は機械的組織，後者は有機的組織と呼ばれることもあります。

表　機械的管理システムと有機的管理システムの対比

| 機械的管理システム | 有機的管理システム |
| --- | --- |
| (1) 機能的タスクの専門分化 | (1) 全体に共通するタスクに対して貢献する専門的知識・経験 |
| (2) 各タスクの抽象性（全体目的や技術と疎遠） | (2) 各タスクの現実性（全体状況に結びついている） |
| (3) 階層の各レベルの直属の上司による仕事の遂行の調整 | (3) 他者との相互作用を通じた個々のタスクの調整・再定義 |
| (4) 各役割の職務・権限・方法の正確な定義 | (4) 権利・義務・方法からなる限定した領域として責任を流動的に定義 |
| (5) 職務・権限・方法の機能的地位の責任への変換 | (5) 技術的規定を越えた会社全体へのコミットメント |
| (6) コントロール・権限・コミュニケーションの階層的構造 | (6) コントロール・権限・コミュニケーションのネットワーク型構造 |
| (7) 階層トップへの知識の集中による階層構造の強化 | (7) ネットワーク内での知識の分散，関連知識のあるところへの権限・コミュニケーションの中心のアドホックな変化 |
| (8) メンバー間の垂直的相互作用が中心 | (8) より水平的な相互作用，異なる地位間の相談的コミュニケーション |
| (9) 上司の指示・決定に支配された職務 | (9) 情報提供とアドバイス的内容のコミュニケーション |
| (10) 組織への忠誠と上司への服従の強調 | (10) 企業の課題や優れた仕事をしようとする精神へのコミットメント |
| (11) 組織内特有の知識・経験・スキルの重要視 | (11) 組織外の専門家集団でも通用する専門能力およびそうした集団への参加の重要視 |

出所：Burns & Stalker (1961) pp. 119-122をもとに，桑田・田尾 (2010)，金井 (1999) を参考にして筆者作成。

技術との適合性や，製品市場や科学技術環境といった，いわゆるタスク環境の不確実性でした。また，環境を所与のものとして捉えており，組織はそれを受容するだけの存在であるかのようにも理解できることから，環境決定論的であるという批判もなされました。

ともあれ，コンティンジェンシー理論の登場をきっかけに，組織と環境の関係が検討されるようになり，環境への適応という問題設定は，現在の組織論にも受け継がれています。

## セクターごとの把握

環境は，調整された活動のシステムとしての組織に短期的または長期的に影響を与えうる要素を，すべて含みます。いいかえれば，組織を除くあらゆるものが環境です。環境は無限に広がっているといえますが，そうした環境をまず大括りに捉えるために，セクター（領域）に分けてみることにします。表9.1は，環境のセクター分類の1つのイメージです。このようにして環境を概観すると，さまざまなセクターが組織の活動に影響を及ぼしうることが理解できます。

ただし，環境をどのようなセクターに分けるかは，環境のどのような側面にとくに注意を向けるのが重要かによって変わってきます。たとえば，経済的な価値を生み出す活動を行う企業にとっては，経済セクターがとりわけ重要であるため，企業の環境を分類する際には，経済セクターをより細かく分ける必要があります。たとえば，生み出した製品・サービスを提供する製品市場，原材料等を購入する要素市場，財務的資源にかかわる資本市場，人的資源をそこから調達する労働市場などは，とくに重要な市場です。また，近年では組織にとってイノベーションの創出が重要性を増し（▶第11章），情報通信技術やバイオ技術をはじめとするさまざまな技術イノベーションを生み出す技術セクターの影響が増大していることから，関係する技術に応じてこのセクターをさらに細分化できるかもしれません。

環境をセクターで分類して把握することは，広大な環境を大雑把に理解する手がかりとなります。重要なのは，諸セクターは分離しているわけではなく，相互依存関係にあるということを，念頭に置いておくことです。たとえば，政

**CHART 表9.1 環境のセクター分類**

| セクター | 含まれるものの例 |
|---|---|
| 社会・文化セクター | 社会階層，人口統計，社会制度，大衆文化，伝統，宗教，価値観…… |
| 政治・法律セクター | 政治システム，憲法・法律，グローバル統治制度（国連など）…… |
| 経済セクター | 労働市場，資本市場，製品・サービス市場，インフレ率，物価指数…… |
| 技術セクター | 科学，バイオテクノロジー，ナノテクノロジー，情報通信システム…… |
| 物的セクター | 天然資源，社会インフラ，気候パターンの変動，自然災害…… |

出所：ハッチ（2017）を参考に筆者作成。

治と社会・文化は密接に関係していますし，法律によって市場が規制されることもあるように，法律と経済も関連しています。

そうした相互依存性を高めている重要な背景の1つが，**グローバル化**の進展です。経済のグローバル化についていえば，商品だけが輸出入を通じて国境を越えた移動をするだけではなく，資本や労働力，知識や技術なども，以前よりはるかに自由に世界を行き来するようになりました。経済のグローバル化の進展に伴い，社会や文化の多様化と均質化が同時に進行し，それとともに政治，さらには法律も変化していきます。また，情報通信技術などのさまざまな技術変化がグローバル化を加速し，グローバル化による知識や人の移動が技術変化を促進しています。

グローバル化が進展することで，セクターや国・地域を越えた相互依存性が高まり，それとともに不確実性・複雑性・曖昧性の度合いも大きくなってきています。

## 組織間関係と組織間ネットワーク

環境をセクターに分けて見ることは，環境をマクロ的に捉えるのに有益ですが，特定の組織にとっての環境の影響をつぶさに捉えるためには，ミクロな視点から見ることが必要です。環境をより細かく見ていくと，そこにはさまざまなアクター（個人や組織）が含まれていることがわかります。たとえば，政治の世界では，各国政府，地方自治体，それらに付随する各種団体，政党等の組織が活動しています。他のセクターでも同様に，多くの多様な組織がそこに含まれます。

環境に含まれるそうしたアクターの中でも,ステークホルダーは,大きな影響を持っています。ステークホルダーには,顧客や株主といった個人が含まれることもありますが,組織の時代である現代においては,個人よりも組織的ステークホルダーがとりわけ大きな影響を及ぼすと考えられていることから,以下では組織的ステークホルダーを想定して議論を進めます。

第2章で述べたように,組織と個々のステークホルダーとの間には,資源をめぐる相互作用がなされています。そうした関係を**組織間関係**と呼びます。組織間関係が成立しているということは,何らかの相互的な依存関係が成り立っており,組織はさまざまな影響を受けると同時に,相手側の組織に影響を与えています。たとえば,メーカーとそのメーカーが部品を購入するサプライヤーとの間では,部品の購買関係のみならず,知識の伝達,人的交流,資本の注入,その他の関係が成り立っているかもしれません。第②節では,そうした2者間の組織間関係がもたらすインパクトを,依存とパワーという観点から取り上げます。

2者間の組織間関係をつなげて考えることもできます。あるメーカーが部品を購入するサプライヤーは,その部品を製造するために原材料などを仕入れているでしょう。その仕入れ先もまた,当然ながらさまざまな組織間関係を有しています。このようにして組織間関係をつなげることで視点を広げていくと,組織間関係からなるネットワークが見えてきます。第③節では,ネットワークに組み込まれているという観点から,組織と環境の関係を考えます。このように,組織全体を1つの分析単位として,他組織との関係をもとに,環境と組織の関係を詳しく検討することができます。

##  環境への資源依存

### 組織間関係と資源依存

上で述べたように,環境の中のアクターの中でも組織に大きな影響を与えることが多いのは,直接的な関係性を有しているステークホルダーです。組織均

衡について少し思い出してみましょう（▶第2章）。以下では，分析の中心的な対象となる組織を焦点組織と呼ぶことにしますが，組織均衡論では，焦点組織とさまざまなステークホルダーとの間に誘因と貢献の関係が成り立ち，それらが均衡していることが，組織の成立にとって不可欠であると示されていました。

企業組織において典型的ですが，焦点組織は，誘因と貢献の関係を通じてさまざまなステークホルダーから入手した資源を活用して価値を生み出すことで，その活動を維持し，さらには発展させることが可能になります。したがって，組織は，そうした資源を手に入れるために，さまざまなステークホルダーに依存していると捉えることができます。

ステークホルダーとの交換関係が成り立っているということは，資源を提供しているステークホルダーも，焦点組織から何かを得ているということです。たとえば，焦点組織がメーカーで，部品のサプライヤーとの関係を考えるとすると，焦点組織は製品の製造に必要な部品をそのサプライヤーに依存していますが，そのサプライヤーにとって焦点組織であるメーカーは顧客であり，製品の売上を焦点組織に依存しています。このように，交換関係が成り立っている場合，その両者は相互的な**資源依存関係**にあります。

しかし，相互に依存するといっても，依存の程度は同じではありません。焦点組織であるメーカーは，別のサプライヤーからも同じ部品を購入しているのに対して，サプライヤーのほうは売上のすべてがそのメーカー向けになっているとしたら，両者の互いへの依存の程度は均等ではありません。このような不均衡によって，こうした2者間に**パワー関係**が生じます。

焦点組織から見て依存の程度を左右する要因の中で，とくに重要なのは，対象組織（相手の組織）から得られる資源の焦点組織にとっての重要度と，対象組織によるその資源のコントロールの集中の程度です。焦点組織が組織目的を追求するために重要な資源を対象組織が提供している場合，その資源を供給している組織は相対的に強いパワーを持つことになるでしょう。たとえば，電気自動車を製造するメーカーにとって，バッテリーはきわめて重要な部品です。したがって，バッテリーを供給するサプライヤーへの依存度と，ハンドルを供給するサプライヤーへの依存度を比べれば，バッテリーを供給するサプライヤーに対する依存度のほうが高いということになります。

対象組織によるその資源のコントロールの集中の程度とは，焦点組織から見ると，その資源の入手方法の代替性ということです。自社にとって貴重な資源をすべて，ある1社から購入しているとしても，他社からの購入に切り替えるのが容易であれば，そこにパワー関係は生じにくいといえます。このように，入手方法の代替性の有無がパワー関係にかかわってきます。したがって，あまり重要でない資源でも，供給が単一であればそこにパワー関係が生じることがあります。たとえば，自動車メーカーは，多種多様な部品や材料をサプライヤーから購入しますが，ほぼ例外なく，複数の会社から同じ部品や材料を購入するようにしています。そうすることで，依存関係を弱くしようとしているわけです。

その他，資源のコントロール可能性も，かかわってきます。たとえば，あるメーカーが工業用水を自治体の水道局から購入している場合，ほかに代替手段はありませんが，水道法等の法令に基づく規制により，水道局は価格裁量権を自由に行使できないため，水道局は独占的な供給者ではあるものの相対的にパワーは強くないといえます。

ここでは，メーカーとサプライヤーの関係で説明をしましたが，資源依存によるパワー関係は，さまざまなステークホルダーとの関係において生じています。

## 依存関係がもたらす影響

前項であげたような資源の重要性や集中度などにより，互いにとっての依存の程度は変わってきます。その結果として相互依存の程度が非対称である場合，一方の組織が他方の組織に対してパワーを行使できる関係になります。

2つの組織の間にパワー関係があるとは，組織Aが，別の組織Bの意思にかかわらず，組織Bを動かすことができるということです。いいかえれば，組織Aは，自組織の目的追求にとって都合がよい，しかし組織Bにとって望ましいとはいえない決定や行動を，組織Bに迫ることができます。組織の自律性という観点でいうと，組織Bの自律性は損なわれることになります。

たとえば，企業組織間の取引においては，どの会社も自社の製品・サービスの価格決定権を持っていたいと考えるものですが，組織Aが組織Bに対して

パワーを持っている場合には，組織Aが組織Bに対して値引きを要求し，組織Bがそれを呑まざるをえなくなるといったことが生じます。価格のような表面化しやすいものだけではなく，製品の納期や納品頻度，支払い条件などを，組織Aの都合に合わせるように求められるといったこともあるでしょう。このように，組織間のパワー関係は，組織にとって重要な影響をもたらします。

したがって，組織は，自律性を確保すべく，何らかの形で依存関係に対処しようとします。代表的な対処の方略としては，次の3つがあげられます。第1に，それまでの依存関係を変更し，自律化を図る方向です。従来は資源の供給源が1つだったところに，代替的な供給源を追加するといった方策は，その典型例です。多角化戦略を採用することにも，同様の効果があります。なぜならば，既存の取引相手に対する相対的な依存度が低下するためです。

第2に，外部役員を受け入れたり，協定を結ぶなど，協調的な方法を採用することがあげられます。外部への依存関係がなくなるわけではありませんが，外部組織からのパワー行使を，できるだけ抑えることが期待できます。

最後の方法は，政府や裁判所といった第三者の介入によって，自組織に有利になるように解決を図ることです。ロビー活動で自社に有利な規制を強化するように政府に働きかけることなどが，この例としてあげられます。

以上のような自律化確保の方略からいえるのは，組織は，環境に対して必ずしも受動的ではなく，環境に働きかけたり，環境との関係をマネジメントしようとする存在であるということです。

依存性への対処が完全に解決することはありません。なぜならば，組織が資源に関して完全には自己充足的になりえない以上，ある依存性への対処は別の依存を生み出すからです。たとえば，川上への垂直的統合を図った場合，これまでの依存関係は解消しますが，さらに川上への依存関係が新たに発生したり，統合に多額の資金を必要としたときには資金提供者に対する依存の程度が高まるかもしれません。このように，自律性確保のための環境のマネジメントに完全な解決はありません。

最後に，組織間の依存関係は，組織内のパワー関係に影響することもあることを指摘しておきます。たとえば，資金繰りが厳しい場合には，資金提供者のパワーが増大するために，資金提供者と交渉する財務部門が組織内でパワーを

発揮しやすくなるといったことが生じます。

# 3 組織間ネットワーク

## 組織間ネットワークへの埋め込み

　本節では，第❶節でも少し言及した通り，焦点組織にとってのステークホルダーもさまざまなステークホルダーとの関係を有していることに目を向け，組織が組織間のネットワークに埋め込まれていることに注目します。

　最初に，焦点組織とそのステークホルダーとの間の直接的な関係性の強さが，さまざまであることを確認します。問題が生じたときも信頼をベースに問題解決できるような密な関係もあれば，ひとたび問題が起これば縁が切れてしまうようなビジネスライクな関係も存在するということです。

　前者のような相互信頼で結ばれている密接な関係を，**埋め込まれた紐帯**と呼びます。このような紐帯が成立していると，短期的な市場取引で生じやすい機会主義的行動が抑制され，取引コストが低減されます（▶第1章Column❷）。また，曖昧な情報や機密性の高い情報が伝達されやすくなります。その一方で，短期的な経済的利害だけを考慮して関係を絶つことが難しくなります。こうした状態を，**関係的埋め込み**と呼びます。

　埋め込まれた関係性に対置されるのは，互いに深入りせず，それぞれが自組織の短期的な利害だけを考える，ビジネスライクな**距離を置いた紐帯**です。こちらは，条件が合えばそのつど取引を行う，市場取引のような関係性と捉えられます。もちろん，現実的には両者の中間のような関係性もありますが，モデル化して捉えるために，この2つの類型で捉えます。

　図9.1に破線の楕円が2つあるうち，左側で囲われているところのように，焦点組織は，さまざまなステークホルダーと，埋め込まれた紐帯や，距離を置いた紐帯で結ばれています。これらを1次のつながりと呼びます。焦点組織にとって1次のつながりの対象となっているステークホルダー（a, b, c）も同様に，別の組織（d, e, f, g, h）とつながっています（2次のつながり）。なお，図中の太

**CHART** 図 9.1 1次のつながりと 2 次のつながり

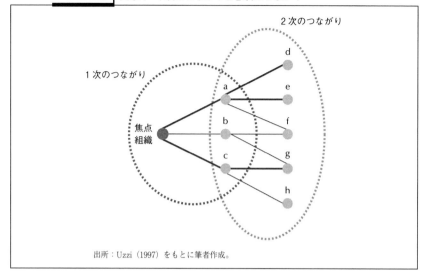

出所：Uzzi（1997）をもとに筆者作成。

い実線は埋め込まれた紐帯，細い実線はビジネスライクな距離を置いた紐帯を示しています。

図 9.1 には描かれていませんが，2 次のつながりの対象の組織も，他の組織との紐帯を有していることから，こうしたつながりをさらに広げていけば，組織を単位としたネットワークが見えてきます。このような**組織間ネットワーク**に埋め込まれた紐帯が多く含まれていれば，焦点組織はそのネットワークから短期的に離脱しがたくなることから，その組織は組織間ネットワークに埋め込まれていると捉えることができます。

第 6 章で社会的ネットワークをある種の構造と捉えたのと同様に，組織間ネットワークもある種の構造と捉えられるため，特定の組織との直接的な関係への埋め込み（関係的埋め込み）と対置させて，ネットワークへの埋め込みを**構造的埋め込み**と呼びます。

次に，関係的埋め込みと構造的埋め込みが，組織にもたらす影響を取り上げます。ニューヨークのアパレル企業を調査対象とした，埋め込まれた紐帯の影響に関する有名な研究（Uzzi, 1996; 1997）では，1 次のつながりについて，埋め込まれた紐帯の比率が高いほど，焦点組織の存続率が高いという結果が見出されました。この結果は，関係的埋め込みがもたらす，きめ細かな情報伝達や問

3 組織間ネットワーク ● 183

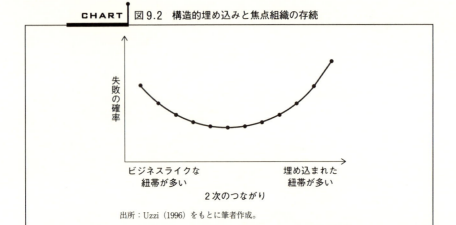

図9.2 構造的埋め込みと焦点組織の存続

出所：Uzzi (1996) をもとに筆者作成。

題解決が，組織の存続に有利に働いていることを示しています。

一方，構造的埋め込みとして2次のつながりにおける埋め込みを取り上げて焦点組織の存続率との関係を調べたところ，2次のつながりにおける埋め込まれた紐帯の比率が，高すぎても低すぎても失敗する確率が高くなり，適度なバランスのときに失敗する確率は低く存続率が高くなるという結果が見られました（図9.2）。

埋め込みの比率が少なすぎる場合に不利になることは，関係的埋め込みの利点が失われることから考えると容易に想像されますが，組織間ネットワークに過度に埋め込まれても，組織にとって不利になるというのが興味深い点です。ネットワークに過度に埋め込まれることで，新奇な情報を得にくくなったり，義務感などから弱い組織を守ることが優先されて効率性が低下したりといった，ネガティブな影響が生じていると考えられます。この点は，組織内の社会的ネットワークにおける「強い紐帯」の弱さとの間に，共通点を見出せます（▶第6章）。

構造的埋め込みの別の例として，自動車会社を中心としたサプライヤー・ネットワークがあげられます。そこでは，長期的な取引関係のみならず，人的交流や知識の共有・移転も行われることで信頼関係が構築され，競争力の構築に寄与しています。こうしたサプライヤー・ネットワークは排他的であるように思われがちですが，必ずしもそうではなく（図9.3），ネットワークを構成する組織も長期的に見れば変化しており，過度な埋め込みがもたらす悪影響の回

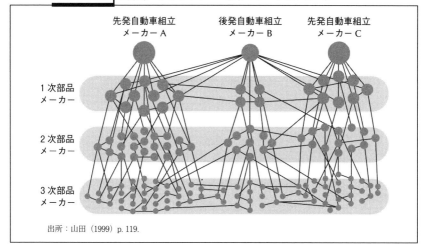

**CHART** 図9.3 サプライヤー・ネットワークのイメージ

出所：山田 (1999) p. 119.

避が図られています。

このように，組織がどのような直接的つながりを有しているのかという関係的埋め込みや，どのようなネットワークに埋め込まれているのかという構造的埋め込みは，取引関係のリスク対処や効率性，知識の流通などを通じて，組織に重大な影響を与えています。

### さまざまな組織間ネットワーク

ここまでは，おもに資源の取引関係を中心としたネットワークを取り上げてきましたが，組織の間を結びつけている関係性は，取引関係だけではありません。たとえば，資本関係や人的交流関係，さらには経営資源の補完などを目的とした戦略的アライアンス（戦略的提携）関係なども，組織と組織を結びつける関係性になります。

資本関係に目を向ければ，旧財閥に由来する企業集団や，大企業を中心にして子会社や関係会社から構成される企業グループなどは，個々の組織にとって簡単には離脱できない構造的埋め込みといえます。こうした組織間ネットワークを結んでいるのは資本関係だけでなく，取引関係や人的交流なども含んだ重層的な関係であることも少なくないためです。

近年は，経営資源の補完や相互利用を目的とした**戦略的アライアンス**（戦略

的提携）が，非常によく行われるようになりました（▶第11章）。アライアンスは異業種間で行われるだけでなく，航空産業のように，部分的に競合する組織の間で結ばれることもあります。さらには，同じ顧客を奪い合うライバル企業同士が，同じコンソーシアムや業界団体に加入するといった形で関係を有しているケースも，しばしば見られます。

また，知識の流通やイノベーション創出といった観点から，「ある特定の分野に属し，相互に関連した企業と機関からなる，地理的に近接した集団」（ポーター，1999）と定義される，**産業クラスター**も注目されています。こうした産業クラスターも，組織間ネットワークと捉えられます。その典型例が，さまざまなハイテク企業の創業地になっているシリコンバレーです。

以上のように，さまざまな関係性によって多様な組織間ネットワークが形成されており，どのような組織間ネットワークに埋め込まれているかが組織に大きな影響を及ぼすことから，組織間ネットワークの構築は重要なマネジメント課題といえます。

## 4 制度的環境の見えない力

物的資源や財務的資源に関する依存やそこから生じるパワー関係による影響は，組織にとって比較的把握しやすいといえます。それに対し，ネットワークへの埋め込みについては，埋め込まれていること自体やそれによって受けている影響をつかむのは容易ではないでしょう。とはいえ，取引関係などの具体的なつながりをたどっていけば，組織が埋め込まれているネットワークをある程度把握することは可能です。本節では，これらよりもさらに把握しがたいものの，組織に影響を及ぼす環境として近年注目が高まっている，**制度的環境**について取り上げます。

### 組織の正当性と制度的環境

制度的環境に注目する制度派組織論では，組織は環境から資源を得るとともに**正当性**をも獲得・維持しようとしているところに注目します。ここでいう正

当性とは,「社会的に構成された規範・価値観・信念などからなるシステムにおける,組織やその行動の望ましさ・正しさ・適切さについての一般的な知覚」(Suchman, 1995) と定義されます。日常的な言葉でいいかえれば,組織が正当性を獲得しているとは,ある社会的な状況において外部からよい組織と認められているということです。

　企業組織の場合には,財務的成果や製品・サービスに対する顧客の満足などの組織目的に関係する視点から,よい組織であるか,その行動が適切なものであるかが評価されます。財務的成果に注目すると,収益性に代表されるような経済性に基づいた評価によって,よい組織かどうかが判断されています。

　しかし,経済性以外のものさしからも組織は評価され,そこには,社会的・文化的な規範や価値観,信念などがかかわっています。たとえば,近年では,「地球にやさしい」といった地球環境保護に対する取り組みによっても,組織は評価されます。短期的な経済性に基づく評価基準だけからいえば,他社に先駆けて地球環境保護に積極的に取り組むことは,単なるコスト要因かもしれません。しかし,「地球にやさしい」組織と見なされることで,社会から評価され,正当性を得やすくなります。一方,法令は遵守していても,それまでの業界の取引慣行を破って業績を伸ばしているような会社は,高い財務的成果を上げていたとしても,よい会社とは評価されにくいでしょう。

　社会的・文化的な規範や価値観,信念によって,組織の正当性が左右されるのは,CSR(企業の社会的責任)のような新しい規範や価値観が出現した場合だけではありません。たとえば,創業から年月を経た老舗であることが評価され,正当性が付与される業界があります。老舗であることが望ましいと考えられていることも,ある種の価値観や信念の作用ですが,それが価値観や信念によるものだと意識することは多くないかもしれません。このように,社会的・文化的なさまざまな規範,価値観,信念によって,組織やその活動は評価されています。

　次に,外部からよい組織だと評価されること,すなわち正当性を獲得することを,組織が追求する理由を考えてみましょう。まず,正当性を獲得していることは,資源の獲得や他組織との関係構築に有利に働きます。たとえば,上場企業であるということは,組織の正当性にプラスに働きます。財務的な基準を

はじめとした一定の基準を満たさなければ上場できないのは確かですが，非上場でも一般的な上場企業以上の規模や良好な財務状態を保持している企業がある一方，上場企業の中にも業績が低迷している会社はあります。しかし，上場企業だということで，他社からの信頼を得やすく新規の取引が行いやすくなったり，人材の確保が容易になるといわれています。上述の老舗の例でも，老舗であることが顧客の維持や増加に寄与することは十分に考えられます。近年は，企業のブランド価値も経営資源の一種だといわれるようになってきていますが，正当性は企業のブランド価値にも大きくかかわっているといえます。

　さらに，正当性を獲得している組織のほうが，社会的な支持を得やすくなります。たとえば，製品に不具合があり回収するといった不祥事についても，それまでに高い正当性を獲得していた組織が起こしたケースとそうでないケースでは，顧客や社会からのその後の反応も変わってくるでしょう。このように，正当性の獲得は，組織にとって重要な意味を持ちます。

　正当性は，組織そのものやその行動が外部から認められた結果として得られるものです。その基準となる規範・価値観・信念は，組織自らが生み出すものではないことから，組織にとって環境であり，制度的環境と呼ばれます。正当性の定義における「社会的に構成された規範・価値観・信念などからなるシステム」というのが，制度的環境のことを指します。

　なお，制度的環境は均質なものではありません。社会全般を覆っているような価値観や規範もあれば，特定のフィールドにおいてとくに強く影響する場合もあります。たとえば，和菓子業界では老舗であることが評価されやすいですが，洋菓子業界では老舗であることが和菓子業界ほどは評価されないように，老舗であることによって正当性が付与される程度は同じではありません。地球環境問題のように，時代とともに定着してきたことが明白なものもあれば，そうでないものもあります。また，法律などの形で明文化されているものもあれば，暗黙の前提となっていて意識することが難しい信念も含まれます。このように，当事者からは把握しがたい価値観や信念による影響を考慮しているという点は，組織文化と類似しています（▶第6章）。

### 制度的同型化

　制度的環境を構成する価値観や信念などには，組織の構造やプロセスに関するものも含まれています。どのような組織の構造やプロセスが望ましいもの，あるいは妥当なものかということに関して，制度的環境に含まれる信念や価値観は，組織の正当性を左右することを通して，組織の構造やプロセスに対しても影響を与えます。

　じつは，制度的環境に注目する制度派組織論者が最初に着眼したのは，なぜ官僚制組織（▶第 5 章）はどこでも見られるのかということでした。これまでに，さまざまな新しい組織の仕組みが提唱されてきましたが，程度の差はあれ，官僚制組織をまったく乗り越えた新たな組織の仕組みに移行していることは，きわめてまれです。また，コンティンジェンシー理論によれば，官僚制組織の典型のような機械的組織は，変動が激しい環境においては有効でないとされています。環境の変化がますます大きくなっている中，機械的組織が有効でないのであれば，官僚制組織の典型である機械的組織は淘汰や組織変革の結果としてなくなっていくはずですが，必ずしもそうなってはいません。

　制度派組織論者は，経済性や効率性に基づく考え方だけでは官僚制の存続を十分に理解できないとして，官僚制組織の維持を制度的環境への適応の結果であると説明しました。すなわち，官僚制組織に見られる公式的な構造やその手続きには，社会的に共有された意味が染み込んでおり，正当性維持のためにそうした構造や手続きが採用されているという見方が，制度派組織論者によって示されたのです。そこでは，タスク遂行の経済性や効率性という観点からの合理性よりも，正しいとされる規則や手続きを採用しているという「**合理化された神話**」に従うことが重視されていると見なされます。このように，制度的環境への適応の結果として，組織の構造やプロセスが他の組織のものと似通ってくることを，**制度的同型化**と呼びます。

　前項でも，地球環境保護といった新しい価値観が出現した例をあげたように，制度的環境も変化していくことから，制度的同型化は官僚制の維持にとどまりません。組織は正当性を獲得しようと，より正しく，より妥当だとされる組織の構造やプロセスを採用することで，制度的環境に適応しようとします。たと

えば，新しい人事制度が流行したり，さまざまな認証制度について認証を取得したり，新たな企業統治制度を採用したりすることも，こうした制度的同型化から説明することができる部分があります。歴史的には，事業部制組織の採用について，制度的同型化の側面もあったことが指摘されています。

　制度的同型化が生じるメカニズムとして，3種類の同型化メカニズムが指摘されています。最初にあげられるのは，組織が依存している，強制力を持つ他の組織からの圧力によって同型化する，強制的同型化です。典型的な例は，政府が定めた法令などによって，会計制度や企業統治制度が規定されることです。2つ目は，プロフェッショナルのネットワークを通じて，当該プロフェッショナル間で共有される規範が，プロフェッショナルの所属する組織に伝播していくという，規範的同型化です。たとえば，法律事務所や病院が同じような組織構造をとるのは，規範的同型化の例といえるでしょう。3つ目は，不確実性が高い中で評価されている組織を模倣する，模倣的同型化です。新たな人事制度の流行などは，模倣的同型化の側面が大きいように思われます。

　このように，正当性を維持・獲得するために組織の同型化がなされますが，同型化していくだけでは他の組織との差異が失われ，埋没してしまうことにもなりかねません。したがって，組織はいつも受動的に制度的圧力に従うわけでなく，制度的圧力を回避したり拒否するといった戦略的対応をとることもあります。さらに，新しいビジョンを掲げ，他者を巻き込みながら既存の制度を変革しようとする，**制度的企業家**の働きも注目を浴びています。

　組織を除くあらゆるものが環境には含まれており，組織は環境から大きな影響を受けます。その一方で，組織はある一定の範囲で環境に働きかけたり，環境を変化させようとしている存在でもあるのです。

## NEXT STAGE

　環境と組織の適合を方向づけるものとして戦略の重要性が高まっています。そこで第10章では，組織と戦略のダイナミックな関係を取り上げるとともに，組織ルーティンの変化としての学習について詳しく説明します。

### EXERCISE

① 自分がかかわっている組織が,どのような組織と非対称な資源依存関係にあるか具体的に考えてみましょう。
② 模倣的同型化の例を複数あげて,どんな状況で模倣的同型化が生じやすいか考えてみましょう。

### さらなる学習のための文献リスト　　　　　　　　　　　　　　Bookguide

- 小橋勉(2013).「資源依存パースペクティブの理論的展開とその評価」組織学会(編)『組織論レビューⅡ 外部環境と経営組織』(第4章),白桃書房.
- 若林直樹(2009).『ネットワーク組織』有斐閣.
- 渡辺深(2007).『組織社会学』ミネルヴァ書房.

➡小橋(2013)では,資源依存理論の展開が詳しく紹介されています。若林(2009)は,さまざまな分析レベルで社会(的)ネットワークの視角から組織を捉えることの有効性を,事例も交えながら解説しています。組織間ネットワークについては,第6章のBookguideで紹介した中野(2011)でも取り上げられています。渡辺(2007)は,第6章で資源依存理論を,第8章で制度理論を取り上げており,これらの理論をさらに詳しく知ることに役立ちます。

## CHAPTER

第 **10** 章

# 戦略と組織学習

**SHORT STORY** 　食品スーパーⅠ社のX店で店長を務める山田さんは，同社の強みを現場力だと考えています。
　食品スーパーはチェーンストアですが，顧客が求めているものは地域ごとに大きく異なっており，店舗数が多いからといって必ずしも規模の経済が発揮されるわけではありません。また，生鮮食料品は品質を維持できる期間が短いため，欠品・品切れやロスを極力減らすためには，現場での柔軟な対応が不可欠です。
　Ⅰ社は，人手不足が問題になる以前からパートタイム社員の研修も行うなど，人材活用に力を入れてきました。その結果，パートタイム社員も含めて人材の定着率が高く，現場の知恵が蓄積されています。商品知識の豊富な社員が自らの持つ知恵を品揃えや陳列などに活かすことで，改善が図られています。また，人材の定着は接客の向上にも貢献しています。こうした学習する現場を盛り立てることを通じてお客さまの満足の向上を図ることが，店長の第一の仕事だと山田さんは信じています。
　もっとも，ネット通販などの競合の影響は，山田さんをはじめとする現場社員の肌感覚では十分に捉えられず，以前よりお客さまの姿がつかみにくくなっているという実感もあります。将来を見据えて，本社が情報システムや物流などへの投資を戦略的に行っていくことが，現場力の維持・強化につながるのではないかと，山田さんは考えています。

**KEYWORD**

経営戦略　　組織は戦略に従う　　ポジショニング・ビュー　　戦略は組織に従う　　リソースベースト・ビュー　　創発的戦略　　環境の認識　　組織学習　　組織ルーティン　　役割制約的学習　　傍観者的学習　　迷信的学習　　曖昧さのもとでの学習　　近視眼的学習　　能力の罠　　探索型学習　　高次学習　　深耕型学習

## 1　環境変動のもとでの戦略と組織

### 戦略の重要性

　環境の変化が組織に与える影響が大きくなるにつれて，環境との適合を方向づけるものとしての戦略が，重要視されるようになってきました。**経営戦略**の定義は論者によってさまざまですが，ほとんどの場合，①現在および将来の環境認識，②将来のありたい姿，③資源・能力の活用・蓄積，④長期的視点，が含まれています。

　これらが組み合わさって戦略が構成されますが，とりわけ重要視されるのが，①にあげた環境と，③に含まれる組織の資源・能力の関係です。第 **1** 部・第 **2** 部で述べてきたように，組織はビジョンの実現といった自らのありたい姿を目指して，資源を蓄積・活用しながら活動しています。一方，第 **9** 章で取り上げたように，組織は必要な資源について環境に依存していると同時に，そこから制約を受けています。したがって，現在およびこれからの環境を認識することは，組織にとってきわめて重要といえるでしょう。しかし，環境を精査して何らかの機会を見つけたとしても，そこで求められる資源を備えていなかったり，資源を活用できる能力を構築することができなければ，組織は発見した機会を活かすことはできません。

　このような，環境と組織の持つ資源・能力との適合を，よりよいものにするためには，その場その場の意思決定を積み重ねるだけでは不十分です。ある程度の長期的スパンを持ったストーリーや基本的な枠組みを備えた戦略を策定し，

## Column ⓴ 事業戦略論の4つのアプローチ

　経営戦略（事業戦略もしくは競争戦略）論における多様なアプローチを，青島と加藤は下図のように整理しています。縦軸は，利益の源泉を外部環境に求めるか，企業内部に求めるかという，組織の外／内のどちらをより重視するかの違いを表しています。横軸は，何に注目して差異を説明するかです。違いを生み出す要因を特定しようとするか，プロセスに重きを置いて分析しようとするかという，2つに分類されています。

　以上の2軸を組み合わせることで，「外―要因」に着目する「ポジショニング・アプローチ」，「内―要因」に着目する「資源アプローチ」，「外―プロセス」に着目する「ゲーム・アプローチ」，「内―プロセス」に着目する「学習アプローチ」という，4つのアプローチが抽出されます。

　ポジショニング・アプローチでは，競争が穏やかである，参入障壁があるといった，有利な環境に自社を位置づける（ポジショニングする）ことの重要性が強調されます。ゲーム・アプローチでは，自社の打った手が競合他社の行動に影響を与えたり，他社の行動によって自社の打つ手の意味が変化するといったように，さまざまな主体とのやりとりの中で自社にとって望ましい外的状況をつくり出そうとするプロセスに，重きを置いて分析します。そこでは，ポジショニング・アプローチよりも，環境が動的なものとして捉えられています。

　資源アプローチでは，競争優位の源泉を組織内部の独自性を持った資源や能力に求め，模倣されにくく，希少で価値を持つ資源や能力を蓄積することが重視されます。最後の学習アプローチは，そうした資源が蓄積されるプロセスを重視します。価値を持つ資源や能力の築き方を前もって綿密に計画することはできません。計画的に生み出されたものと意図せざる結果として得られた知識や資源とを統合することで，独自性のある能力として再編成されるプロセスに注目するのが，学習アプローチです。

図　戦略論の4つのアプローチ

| 利益の源泉 | 外 | ポジショニング・アプローチ | ゲーム・アプローチ |
|---|---|---|---|
|  | 内 | 資源アプローチ | 学習アプローチ |
|  |  | 要因 | プロセス |
|  |  | 注目する点 |  |

出所：青島・加藤（2012）p. 18 より。

それに基づいて活動を進めることが必要となります。以上から，経営戦略を，「不確実な環境のもとにおける，将来のありたい姿（ビジョン）とその実現に向けた能力展開についての，長期的な基本枠組みやストーリー」と定義することができます。

## 組織と戦略の関係

戦略と組織の関係を一言で簡潔に表したものとして，経営史学の巨人であるチャンドラーが述べた，**「組織は戦略に従う」**という格言をあげることができます。チャンドラーは，20世紀前半のアメリカ大企業の歴史的分析をもとにこの格言を導きましたが，そこで意味されたのは，環境の変動を反映した戦略の実行を可能にするように，組織構造が変革されるということです。

たとえば，需要の増大に対応しつつコスト削減を推進するために垂直統合を行うことが戦略的な課題になっていれば，機能別組織が採用されることになります。一方，成長のために関連型多角化を推進することが戦略の鍵となれば，事業部制組織を採用するようになります。こうした組織構造の採用は，前者の場合であれば規模の経済を追求してコストを低減する能力を，後者であれば複数の事業を展開する能力を，それぞれ強化していくことにつながります。

戦略論の代表的なフレームワークの1つである「ポジショニング・ビュー」（ポジショニング・アプローチ，Column ⑳）は，外部環境の分析に基づいて戦略を構想し，その展開のために組織を設計するという流れを想定しており，基本的に「組織は戦略に従う」にあてはまります。そこでは，環境に適合した戦略を立て，それを実行するのに適した組織構造を採用することが，合理的だと考えられています。

もっとも，戦略との適合を重視して組織構造を合理的に設計したとしても，その意図通りの活動がおのずから生じるわけではありません。立案された戦略を遂行する際には，組織がどのような能力を持っているかが問題となります。なぜなら，戦略を展開していく能力を組織が持ち合わせないということも，十分ありえるからです。そのような意味を込めて，現代の戦略論を切り開いた経営学者の1人であるアンソフは**「戦略は組織に従う」**と，主語と目的語を逆転させた言明を提示しました。そこでは，環境への適合に際して組織が制約にな

るという側面が注目されていました。

しかし,「戦略は組織に従う」に込められた意味合いは,その後変化しました。他の組織が模倣することが困難で,希少かつ価値のある資源や能力が競争優位の源泉であるという,「リソースベースト・ビュー」(資源アプローチ,Column ⓴)が提示されたことで,「戦略は組織に従う」という言明は,組織が持つ独自性のある資源や能力の認識を軸に戦略を構想すべきという主張として,理解されるようになりました。

「組織は戦略に従う」と「戦略は組織に従う」に関する以上のような対比は,経営戦略の定義に含まれている,環境の分析・認識と組織が持つ資源や能力の,どちらをより強調するかについてのスタンスの違いであって,現実的にはそれらを切り離して考えることはできません。環境において有利なポジションを見つけることが重要だといっても,組織の能力をまったく活かせそうにない環境における機会や脅威について分析することは難しく,現実的に参入することも困難です。一方,自社の資源や能力を活かす戦略を構想するといっても,既存の市場環境や新たに参入しようとする市場環境の分析は不可欠といえます。

##  戦略と組織のダイナミクス

今日,環境の不確実性や変動性はますます高まるとともに,複雑性や曖昧性も増大し,将来の見通しを立てることがこれまで以上に難しくなっています(▶序章)。そのため,戦略と組織を別々のものと捉えずに,その相互関係を考える必要性が高まっていることを,創発的戦略と環境の認識という,2つの視点から取り上げます。

### 計画と創発

戦略は誰がつくるのでしょうか。一般的には,経営者や本社の戦略スタッフが中心になって,経営戦略を策定すると考えられています。そうだとすると,経営者やその周りのスタッフ以外の多くの組織メンバーにとって,戦略とは,でき上がったものがトップダウンで伝えられ,それを実行に移すという形でし

| CHART | 図 10.1　計画的戦略と創発的戦略

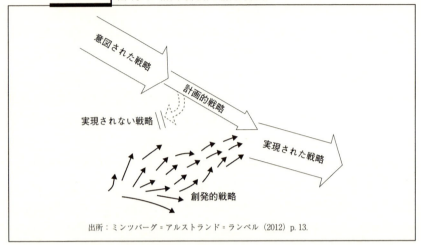

出所：ミンツバーグ＝アルストランド＝ランペル（2012）p. 13.

か，かかわらないものなのでしょうか。

　もちろん，策定した戦略が着実に実行されることは重要です。しかし，すべての戦略が計画した通りに実行され，意図された結果のみが実現するわけではありません。人間の合理性の限界という基本的与件を改めて思い出せば（▶第1章），想定外の環境変化や，自社の能力の見誤りなどによって，戦略に含まれていたものの実現しなかったという部分は，多かれ少なかれ必ず生じるといってよいでしょう。

　もっとも，そうした計画された戦略と実現された戦略とのギャップは，計画の未達成というネガティブな形でのみ現れるとは限りません。いいかえれば，不確実性がプラスの効果をもたらすことも考えられます。たとえば，戦略を遂行する中で新奇性のある知識や技術が獲得され，それらの資源をもとに新たな事業展開が生じるといったこともありうるでしょう。そうした創発の有名な例として，3Mによるポスト・イットの開発をあげることができます。このように，日々の活動の結果として新たに生み出されたものをもとに，組織と環境の適合を方向づけていくことを，**創発的戦略**と呼びます。

　これらの関係は，ポジショニング・ビューに代表されるトップダウン的な戦略観を鋭く批判したミンツバーグによって，図10.1のように表されています。そこでは，意図的に策定された戦略に基づく計画的戦略と創発的戦略とが組み

合わさり，環境への適合パターンとして実現された戦略が見出されています。

　現代のように，環境の不確実性や複雑性が高まっている中で，戦略計画を緻密につくり込むことには限界があります。むしろ，活動の中から生まれてきた創発的な要素を積極的に取り込み，資源の再配置を行うことで，ダイナミックに戦略を組み立てていく重要性が増しているといえます。

　しかし，それは全社的な統一性を持つ戦略の立案を否定するものではありません。戦略の立案から実行がトップダウンのみで一方的に進んでいくのではなく，現場で生まれたアイディアや知識を戦略に反映し，戦略をリニューアルできることの重要性が，増大しているということです。

　そのためには，戦略に沿いつつも新しい芽を見つけて育てることの重要性が組織内で認識され，さらにそうしたボトムアップ的な提案からの展開が可能な組織になっていることが不可欠です。それには，単なるトップダウン型でもボトムアップ型でもなく，計画と創発の融合を図ることが求められます。

## 環境の認識

　戦略を考えるにあたっては，環境をどう捉えるかが重要なポイントになります。たとえば，戦略論のオーソドックスなフレームワークとして受け入れられているポジショニング・ビューでは，戦略の要諦を，産業構造における有利なポジションを発見し，そのポジションを獲得することに適合した行動をとることに，見出しています。そこでは，環境の構造を客観的に分析できることが前提となっています。別の言い方をすれば，当該組織の戦略やそれに基づく行動とは無関係に，環境が存在していることが想定されています。

　しかし，立案された戦略に基づく組織の行動が環境に対してインパクトを与える場合，そうした行動そのものが，競合を含め，環境におけるさまざまな主体に影響を与えます。同時に，競合を含むさまざまな主体の動きによって，自社の環境もまた変化します。こうした主体間のダイナミズムを分析しようとするのが，戦略論の「ゲーム・アプローチ」（Column ⑳）です。そこでは，環境をひとくくりに捉えるのではなく，資源依存モデル（▶第9章）などと同様に，行為主体間の2者関係やネットワークという観点に立ちつつ，戦略が環境の変化を導き，さらに環境の変化が戦略の変化を引き起こすという，ダイナミズム

が見出されることになります。

　また，ポジショニング・ビューで用いられる静態的な分析は，成熟した業界において最もその有効性が高いといわれています。というのも，成熟した業界であれば客観的な環境分析が行いやすいからです。しかし，産業構造自体が大きく変化し，業界という枠組みの認識自体が一致しないこともしばしば生じるようになっています。そうした中では，環境をどういう枠組みで認識するかが問題となります。

　第9章で述べたように，環境は膨大かつ複雑性・曖昧性を有するものであるため，その全体を客観的に捉えることは，たとえどれほど大きな組織であっても，事実上不可能です。したがって，組織は**環境の認識**において選択的にならざるをえません。意図的ではないにしても，組織は，自らが反応する環境を選択していることになります。

　たとえば，本章のSHORT STORYに登場する日本のある地方を地盤とする食品スーパーマーケット・チェーンは，店舗を置いている地域の顧客の嗜好やライバルの動向，農作物などの市況，一般的な景況感といった環境要因については，詳細に認識しようとするかもしれません。一方，第1～2章のSHORT STORYに登場した人工肉開発のベンチャー企業は，食品に関係するビジネスという意味では食品スーパーと共通点はあるものの，把握しようとする環境要因は，研究開発に関連する新しい技術動向や，ベンチャー・キャピタル等の資金提供者に関する情報，アーリー・アダプターになりそうな消費者の意識など，まったく異なるものばかりである可能性が高いでしょう。

　こうした違いには，両者の事業自体が異なることから，重要なステークホルダーが違っていることが大きくかかわっていますが，同時に，組織の歴史の中で環境のどういった側面についてどのように目を向けるかが学習されてきた結果でもあります。やや極端な言い方をすれば，組織は自らが反応する環境を創り出しているということもできます。

# 3　組織の学習

### 学習の必要性

　前節で述べたように，戦略と組織の相互関係がより緊密になってきていることを踏まえると，組織が学習することの重要性がこれまで以上に増しているといえます。学習については以降で詳しく述べていきますが，意思決定や行動のパターンが変化し，それが一時的なものでなく定着したことを指しています。

　たとえば，環境の有利なポジションをとることで競争優位を獲得する場合も，そのポジションで自社の能力を発揮する新たなやり方を身につけられること，すなわち学習できることが前提となります。新しいポジションのわかりやすい例として，これから経済成長が期待できる新興国への進出を想定してみるとよいでしょう。自国で成功を収めた従来製品を生産・販売するとしても，まったく同じやり方が通用するわけではなく，新しいマーケットに適合する方法，さまざまに異なる条件下での製造方法などを編み出し，実行できるようになる必要があります。

　一方，他社が模倣できない組織能力を軸に戦略を策定したとしても，その強みを維持するだけでは成長が限界に直面するのみならず，技術革新などによって強みが失われるリスクに直面することもあります。したがって，現有の能力の伸長を進めながら，さらに能力を活用した新たな展開を図っていくことになりますが，それはまさに，学習を戦略遂行に組み込むことにほかなりません。

　また，創発性の取り込みはまさしく学習そのものであり，環境の認識を更新していくことにも学習が不可欠です。このように，戦略と組織のダイナミックな関係を前提にすると，**組織学習**がクローズアップされることになります。

### ルーティンの変化としての学習

　学習を意思決定や行動の変化が定着することと説明しましたが，別の言い方をすれば，学習とは**組織ルーティン**の変化といえます。第 **7** 章の最後で少し触

れたように，その組織で繰り返される行動や意思決定のパターンを総称して，組織ルーティンと呼びます。

合理的システムの要素である規則や手続きをはじめとした合理的組織構造，組織文化で取り上げた価値観や暗黙の仮定，公式的・非公式的な社会的ネットワーク，過去の組織プロセスで蓄積されてきた前例や慣習，戦略，組織の保有する技術などによって，意思決定や行動のパターンが生み出されます。ルーティンというと，同じことの繰り返しのようなニュアンスが感じられるかもしれませんが，単純な繰り返しに限定されるものではありません。たとえば，これまでにない新しい製品を生み出そうとする製品開発活動も，さまざまなルーティンが作動することで可能になっています。

ルーティンは組織に帰属し，その担い手である個々人からは独立していますが，さまざまなレベルのものがあります。生産現場で具体的にどのように部品を組み立てるかというルーティンもあれば，そうした現場作業の生産性をどのように測定するかもルーティンによって規定されます。どのように現場の生産性の改善を図るかにもさまざまなルーティンがかかわってきますし，さらにいえば，経営者層が急激な環境変化にどのように反応するかといったことにも，ルーティンを見出すことができます。もっとも，さまざまなルーティンがいつも整合的であるとは限りません。公式的なルーティンと矛盾するような信念や暗黙の仮定が定着し，ルーティンとして作動していることもあります。

組織においては，さまざまなルーティンが関連し合いながら具体的な意思決定や活動が生起しており，組織の能力は，ルーティンのレパートリーやルーティン間の関係によって規定されています。したがって，組織ルーティンの変化である学習とは，組織の変革を意味します。

### 学習のプロセス

どのようにして組織学習がなされるかについて，経営組織論で統一した見解が成り立っているとは必ずしもいえません。そこで，組織学習の古典的な見方から組織学習のプロセスを大雑把に確認することにします。

図10.2は，組織が経験から学習する理想的サイクルをモデル化したものです。「個人の信念」から「個人の行動」の変化が生じ，それがきっかけとなっ

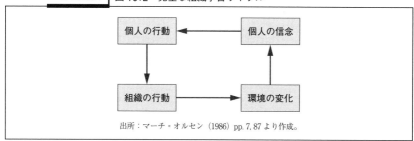

CHART 図 10.2 完全な組織学習サイクル

出所：マーチ＝オルセン（1986）pp. 7, 87 より作成。

て「組織の行動」が変化して「環境の変化」を引き起こし，そうした変化を解釈して，「個人の信念」がさらに変化していく，というサイクルで捉えられています。

このサイクルが回っていく例を考えてみましょう。たとえば，食品スーパーにおける顧客からの問い合わせへの対応について，現場にいる1人の従業員が何か新たなアイディアを思いつき（個人の信念），そのアイディアを試してみます（個人の行動）。次に，現場の部署内でそのアイディアの共有が図られて実践が拡大し（組織の行動），顧客からの反応に変化（環境の変化）が生じます。そうして生じた変化を解釈し，顧客とのかかわり方についてさらなるアイディアが生み出される（個人の信念），といった具合にサイクルが回ることで，より望ましい顧客対応ができるようにルーティンが変化していくというのが，理想的な学習サイクルです。

しかし，これらの4つの要素が適切な形でつながっていくとは限りません。むしろ，そうなっていないことのほうが多そうです。それぞれのつながりが断絶していることは不完全な組織学習サイクルと呼ばれますが，以下ではこれを4つのつながりの断絶ごとに見ていきます（図10.3）。

第1に，ある従業員が何かよいアイディアを思いついたとしても，それを行動に移すとは限りません。これは**役割制約的学習**と呼ばれます。第2に，その個人がよいアイディアを実践しても，組織的なものとしては取り上げられないということも多く見られます。これは**傍観者的学習**と名づけられています。これらの断絶は，個人の学習に対するモチベーションが低いことや，既存の構造との不適合といったルーティン間の連結関係を変えられないことなど，さまざまな原因によって生じますが，こうした不完全な学習は容易に想像ができると

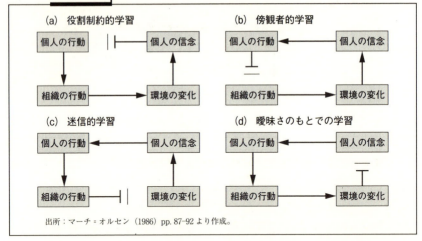

図10.3 不完全な組織学習サイクル

出所：マーチ＝オルセン（1986）pp. 87-92 より作成。

思います。

　第3の**迷信的学習**は，組織の行動と環境変化との関係の理解が適切でないことから生じます。たとえば，新しいセールス・キャンペーンを実施した直後に売上が伸びたら，多くの場合，キャンペーンの実施という組織の行動が，顧客の購買増という環境の変化を導いたと考えてしまうことでしょう。しかし，売上増の本当の理由は，競合他社の製品の不具合かもしれませんし，海外の有名人がSNSで同社の製品を紹介したことかもしれません。環境変化の真の原因は必ずしもわからないことから，自社の組織行動に関連づけて，新しいセールス・キャンペーンには売上増の効果があるというような，誤った信念が組織に定着する可能性があります。

　最後に，環境の変化と個人の信念との間の断絶は，**曖昧さのもとでの学習**と呼ばれます。たとえば，毎月の売上が前年比ほぼ一定で推移していたある店舗において，突然，売上が前年比50％増になったかと思えば，翌月には前年比40％減になるといった変化が生じた場合，顧客の購買の急激な変動という環境を解釈できずに信念が更新されず，何も手を打てないということが生じるかもしれません。

　このように，組織は経験から学習していますが，理想的な学習サイクルがいつも回り続けているというよりも，何らかの点で不完全な形で学習が継続され

ているというのが，実態に近いと考えられます。

### 近視眼的学習と能力の罠

　一般的に，学習といえばポジティブな効果をもたらす変化が想起されますが，迷信的学習のように，逆機能的な学習も起こりえます。学習サイクルが理想的なサイクルで回っていかない究極的な理由は，人間の合理性が制約されていることです。合理性に限界がなければ，迷信的学習などの不完全な学習は生じないでしょう。しかし，合理性に制約がある人々が協働することで成り立っている組織では，組織にとって望ましい結果をもたらす学習のみがなされるわけではありません。

　学習がもたらしうる問題については，**近視眼的学習**という観点から議論がなされています。近視眼的学習には3つのタイプがあるとされます。第1は，短期的な物事を重視し，長期的な物事を見落とす，「時間の近視眼」です。その結果，すぐに成果が出るような学習は優先される一方で，成果が出るのに時間がかかる取り組みは後回しにされやすくなります。第2は，身近なところが優先され，広い範囲を見ない，「空間の近視眼」です。組織の各部門が自部門に関係する部分だけ最適化を図ろうとした結果，組織全体の成功や存続を妨げるような学習は，これにあてはまります。第3は，「失敗の近視眼」です。過去の学習の結果，成功することが増えてくると，組織の能力に自信を持つようになります。しかし，自信はしばしば過信となり，失敗の可能性を見落としたり，防ぐことができた失敗も運がなかったと解釈してしまうことにつながります。また，こうした合理性の限界を踏まえて単純化や専門化を進めることが，近視眼的学習をいっそう促進してしまう傾向があることも，指摘されています。

　このような近視眼的学習の結果として，しばしば生じるのが，**能力の罠**と呼ばれる現象です。現在のルーティンを改善することで能力が向上し成果につながると，現在のルーティンの改善を続けることにはいっそう力が注がれていくことになります。そうした改善そのものを否定する必要はありませんが，それに固執してしまい，より有効性が高いルーティンを探索したり試してみたりすることが妨げられてしまうということが，よくあります。その結果，現在の高い能力ゆえに，長期的な能力の伸長の芽を摘んでしまうという現象が生じます。

経験から学ぶ組織が近視眼的学習を払拭することはできず，能力の罠に陥っていることを自覚するのは決して容易ではありません。

## 深耕型学習と探索型学習

組織の目的を追求するために用いられる技術や，組織の目的そのものが，あまり変化しない場合，能力の罠が大きな問題になることはないかもしれません。製造業などで見られるように，地道な改善活動を続けてコスト削減を少しずつ積み重ねていくようなやり方で，これまでの経験をもとに学習を蓄積することが，目的追求にとって望ましい結果につながることもよくあります。しかし，新たな技術が現れたり，顧客が製品やサービスに求めるニーズが大きく変わったりといった，環境の不連続的な変化を組織が経験している中では，それまでのやり方とは異なる学習が求められます。そして，長期的な視点に立てば，ほとんどの組織は不連続な環境変化に直面するということを考えると，従来の延長線上にある漸進的な学習のみを続けていくことは，組織を衰退に導くといえるでしょう。

したがって，身近な経験をもとに学ぶ漸進的な学習のみに頼って能力の罠に陥ることを，いかに避けるかが問題となります。こうした落とし穴に陥らないために求められるのは，既存の枠組みとは異なる新しい可能性を探る，**探索** (exploration) **型学習**です。

表10.1にあるように，探索とは，リスクをとりながら，既存の知識や技術に囚われずに新しいやり方を追求する活動といえます。自組織にとって未知の技術を導入するための新たな研究を始めたり，それまでの顧客層とまったく異なるカテゴリーの消費者を対象にマーケティングを行うことなどは，探索型学

CHART 表10.1 深耕と探索の比較

| | |
|---|---|
| 深　耕<br>(exploitation) | 短期的改善，改良，手直し，選択，規則化，効率性，生産，実行 |
| 探　索<br>(exploration) | 発見，多様性，リスク・テイク，実験，遊び，柔軟性，新奇性，イノベーション |

出所：March（1991; 1995）をもとに筆者作成。

### Column ㉑　ダブル・ループ学習

　組織学習の代表的研究者であるアージリスとショーンは，組織学習には，シングル・ループ学習とダブル・ループ学習という，2つのレベルがあると主張しました。シングル・ループ学習とは，既存の価値観や枠組みを基準にし，その範囲内で逸脱した行動を修正していく学習のことを指します。一方，ダブル・ループ学習とは，評価基準となる価値観や枠組みを疑い，それらの棄却や更新といった深層の変化をもたらすものです。両者を図に表すと，下図のようになります。「行動の結果」と「行動」のみを循環しているのがシングル・ループ学習であるのに対し，ダブル・ループ学習では，深層に位置する「価値前提」にまで立ち戻り，その転換が行動の大きな変容を導きます。

　これらの説明によく使われるのが，エアコンのサーモスタットの例です。エアコンの設定温度を23℃に設定したとき，室温が23℃を超えると冷房が作動し，反対に設定温度を下回るとヒーターが作動するといったように調整され，常に23℃を維持しようとするのが，シングル・ループ学習だといえます。それに対して，なぜ設定温度が23℃であるのかに疑問を持ち，設定温度を変更しようとするのが，ダブル・ループ学習だということができます。

図　シングル・ループとダブル・ループ

〈シングル・ループ学習〉：行動の結果 → 修正 → 行動 → 省察 → 行動の結果

〈ダブル・ループ学習〉：価値前提 → 転換 → 行動 → 省察 → 価値前提

出所：安藤（2005）をもとに筆者修正。

習の例といえます。そうした探索を進める中で，行動のパターンのみならず，そうしたパターンの背後にある価値観や暗黙の仮定を疑い，それらを見直す**ダブル・ループ学習**（Column ㉑）や，「学習することを学習する」といった**高次学習**が生じることもあります。

探索型学習に対して，既存の枠組みを漸進的に修正・改善していくような学習を，深耕（exploitation）型学習と呼びます。"exploitation" が活用と訳されることもあるように，今までに身につけた知識や能力をいっそう活用することに主眼が置かれる学習を指し，これまでの経験の延長線上に位置するものといえます。現実的にはこれらの中間に位置づけられるような学習もありますが，深耕型学習と探索型学習は，組織学習の分類として非常によく用いられています。

次章では，現代の多くの組織が直面している課題として，イノベーションの創出を取り上げますが，大きなインパクトをもたらすイノベーションの創出には，探索型学習が不可欠です。しかし，容易に想像されるように，探索型学習は不確実性が高く，探索にのみ力を注ぐことは現実的ではありません。一方で，現行のルーティン，既存知識の延長線上でなされる深耕型学習のみでは，短期的な業績向上はもたらされたとしても，現代のような流動的な環境下にあって長期的には衰退に向かってしまうでしょう。

したがって，深耕と探索の適切なバランスを維持することが，組織の存続や繁栄を大きく左右するといえます。どのようなバランスが適切かは戦略と組織によって異なりますが，注意しておく必要があるのは，組織は過去の経験から学ぼうとする強い傾向を持つために，探索よりも深耕が優先されてしまいがちなことです。そうなるのは，探索型学習は不確実性が大きく失敗に直面することが多いのに対して，深耕型学習は不確実性が小さく成功につながりやすいからです。組織がそうした傾向を持っていることを踏まえて，戦略に合った学習のバランスをどのように実現しようとするのかについては，第12章で改めて取り上げます。

### NEXT STAGE

環境が変化する中で，組織はイノベーションを創出することが求められています。そこで第11章では，イノベーションの定義やプロセスを概観した上で，イノベーション創出に向けた組織マネジメントにおいて鍵となる要素を説明します。

### EXERCISE

① 類似した事業を行っている会社の中で,「組織は戦略に従う」にあてはまっているように思える会社と,「戦略は組織に従う」にあてはまっているように思える会社とをあげて,それぞれどのような特徴があるのか比較してみましょう。

② 自分がかかわっている(かかわっていた)組織で生じた,近視眼的学習の事例をあげてみましょう。

---

さらなる学習のための文献リスト　　　　　　　　　　　　　　　　Bookguide

- 青島矢一・加藤俊彦 (2012). 『競争戦略論 (第2版)』東洋経済新報社 (Hitotsubashi Business Review Books).
- ミンツバーグ, H. = アルストランド, B. = ランペル, J. (2012). 『戦略サファリ (第2版)』東洋経済新報社.
- 桑田耕太郎・田尾雅夫 (2010). 『組織論 (補訂版)』有斐閣アルマ.

➡ 青島・加藤 (2012) は,Column⑳で取り上げたように,事業戦略論を4つに整理し,それぞれのアプローチを詳しく紹介しています。一方,ミンツバーグほか (2012) は,戦略論を10のスクール (学派) に分けて,それぞれを詳しく取り上げています。桑田・田尾 (2010) の第14章では,組織学習の基本的な理論枠組みが丁寧に説明されています。

# CHAPTER 11

## 第11章

# イノベーションと組織

**SHORT STORY** 　大手総合エレクトロニクス・メーカーK社で，ある製品開発プロジェクトのリーダーを務めている佐々木さんは，頭を悩ませています。佐々木さんは，過去に例を見ない画期的なセンサーの開発プロジェクトを率いています。基礎研究センター内の実験のミスから偶然見出された発見がきっかけとなって開発が始まり，3年前に当時の研究開発部門のトップの肝煎りで優秀な人材と潤沢な資金を確保して，大規模開発プロジェクトになりました。

　製品コンセプトや初期試作品については高い評価を得て，関連技術に関する特許も取得していますが，実用化に向けた段階で足踏みしています。生産技術が追いつかず，計画したスケジュールに沿って市場のニーズにマッチするコストで安定供給できる見込みが立っていません。

　プロジェクト開始から3年経つ間に，後押ししてくれたトップも退任し，最初は協力的だった関係部署も思わしい結果が出ないのを見て，次第に及び腰になりつつあります。本社では金食い虫扱いされているという噂も聞こえてくるようになりました。

　イノベーション創出の現場を率いている佐々木さんとしては，資金・人材を拡充してプロジェクトを続ければブレイクスルーを見出せるという実感はありますが，それだけでは，全社の研究開発方針を策定する来月の会議を乗り越えられません。どのようにすれば，追加的な資源投入を認めてもらえるか。これまでのビジネスプランの説明を繰り返すだけではなく，新たな用途を提案するなど何か新しい発想が必要なのですが，よいアイディアは浮かびません。（231ページに続く）

**KEYWORD**　イノベーション　要素の新結合　プロダクト・イノベーション　プロセス・イノベーション　ラディカル（急進的）・イノベーション　インクリメンタル（漸進的）・イノベーション　知識の獲得・創出　不確実性　SECIモデル　吸収能力　バウンダリー・スパナー　コンカレント・エンジニアリング　アーキテクチャ　重量級プロジェクト・マネジャー組織　創造的正当化　デファクト・スタンダード　ネットワーク外部性　オープン・イノベーション　ビジネス・エコシステム

# 1　イノベーションの創出

　今や，企業組織のみならず行政組織やNPOでも，イノベーションの創出が目指されるようになってきており，現代における組織のマネジメントを考えるにあたって，イノベーションはきわめて重要なキーワードになっています。もっとも，イノベーションという言葉は，近年急速に広まったためか，しばしば曖昧な用いられ方がなされています。そこで本章では，最初にイノベーションを定義した上で，これまで最も研究が蓄積されてきている新製品開発にかかわるイノベーションを中心に据えて，そのプロセスを概観するとともに，組織という観点からイノベーションにアプローチする際に検討すべきポイントを取り上げます。

## イノベーションとは

　以前は，イノベーションという言葉が技術革新と訳されることもありました。そうした影響もあってか，イノベーションが新技術の開発と同義のように考えられていることは少なくありません。しかし，この概念の提唱者というべきオーストリアの経済学者・シュンペーターは，イノベーションをもっと広い意味で捉えていました。

　イノベーションを長期的な経済発展の原動力と位置づけていたシュンペーターは，何らかの**要素の新結合**をもとに顧客など社会に新たな価値を提供し，

それを生み出した企業に経済的・社会的利益をもたらすものとして，イノベーションを捉えました。したがって，新しいアイディアを考案したり，新しい技術を発明したりすることは，イノベーションの鍵ではあるもののその一部に過ぎず，それが製品や製法などに反映され，価値を生み出して，はじめてイノベーションと呼べることになります。

　イノベーションの中で最もわかりやすいのは，新たな製品を生み出す**プロダクト（製品）・イノベーション**でしょう。比較的最近のプロダクト・イノベーションで，私たちの生活を大きく変えたことがわかりやすいものとしては，スマートフォンがあげられるかもしれません。また，コンビニに行けば，毎日のように新製品が陳列されていることからもわかるように，多くの企業が新製品の開発を続けています。このように，プロダクト・イノベーションは，私たちにとって非常に身近なものです。なお，製品のことを顧客にサービスを提供する媒体だと考えれば，物理的な形を持たないサービスに関するイノベーションについても，プロダクト・イノベーションと多くの類似点を見出すことができます。

　プロダクト・イノベーションと対置して取り上げられることが多いのが，新たな生産方法や流通方法などを生み出す**プロセス・イノベーション**です。プロセス・イノベーションとは，価値を生み出す過程に関する変化です。製法を変更することで大幅なコストダウンを実現し，同じ機能を持った製品が以前より安価に顧客に提供されれば，それはプロセス・イノベーションの成果といえます。これら2つのほかにも，それまで誰も目を向けていなかったところにマーケットを見出して新市場を創出したり，新しいビジネスモデルあるいはビジネスシステムを生み出すことなども，イノベーションと捉えられます。

　イノベーションはまた，別の観点からも分類することができます。私たちがイノベーションという言葉を聞いて最初に思い浮かべることが多いのは，ハイブリッドカーや青色発光ダイオードのような，まったく新しい製品の創造であり，それまでの製品と比較して断絶が見られる不連続な革新でしょう。それらは**ラディカル（急進的）・イノベーション**と呼ばれていますが，イノベーションのすべてではありません。製品のコストを低下させるために製法を少し変更したり，製品の機能を少しずつ向上させていくといった改善も，**インクリメン**

タル（漸進的）・イノベーションと呼ばれ，イノベーションに含められています。このような連続的イノベーションは，派手さはありませんが，イノベーションの効果が累積することが多いため，その経済的効果は決して小さくないと指摘されています。

イノベーションは企業だけが生み出すわけではありません。近年では，NPO が担い手になるソーシャル・イノベーションが注目され，また，政府や地方自治体といった行政組織においてもしばしばイノベーションを生み出すことが課題といわれます。とはいえ，最も研究されているのは企業組織によるイノベーション，とりわけプロダクト・イノベーションであるため，以下では，おもにプロダクト・イノベーションを想定して，組織におけるイノベーション創出を考えていきます。

## イノベーションのプロセス

新しいアイディアが社会に新たな価値を提供し，組織にとって経済的・社会的利益をもたらすところまで到達するには，さまざまなステップを経る必要があります。どのようなイノベーションを目指すかによってそのステップは異なりますが，ここでは典型的なものとして，プロダクト・イノベーションを想定したイノベーションのプロセスを取り上げます。

図 11.1 に示されているように，何らかのアイディアから始まるイノベーションのプロセスには，「研究・技術開発フェーズ」「製品開発フェーズ」「事業化フェーズ」という 3 つのフェーズがあります。研究・技術開発フェーズにおいては，新製品を実現するための基礎となる技術を生み出すことが主眼になります。製品開発フェーズでは，想定された顧客のニーズと技術的な要求をともに満たすような具体的な製品をつくり上げることが目的になります。事業化フェーズでは，開発された製品を上市し，市場を開拓・拡大して，収益を確保する仕組みづくりが目指されます。これらの段階をすべて経て，社会に新たな価値を提供し，組織がその果実を得てはじめて，イノベーションを創出することができたといえます。

もちろん，現実は非常に複雑で，これらのフェーズが順序立てて進んでいくケースばかりではなく，後戻りしたり，2 つ以上のフェーズが同時並行的に進

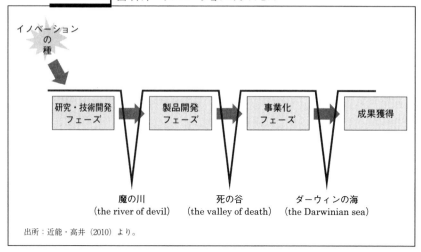

図11.1 イノベーションのプロセス

出所：近能・高井（2010）より。

　行したりすることもあります。また，新製品でどのような価値を新たに提供するかによって，3つのフェーズの重みづけは異なってきます。さらにいえば，このようなイノベーションのプロセスが，1つの企業内で完結するとも限りません。たとえば，最初の要素技術の開発までをベンチャー企業が担って，確立した技術を大企業に売却し，買収した企業が事業化に取り組むといった，イノベーション・プロセスの分業も，近年は多く見られるようになってきています。

　容易に想像されるように，イノベーションのプロセスではさまざまな不確実性に直面しますが，技術経営では，それらを「魔の川」「死の谷」「ダーウィンの海」という3つの関門に喩えています（図11.1）。魔の川とは，研究・技術開発フェーズをクリアして，次の製品開発フェーズに進むまでの壁であり，有望な技術を創出することそのものの難しさだけでなく，生み出された技術を製品化につなげていくのに失敗することも含まれます。

　死の谷は，製品開発フェーズから事業化フェーズに進む際の障壁です。上市できる製品をつくり出すには，開発部門内だけでも，さまざまな機能の統合が不可欠です。さらに，量産に向けた製造部門との調整や，顧客ニーズとの整合性を確保するためのマーケティング部門との調整などの必要が生じ，不確実性のみならず複雑性も増大していきます。それとともに，より多くの資源も必要となることから，そのマネジメントはいっそう難しくなります。

最後のダーウィンの海とは，事業化されて市場に出た製品が，淘汰されずに生き残っていくために越えなければならない壁です。顧客からの認知や受容，他企業・他製品に対する競争優位性の確保を図るとともに，収益を確保するための仕組みづくりが求められることも少なくありません。このように，何らかの画期的なアイディアから始まったとしても，イノベーションを実現するプロセスにおいて，組織は多くの課題に直面します。

## ❷　イノベーション創出に向けた組織マネジメントの特徴

　イノベーション創出に向けた組織マネジメントの特徴として，次の4点をあげることができます。第1に，**知識の獲得・創出**が，必須の要素として含まれることです。何らかの新しいアイディアによって，イノベーションのプロセスは始まります。イノベーションの種となるアイディアを生み出すためには，新たな知識を外部から獲得したり，知識を自ら生み出すことが必要となります。それだけでなく，その種から芽が出るようにするために，研究・技術開発フェーズ以降のプロセスにおいても，知識の獲得や創出が引き続き重要であることはいうまでもありません。

　どのようなイノベーションを目指していくかという方向性が定まっていたとしても，それを実現するためにどのような技術や知識が必要なのかを正確に見積もることができ，その獲得について確実な見込みがあるということは，ほとんどないでしょう。いいかえれば，イノベーション創出プロセスの中で，必要な知識がつくり出されたり，見出されたりすることがあるということです。知識や技術の獲得については，計画できる部分よりも創発的な部分のほうが多いことも少なくありません。

　第2に，高い**不確実性**に直面することです。目指しているのがラディカル・イノベーションか，インクリメンタル・イノベーションかなどによって，その程度は異なるものの，イノベーションのプロセスを推進していく際に，技術的な不確実性や市場・競争をめぐる不確実性などに直面するということは，前節で述べた通りです。そうした不確実性そのものにどう対処するのかもさること

ながら，計画通りに進捗していないときでも資源や正当性を確保し，イノベーションに向けた活動を継続していくための活動も，必要になってきます。

第3に，高度な調整が要求されることです。イノベーション・プロセスを進めていくためには，さまざまな機能や部門の間での統合が必要となります。既存の製品の簡単な手直しや製法の軽微な修正といった，連続的かつ変化の小さいイノベーションを実現する場合であれば，担当部門だけで問題を解決することができるかもしれません。しかし，ラディカル・イノベーションを追求する場合や，対象とする製品・サービス自体が複雑な場合，イノベーション実現のためには，さまざまな専門をまたぐ問題解決が必要になってきます。したがって，分化した専門性を活用する取り組みと，それを束ねる統合の，両方にわたる調整が必要とされます。さらに，イノベーション創出において顕在化する複雑性に対処すべく，日常的な調整方法や妥協点にこだわらずに柔軟に調整を行い，決定前提を共有したり，問題に直面するたびに合意を得ていく必要もあります。そのため，そうした調整を容易にするような組織構造や組織プロセスの確立が求められます。

最後は，先にあげた3点とも関係しますが，他の組織との多面的な関係構築が鍵になるということです。第9章では，資源依存やネットワークという切り口から，他組織との関係を取り上げました。イノベーションによって社会的な価値を創出するには，それまでに関係を築き上げてきた他組織に協力を求めるだけでなく，まったく新しい組織とも協力して技術を開発することなどが必要になることが少なくありません。また，イノベーション創出においては，技術標準の確立などのため，時には競争関係にある組織とも協調的関係を構築することが必要になることもあります。

これらの特徴に関して，以下では，はじめにあげた知識の問題を第3節で取り上げ，第4節では高度な調整に対応する構造とプロセス，および不確実性のもとでの資源動員プロセスについて取り上げます。最後に，他の組織との関係構築を，第5節で取り上げます。

# 3 知識の創出と獲得

### 知識の獲得方法

　前節で述べたように，イノベーション創出に向けた組織マネジメントにおいては，いかに新しい知識を獲得するかがきわめて重要です。知識の獲得を組織内部での創出と外部からの入手に分けることもできますが，イノベーション・プロセス全体を見れば，どちらか一方だけでイノベーションが実現することは例外的といえるでしょう。まず，組織内部で知識を創出するために，外部からさまざまな情報や知識を得ることは不可欠です。しかし，外部から得た知識をそのまま模倣するだけで，真の意味でのイノベーション創出につながることはありません。外部から得た知識をどう活用するのか，その方法に関して新たな知識の創出が求められます。また，外部から得た知識と内部の知識の新たな結合が見られた場合，それは内部での知識の創出だといえます。このように，知識の内部での創出と外部からの獲得は関連しています。

　知識の創出に関しては，天才的な科学者やエンジニアといった個人に焦点が当たることが少なくありません。しかし，イノベーションの創出に関していえば，その実現にとって不可欠な独創的アイディアを出したのが特定の個人だったとしても，その個人のみでプロセスが完結するということはほとんどありません。また，新しいアイディアが社会的な真空状態において生み出されるわけでもありません。集団や組織は，新しいアイディアが生み出されるコンテクストをつくり出すことを通じて，新しいアイディアを発展させることにかかわっています。知識の創出とかかわりが深い，創造性に関する研究においても，集団による創発がしばしば取り上げられているように，知の創出や獲得は，個人にのみ焦点を当てるのではなく，集団や組織のレベルでも捉えていく必要があるのです。

| CHART | 図 11.2 知識創造の SECI モデル

```
                    →  暗黙知           暗黙知  ─┐
                   ┌─────────┬─────────┐    │
          暗黙知   │  共同化    │  表出化    │   形式知
                   │(socialization)│(externalization)│
                   ├─────────┼─────────┤
          暗黙知   │  内面化    │  連結化    │   形式知
                   │(internalization)│(combination)│
                   └─────────┴─────────┘
                    ─── 形式知           形式知  ←─
```

出所:野中・竹内 (1996).

## 知識創造の SECI モデル

　組織レベルの知の創出に関する代表的な理論の1つに、SECI(セキ)モデルがあります(図11.2)。SECI モデルでは、知のあり方を暗黙知と形式知に分け、それらの異なる知が変換されることによって、新たな知識が創造されると仮定します。私たちが一般的に知識という言葉から思いつくのは、たいてい形式知です。何らかの形で言語化され、客観化できる知識のことを指します。しかし、私たちは言語化できる以上のことを知っており、そうした知のあり方を描写しようと、このモデルには暗黙知という概念が翻案されて導入されています。暗黙知とは、身体で覚えていることのように、言語化が難しい主観的な知のことを指します。

　SECI モデルにおける、4つのモードを説明しましょう。共同化とは、経験を共有することで暗黙知が伝達されるプロセスを指します。たとえば、宮大工の師匠に弟子入りし、経験の共有を通じて師匠のスキルを学ぶことなどがあげられます。それを知識の伝達と捉えれば、新たな知識は創造されていないように見えますが、習得された知が個人の中で異質な暗黙知と相互作用することで、新たな暗黙知が創造されていると考えることもできます。

　次の表出化は、メタファーやアナロジー、モデルや仮説などのさまざま形をとりながら、暗黙知を探り当て、形式知に変換することです。たとえば、金型製作の熟練者のスキルを伝承するために、熟練者と対話を重ねたり、熟練した

行動を詳細に観察したり計測したりすることを通じて,スキルの言語化を図るといった試みなどがあてはまるでしょう。

　連結化とは,異なる形式知を組み合わせて新たな形式知を創り出すプロセスです。これについては,イノベーションの本質が,要素の新結合によることを思い出すとよいでしょう。連結化によって,コンセプトの創出といった,より高度な形式知への体系化が進むこともあります。上述の金型製作スキルについても,複数の熟練者から抽出されたスキルを組み合わせることで,新たな方法が発見されるかもしれません。

　最後の内面化とは,共有された形式知を暗黙知へと体化するプロセスを指し,スキルが体得されていく状態といえるでしょう。内面化も創造であるというのは,スキルが単に習得されるだけではなく,体化された暗黙知が個人の中で新たな知の源泉となることが期待されるからです。

　これらのモードを駆動するには,それぞれのモードに合った,物理的もしくは仮想的な場を準備し,その場が触媒となるように活性化することが重要だとされています。追求するイノベーションや置かれているフェーズによって,どのモードが重要であるかはさまざまですが,イノベーションのプロセス全体として,これらの知識創造のモードがダイナミックに連鎖していくことが望ましいと考えられます。

## 外部からの知識獲得とネットワーク

　SECI モデルは,組織内での知識の創造を中心に取り上げており,外部からの知識獲得にはあまり焦点が当てられていませんでした。しかし,知識を外部から獲得する重要性は,以前よりも高まっています。その原因の1つとして,専門化がいっそう進展するとともに知識の増大スピードも速まっており,単一の組織でイノベーションを実現するために必要な知識をすべて保有するのが難しくなっていることがあげられます。その一方で,インターネットの普及などから,新しい知識を得るコストは小さくなっています。

　SECI モデルでいうと,形式知の新たな組み合わせを生み出す連結化の比重が,相対的に高まっていると見ることもできます。近年著しく発展しているデータ・マイニングや機械学習が,形式知の連結化を推進する強力なツールで

あることもかかわっているでしょう。

　外部からの新たな知識の獲得が重要になっていることから，ネットワークを通じた情報や知識の流通が非常に注目されています（▶第6章・第9章）。第6章では，組織内のネットワークについて結束型ネットワークと橋渡し型ネットワークを取り上げ，新奇性のある情報の獲得には，紐帯が安定していない橋渡し型ネットワークが有効であると紹介しました。組織外からの新奇な知識の獲得においても同様に，橋渡し型ネットワークは効果的です。

　もっとも，求めている新しい知識に接することができたとしても，それを正しく評価・理解する能力がなければ，イノベーションに活かすことはできません。いいかえれば，組織や個人が知識の**吸収能力**を持っていなければ，ネットワークを通じて有益に見える知識を得たとしても，実質的に価値を享受できないことになってしまいます。したがって，外部から新たな知識を獲得するには，それを吸収できるだけの能力を保持するための内部的な投資も必要になります。その1つとして，外部から得た知識を組織内部に翻訳できる，**バウンダリー・スパナー**（対境担当者）を抱えることをあげられるでしょう。

　このように，橋渡し型ネットワークが注目されてはいるものの，第9章で埋め込みについて指摘したように，顧客自身も把握していないニーズのような曖昧な情報や機密性の高い情報は，埋め込まれた関係においてのほうが得られやすいという面も，見逃してはならないところです。したがって，追求すべきイノベーションの性質によって，望ましい組織外とのネットワークのあり方は変わってきます。しかし，日本企業はどちらかというと埋め込みの程度が高いネットワークを構築する傾向が強かったことから，よりオープンなネットワークを指向することが望ましいといわれています。なお，戦略的アライアンスのような，外部との公式的な知識交換関係については，第5節で取り上げます。

# 4. イノベーション創出に向けた組織構造とプロセス

## 迅速な調整・統合に向けた組織デザイン

　イノベーションでは，さまざまな活動の分化と統合をいかに成し遂げるかが重要な課題です。製品開発では，生み出そうとする製品が複雑なものであれば，さまざまな要素に分割して検討せざるをえません。その上で，具体的な製品を仕上げるために，今度は分割して検討した諸要素をまとめ上げていくことになります。したがって，専門性などに応じて活動を分化することと，分化した活動を統合することの，両方を求められます。

　そのような分化と統合に関する計画は，最初に立てたとしても，これまで述べてきたように，イノベーションを目指した活動は不確実性が大きいため，見込み通りに進まないことがしばしばあります。そうした場合には，改めて統合のための調整が必要となります。また，開発期間を短縮化するなどの狙いから，開発のさまざまな段階をオーバーラップさせる，**コンカレント・エンジニアリング**（図11.3）というマネジメント手法が用いられ，統合のための調整が絶えず行われることも少なくありません。

　分化と統合の難しさは，生み出そうとする製品の機能と構造との関係である，**アーキテクチャ**によっても影響されます。複数の部品から成り立っている製品を開発する場合でも，各部品が機能的に完結し，かつ部品間のインターフェースが標準化されていれば，それぞれの部品ごとに独立して開発したものを統合するのは容易です。

　一方，製品に求められる機能が複数の部品間の微妙な調整によって実現される場合には，それぞれの部品の開発においても，他の部品の開発との間で綿密な調整が求められることになります。前者の例としてデスクトップ・パソコン，後者の例として自動車がよくあげられますが，実現しようとする製品のアーキテクチャによって，分化と統合のバランスや難しさは変化するのです。

　また，前に述べたように，開発された製品が組織に利益をもたらすに至るま

| CHART | 図11.3　コンカレント・エンジニアリング

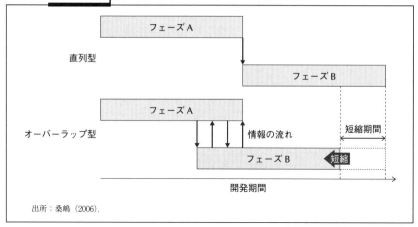

出所：桑嶋（2006）．

でには，研究や開発にかかわる部門だけではなく，マーケティング部門や製造部門などとの連携も不可欠であり，複雑な製品を開発する場合には，それらの部門も含んだ機能横断的な組織構造を備えて調整を円滑に進めることが，イノベーション創出プロセスの効率性，さらには成否にかかわってきます。

　どのような組織構造が望ましいかは，専門性，すなわち分化と統合のどちらを重視するかによって変わってきます。図11.4は，自動車などのように緊密な統合を必要とする製品開発で用いられている，**重量級プロジェクト・マネジャー組織**のイメージ図です。この図では，機能別組織に横串を通すような形でプロジェクト組織が編成されています。機能別部門が独立している中で，高度な統合を実現する鍵は，プロジェクト・マネジャーの働きにあります。「重量級」と称されているのは，統合の重要性が組織内で認識されているために，プロジェクト・マネジャーに十分な権限が与えられていることを意味しています。

　こうした開発組織を率いるプロジェクト・マネジャーには，イノベーションの創出という目標の実現に向けた影響力の行使，すなわちリーダーシップ（▶第7章）が求められます。専門性がさまざまに異なるプロジェクト・メンバーに対して，製品コンセプトの浸透を図ったり，その具体化のために決定前提を的確に示したり，異なる機能部門間で生じるコンフリクトを解決したりといった，開発組織内の統合を図ることは重要な課題の1つです。さらに，次項で取

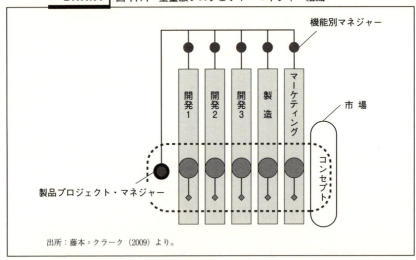

CHART 図11.4 重量級プロジェクト・マネジャー組織

出所：藤本=クラーク（2009）より。

り上げる資源動員に向けて，開発組織外の人々の声に耳を傾けたり，そうした人々にプロジェクトの正当化を働きかけていくといった，プロジェクト組織の外部とのコミュニケーションや影響力の行使も欠かせません。

### 資源の動員

先述のように，魔の川，死の谷，ダーウィンの海という，高い関門をすべて越えてはじめて，イノベーションが創出されたということになります（▶第1節）。それらの関門を乗り越えるには，置かれているフェーズにマッチするように，ヒトやカネをはじめとする経営資源を投入し続けることが不可欠です。

インクリメンタル・イノベーションであれば，実現可能性や将来価値をある程度客観的に見積もることができるかもしれませんが，非連続的なものを目指すのであれば，合理的な見積もりが十分できないことのほうが，むしろ多いでしょう。いいかえれば，短期的な視点では十分に合理性が説明できない活動に資源配分するという意思決定がなされることではじめて，ラディカル・イノベーションの追求は可能になるのです。

しかし，イノベーションの創出には不確実性が付きものです。とりわけラディカル・イノベーションのプロセスでは，技術的な不確実性や市場の不確実性などから，大きな困難に直面し，計画通りに進まないことが多く生じます。

そうした困難な場面では，社内の反対や抵抗が起こる中で，中止の危機にさらされたイノベーションの推進者が，イノベーションに向けた活動の継続を図るために，「創造的正当化」を行う必要があります。

　イノベーションの推進者は，資源の動員を正当化する理由をもって，支援者を見つけなければなりません。正当化の理由や，候補となる支援者は，イノベーションの内容およびフェーズ，さらには必要な資源の内容または量によって，異なってきます。大きな資源動員力を持つ経営トップや上級管理者に支持を訴え，お墨付きを得るというのは，うまくいけばインパクトは大きいかもしれませんが，1つの方法でしかありません。たとえば，支援を訴える範囲を広げるということも考えられます。これまでに疎遠だった社内の別部門や企業グループ内の別会社，顧客などから支持を得ることで，正当性を調達することも考えられます。そのためには，これまでに築いてきた人的ネットワークを活用することになるかもしれません。

　また，正当化の理由についても，もともとのアイディアだけでは支援を得られない可能性があります。しかし，革新的な技術が当初想定しなかったような応用分野で花開くことも少なくないように，イノベーションがどのような価値を持っているかということについて，アイディアを生み出した人や推進者も十分に把握しているとは限りません。イノベーション・プロセスが進む中で新しい意味や価値が見出され，それを正当化の理由に用いることで，資源動員が可能になることもあります。また，支援者ごとに異なる理由をもって説得を図ることもあるでしょう。このように，イノベーションの創出そのものに創造性が不可欠であることはいうまでもありませんが，そのプロセスの遂行を正当化するのにも，ある種の創造性が求められるといえるのです。

# 5　イノベーション創出と組織間関係の構築

　イノベーションによって新たな価値創造を実現して収益を上げるためには，第1節で紹介したようなフェーズをすべてクリアしなければなりませんが，外部組織との何らかの協業なしにそれが達成されることは，ほとんどありえない

といってよいでしょう。新製品を開発する際，プロトタイプ（試作品）までは単一の組織だけでつくり上げたとしても，事業化のためには，素材および部品のサプライヤーや設備メーカーなどによる改良・改善が必要となることが少なくありません。あるいは，新製品の価値を最終消費者に理解してもらうために，流通業者におけるマーケティングの革新が必要になるかもしれません。また，製造プロセスの全体，もしくは開発プロセスの部分的なアウトソーシングも，イノベーションによる果実を得るために活用されることが増えています。資源依存モデルの観点に立てば（▶第9章），これらのステークホルダーとはパワーをめぐる競争関係にあるわけですが，それと同時に，イノベーションによる価値創造のための共創関係にあると見なすこともできます。

　イノベーション創出において核と見なされている研究開発においても，他の企業と協業することが増えてきています。また，関連産業の企業・団体が特定の地域に集まる産業クラスターが，個々の組織が競争しつつ協調しながらネットワークを形成し，全体としてイノベーションを生み出す場を形成していることも注目されています。

　先端技術に関する標準の確立も，競争という側面と協調という側面が錯綜する状況です。同業および関連業界の企業や団体によって形成されるコンソーシアムなどを通じて事前に規格の標準化が推進されることもあれば，類似する複数の技術を推進する組織群がそれぞれ別々の規格を定め，市場競争の結果としてデファクト・スタンダード（事実上の標準）が定まっていく場合もあります。**ネットワーク外部性**（Column㉒）が強い製品やサービスでは，こうしたデファクト・スタンダードをめぐる競争がきわめて重要です。別の陣営とは単なる競争ですが，同じ陣営の中では，選択する技術については協調しつつ，顧客の獲得に関しては競争するといったように，競争と協調が混在するもとで微妙な関係を維持しなければなりません。

　第3節でも述べたように，外部の組織は，そこから新たな知識を得る源泉でもあります。関連する企業や競争相手だけではなく，大学あるいは公的研究機関などと連携することで，基礎研究に関する知識・技術を得ることも増えています。最近では，外部から知識を獲得することにとどまらず，外部の資源と内部の資源を組み合わせることで新たな価値を生み出そうとする**オープン・イノ**

> **Column ㉒　ネットワーク外部性**
>
> 　ネットワーク外部性とは，ある製品・サービスのユーザー数が増大するほど，その製品・サービスから得られる便益が増大する性質のことです。ネットワーク外部性には，直接的効果と間接的効果があります。直接的効果とは，ユーザー数の増加自体が，製品・サービスから得られる便益を増大させる効果です。直接的効果の例としては，SNSなどの通信サービスがあげられます。同じSNSの利用者が増えれば増えるほど，そのサービスの質や利便性は上がります。一方，間接的効果は，ユーザー数の増加に伴って，当該製品・サービスの価値を高める補完財が多様になったり，価格が低下したりすることで，製品から得られる便益が増大する効果です。間接的効果については，ゲーム機におけるハードとその補完財であるソフトとの関係を考えるとわかりやすいでしょう。ゲーム機が普及すればするほど，ソフトの数が増え，安価になることで，ユーザーの便益は高くなります。

ベーション（Column㉓）も，いっそう重要性を増しています。

　このように，イノベーションの創出においては，競争と共創が入り混じるビジネス・エコシステム（Column㉔）の中で組織間関係を構築するという，難しいマネジメントが求められます。どのような関係のあり方が望ましいかは，そこでどのようなポジションにあるのか，何を求めるかなどによって異なりますが，他組織の利害を十分に見極めながら，いかに信頼関係を構築するかが課題になるでしょう。不確実性が高いこともあって，事前に結ばれた契約だけでは解決できない問題が発生することも少なくありません。そうした際には，信頼関係が構築できているかどうかが，共創関係を維持できるかどうかを左右することになります。埋め込まれた関係（▶第9章）であれば，信頼関係はすでに醸成されていますが，技術革新が速かったり，複雑な製品・サービスを開発したりする場合には，新たに付き合う異質な組織とも良好な関係を構築していくことが鍵になることもあり，組織間関係の信頼構築能力が問われるといえます。

## Column ㉓　オープン・イノベーション

　オープン・イノベーションとは,「知識の流入と流出を自社の目的に適うように利用して社内イノベーションを加速するとともに,イノベーションの社外活用を促進する市場を拡大する」イノベーションと定義されます（チェスブロウ,2004）。概念の提唱者であるチェスブロウは,イノベーションのプロセスをすべて社内で完結させるクローズド・イノベーションから,オープン・イノベーションへの移行を提唱しました。オープン・イノベーションによる研究開発マネジメントのイメージは下図（2）の通りで,外部のアイディアを自社に導入したり（インバウンド型）,自社のアイディアを外部に出したり（アウトバウンド型）しながら,価値創造を行おうとするものです。インターネットで公開されている「オープンイノベーション白書」に,多くの具体的な事例が紹介されています。

図(1)　クローズド・イノベーションによる研究開発マネジメント

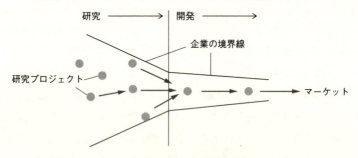

図(2)　オープン・イノベーションによる研究開発マネジメント

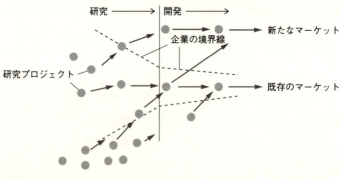

出所：チェスブロウ（2004）。

## Column ㉔　ビジネス・エコシステム

　エコシステム（生態系）という概念は生物学に由来します。ある領域（地域や空間）において，生物とその環境の間で相互依存的に物質やエネルギーが循環することで，生物やその環境が維持されていることに注目し，それをビジネスにあてはめたものです。伝統的な業種や業界という枠を越えて，企業をはじめとする多様な主体が相互に依存し合いながら，新たな価値を創造するビジネスが成立し，収益をもたらす環境が構築されているときに，そうした領域や環境をビジネス・エコシステムと呼びます。伝統的な依存関係は，直接的な取引関係や資本関係が中心でしたが（▶第 9 章），ビジネス・エコシステムには，サプライヤーや顧客はもちろん，補完財提供企業やプラットフォーム提供企業，さらには競合他社などが含まれることもあります。エコシステムの成長には，プラットフォーム提供企業などの中核的なプレイヤーが，他のプレイヤーの自由度や収益にも配慮しながら，自社の取り組む領域の設定を行い，エコシステム全体のビジョンを提示することが，鍵になると考えられています。

### NEXT STAGE

　組織がイノベーションを創出し続け，存続・成長していくためには，組織が変わり続ける必要があります。第 12 章では，イノベーションを創出し続ける組織モデルとして注目されている両利き組織を最初に取り上げた上で，組織ルーティンが絶えず変化し続ける中で跳躍的な変化を生み出す手がかりについて検討します。

### EXERCISE

① 知識創造の SECI モデルの「共同化」「表出化」「連結化」「内面化」の 4 つのモードについて，それぞれの事例をあげてみましょう。
② インターネットで公開されている「オープンイノベーション白書（第 2 版）」で，さまざまな組織が協業することで実現したイノベーションの事例を見てみましょう。

| さらなる学習のための文献リスト | Bookguide |

- 近能善範・高井文子 (2011).『コア・テキスト イノベーション・マネジメント』新世社.
- 野中郁次郎・竹内弘高 (1996).『知識創造企業』東洋経済新報社.
- 武石彰・青島矢一・軽部大 (2012).『イノベーションの理由』有斐閣.

⇒ 近能・高井 (2011) は，組織論・戦略論をベースにイノベーション・マネジメントを体系的かつ丁寧に解説したテキストです。野中・竹内 (1996) は，知識マネジメント研究に世界的な影響を与えた1冊です。武石・青島・軽部 (2012) は，第4節で取り上げた，イノベーションに向けた資源動員の正当化について，大河内賞を受賞した多くのケースをもとに分析しています。

# CHAPTER 第12章

# 変化を続ける組織

## SHORT STORY

大手総合エレクトロニクス・メーカーK社の執行役経営企画部長である山口さんは，社長から先日指示のあった新しいグループ・ビジョンの策定をどのように進めていくか，ヒントを求めて社史を眺めていました。

100年以上の歴史を誇るK社の事業がとりわけ伸長したのは戦後でした。エレクトロニクス（電子工学）で次々と新発明がなされたことを反映して事業範囲が拡大し，売上や利益が右肩上がりの時代が長く続きました。しかし，バブル崩壊後の経済低迷期には，拡大した事業を整理する「選択と集中」が全社戦略として掲げられました。その結果，大きな成長余力は見込めないものの，確実に収益を確保できる事業が残り，収益力は向上しました。もっとも，短期の収益性をもとに事業を仕分けすることが行き過ぎて，その間も急速に進んでいた情報通信技術の発展にキャッチアップできず，新たな成長の種が少なからず失われたように，もともとエンジニアである山口さんはその当時感じていました。しかし，先月出席した全社の研究開発方針を策定するための会議では，次の時代を担えそうな開発プロジェクトが複数検討の対象となり，期待を抱かせてくれています。

これからは間違いなくイノベーションの時代であり，時代の先端を切り開くイノベーション創出を追求することで成長を図っていく必要がありますが，同時にこれまでの製品やサービスを磨き続けて収益を確保していくことも不可欠です。それらを1つの企業グループの中で並立させていくことを可能とするビジョンとはどういうものなのか。新しいビジョン策定という，山口さんがこれから取り組む仕事は，今後のK社を大きく左右するものになるでしょう。

| KEYWORD | 成功体験の呪縛　　カニバリゼーション（共食い）　　セクショ
ナリズム　　両利き組織　　構造的両利き　　文脈的両利き　　組織変革　　明
示的側面　　遂行的側面　　進化的過程　　意図的学習　　拡張的学習　　ビ
ジョン　　ミッション　　組織アイデンティティ　　プロアクティブ行動　　ダ
イバーシティ　　ダイアローグ　　ストーリーテリング　　ナラティブ

# 1 既存大企業が目指す組織モデル

　前章では，イノベーション創出に向けた組織マネジメントを取り上げましたが，イノベーションの創出を通じて新たな価値を創造し続けるために，組織は変わり続ける必要があります。本章では，最初に，イノベーションの連続的創出に向けて既存の大企業が目指すべき組織モデルとされている，両利き組織を取り上げます。両利き組織においても組織は変化し続けていかなければならないこと，その一方で，組織では無数の小さな変異が生じていることを確認した上で，組織が跳躍的な変化を生み出すための学習について検討します。そして最後に，第1章で取り上げた組織の成立条件に立ち戻って，イノベーションを創出し続ける組織に求められることを素描します。

## 既存大企業でイノベーションが妨げられる要因

　経営資源の動員ということを考えると，イノベーションの創出には，資源をより多く持っている大企業のほうが有利であるように思えます。実際，ハイブリッドカーの開発のように，大企業が画期的なイノベーションを主導することは，たしかにあります。その一方で，大企業がラディカル・イノベーションの種となるアイディアや技術を持っていたにもかかわらず，イノベーション・プロセスの3つの壁を越えられなかったのに対し，新興企業がイノベーションの創出に成功するというケースも，よく見かけられます。

　一般に，結果が短期的に見えやすい深耕型学習は強化されやすく，その結果として探索型学習が排除されてしまう傾向があります（▶第10章）。そのため

に，豊富な資源を投入できる既存の大企業でも，ラディカル・イノベーションの追求が途中で打ち切られがちだということはあるでしょう。しかし，こうした一般的な傾向のほかに，既存の大企業だからこそラディカル・イノベーションの追求が困難になる要因が指摘されています。

　第1にあげられるのは，チャレンジ精神の喪失をはじめとした心理的要因です。既存の大企業が，顧客や技術の新しい動向に対して危機感を持たなかったり過小評価したりすることや，自分たちの製品・サービスまたは市場や技術の見通しに対して過剰な自信を持ったりすることが，これにあたります。前者のような新しいものへの消極的な態度の醸成には，チャレンジを評価しない人事評価制度がかかわっていることもあります。後者の自信過剰には，能力の罠（▶第10章）に見られるような**成功体験の呪縛**という側面が見出されます。このように，大企業に勤めている従業員は安定を好むといった心理的な側面の背後には，学習に関係する組織ルーティンもかかわっています。

　第2にあげられるのは，組織の資源配分にかかわるルーティンの影響です。組織が規模を拡大する中で，合理的な意思決定を目指した資源配分のルーティンが確立されます。典型的には，キャッシュフローを投資収益率で割り引くDCF法が投資決定に用いられるなどといったことです。DCF法の採用そのものはコーポレート・ファイナンスという観点から見れば合理的ですが，どのような案件に対しても単純にこれを適用すると，不確実性が高いイノベーション・プロジェクトが除外され，確実性が高いインクリメンタル・イノベーションが偏重される結果になります。また，資源配分のルーティンが既存事業の規模を前提としたものになっていると，将来性はあってもまだ十分な需要を見出せていない技術は，事業規模が足りないと見なされてしまうかもしれません。このように，大企業としては妥当な資源配分のルーティンが，ラディカル・イノベーションへの資源配分の妨げになることがあります。

　第3に，組織内の他部門や既存事業との関係がネックになることがあります。既存事業と新規事業は，資源配分に関して競合していると見なすことができます。なぜなら，人的資源や資金といった経営資源は有限であり，新規事業に経営資源が投下されると，既存事業へ投下される経営資源が減ることになるからです。したがって，資源配分をめぐって，既存事業と新規プロジェクトとの間

> **Column ㉕　イノベーターのジレンマ**
>
> 　イノベーターのジレンマ（イノベーションのジレンマ）とは，優良企業が現在の顧客の意見に耳を傾け，顧客の求めるさらに高品質の製品・サービスを提供しようと持続的イノベーションに重点的に投資することが，長期的には既存顧客を失うという失敗につながる現象を指します。ここでいう持続的イノベーションとは，必ずしもインクリメンタル（漸進的）・イノベーションだけでなく，既存顧客のニーズに合致するラディカル（急進的）・イノベーションも含みます。既存顧客のニーズに耳を傾けてイノベーションに取り組むことは，当該製品・サービス市場や株式市場で評価されますが，その一方で，初期段階では既存顧客の持つニーズに合致しなかったり市場規模が小さかったりする，破壊的イノベーションを軽視することにもなります。最初は既存顧客のニーズを満たせない性能しか持たなかった破壊的イノベーションのパフォーマンスが向上し，新興プレイヤーの製品・サービスが顧客のニーズに合致するようになる一方で，持続的イノベーションの成果が顧客のニーズを超えてしまうと，破壊的イノベーションの持つ価値が広く認められるとともに優良企業の提供してきた従来製品の価値は毀損され，優良企業の競争優位性が失われます。
>
> 　優良企業が，顧客のニーズ，さらには投資家の期待を踏まえて投資決定をするという側面は，資源依存関係（▶第9章）の反映であると考えられます。また，本節で取り上げた，資源配分のルーティンやカニバリゼーションともかかわります。

には，コンフリクトがしばしば生じます。さらに，既存事業と新規事業が顧客に提供する価値が類似している場合には，**カニバリゼーション（共食い）**の恐れもあるため，新規事業へ資源投下することが既存事業の資産を負債化する可能性があり，資源配分がためらわれることもあります。

　また，専門分化が進展している大企業では，イノベーションに向けてその企業の持つ経営資源を十分に活用しようとすると，部門を越えた協働が求められます。しかし，専門分化が進んだ大企業には，自部門のことを第一に考える**セクショナリズム**が蔓延していることも少なくありません。その結果として，組織内の資源を有効に活用できないといったことも生じえます。

　以上のような理由から，イノベーション追求に投入できる経営資源を豊富に

持つ既存企業が，新奇性のあるイノベーションを追求できずに，長期的に見ると競争力を失っていくということが生じるのです（Column ㉕）。

### 両利き組織

　技術やニーズの変化が著しい現代の環境のもとでは，既存の大企業といえども，ラディカル・イノベーションの追求なしには，長期的に見れば業績が低迷し衰退していったり，場合によっては存続も危うくなりかねません。もっとも，ラディカル・イノベーションにのみ特化して投資していくと高い不確実性を吸収できないリスクがあるため，一方でインクリメンタル・イノベーションを重ねて収益を確保しつつ，同時に新しい成長の芽を育ててラディカル・イノベーションを創出していくことが，きわめて重要な課題になります。組織学習（▶第10章）の用語にいいかえれば，深耕と探索の双方を適切なバランスで追求するという課題です。

　それらを同一組織で共存させるモデルとして，**両利き組織**が提唱されています。両利き組織は，双面型組織，二刀流組織などと呼ばれることもあります。両利き組織を目指す際の典型的な方法の1つは，深耕を担う部門と探索を担う部門とを分離して設置することです。これは，組織構造を工夫することをベースに両利きを追求する方法であるため，**構造的両利き**と呼ばれます。部門を分離し，経営トップが戦略的に資源配分を行えば，深耕を担って収益を上げている既存事業部門からの，探索を追求している新規事業部門に対する干渉といった，ネガティブな影響が排除されます。探索を担当する部門を別会社化すれば分離が徹底できますが，スピンオフさせずに同じ組織内で分離するのは，両者間のシナジー（相乗効果）も追求しようとするためです。したがって，経営トップは，構造的な分離という形で分化をするだけでなく，両者をともに正当化するような戦略やビジョンを掲げて，統合を図る必要があります。

　組織全体として両利きになることを目指す構造的両利きに対し，両利きには別の追求の仕方もあります。それが，個々の組織メンバーが探索と活用の両利きになるような組織的コンテクスト（文脈）をつくり上げようとする，**文脈的両利き**です。たとえば，先端的な研究開発型企業では，エンジニアや研究開発者が，勤務時間のうち一定の割合の時間を，通常の業務から離れた自分自身の

プロジェクトに使うのを推奨する制度が，採用されていることもあります。こうした個人のプロジェクトによる探索から見出された新たなアイディアや知識が，それまでの延長線上にないイノベーションのきっかけを生み出すかもしれません。

なお，ここまでは探索的活動が排除されないようにする重要性に焦点を当ててきましたが，いったん始めたラディカル・イノベーションの追求を継続することが，いつもよい結果を導くわけではありません。より有望なプロジェクトに経営資源をいっそう投入するためにも，見込みがなさそうなプロジェクトを打ち切るという判断を適宜行っていくことは非常に重要です。不確実性が高い中でイノベーション・プロジェクトを継続するかどうかを判断するというのは，正解が存在しない決定の1つですが，その際には，サンク・コスト（埋没原価）やしがらみに囚われた，合理的とはいえないコミットメントに陥っていないかを問い直すことが求められます。

## 変化し続ける組織

### 変化し続けることの重要性

上で取り上げた両利き組織は，目指すべきモデルであって，それが完全に実現することはありません。両利きがうまくいっていれば，そのうちに探索から芽が出た事業が新たに立ち上がってくるでしょうが，それが成功を収めたとしても，いつかは成熟し深耕の対象へと移行していきます。したがって，そうなる前に，また新たな探索を始め，さらに次の主力事業を立ち上げられるように資源を再構成していくという，継続的な変化が求められます。

両利き組織では，おもに経営資源が比較的豊富にある既存大企業を想定していましたが，そうした企業に限らず，程度の差はあれ，多くの組織において継続的な変化は期待されています。新しい価値を創造しようというベンチャーはいうまでもありませんが，これまでの伝統を守り続けようという老舗企業も変わり続けなければなりません。核となる製品・サービス自体は変えないにして

も，労働人口の減少といったマクロ的な環境変化，物流や決済の技術革新，顧客の変化などに適合していかなければ，長年評価され続けてきた製品・サービスの価値が色褪せてしまうことにもなりかねません。したがって，逆説的ですが，変わらないために変わり続ける必要があります。

　このように，現代の組織は存続や成長のために変化し続けることが求められていることから，**組織変革**のさまざまなモデルが提唱されてきました。伝統的な組織変革論では，変革を行う時期と変革を保持する時期とを区切ることができることを暗黙の前提としていました。たとえば，有名なレヴィンのモデルでは，変革プロセスを解凍─移行─再凍結という3つの段階で表現しています。現在の価値観や行動様式を氷に喩え，それを溶かすのが解凍であり，移行段階で変革された価値観や行動様式が定着するのが再凍結です。このメタファーからわかるように，解凍と再凍結を同時に行うことは想定されていません。また，多くの組織変革モデルでは，移行段階において，ビジョンを掲げて変革を強力に推進していく経営トップが，きわめて重要な役割を担うことが強調されていました。

　組織をめぐる昨今の状況を踏まえると，経営トップが主導する一時期的かつ大規模な変革も時には重要であるものの，絶えず変わり続けていくことがいっそう求められているといえます。また，変革がずっと続くような状況のもとでは，経営トップのリーダーシップは重要な鍵の1つであるものの，ごく少数のリーダーの力だけに頼るのは限界があるといえるでしょう。

　残念ながら，すべての組織にあてはまるような形で，組織がどのように変わり続けていけばよいかを明らかにした理論はありません。また，今後もそうした理論が確立される見込みは，きわめて小さいと考えられます。そこで，以下では，組織が絶えず変化していることを確認した上で，それをもとに跳躍的な変化を導く手がかりについて検討することにします。

### ルーティンの絶えざる変化

　組織が絶えず変化しているということを，ルーティンという切り口から見ていきます。ルーティンとは，意思決定や行動のパターンを指します。規則や手続きをはじめとした組織構造，組織文化としてあげられていた行動様式，価値

観，暗黙の仮定，さらには，それまでの組織プロセスで蓄積されてきた前例や慣習などが含まれます（▶第10章）。第2部で取り上げた構造とプロセスが，絡み合いつつルーティンを構成しているといってもよいでしょう。

ルーティンには繰り返しというニュアンスがあるため，変化しないものの象徴のように思えるかもしれません。しかし，ルーティンがどう作動しているかを子細に見てみれば，ルーティンには変化の可能性が内包されていることがわかります。

ルーティンを詳しく見ていく際には，ルーティンが次にあげるような2つの側面を持っていることに注目します。1つは静的な**明示的側面**で，もう1つは具体的な場面での行動などを指す**遂行的側面**です。

たとえばコールセンターで，顧客からの苦情に対し，過去の苦情への対応を踏まえて細部までつくり込まれたマニュアルに従って対応するというのは，1つのルーティンといえます。この場合のルーティンの明示的側面は，手順が書かれたマニュアルと，それに示されている規範です。これに対して，遂行的側面とは，マニュアルを踏まえた実際の対応のことを指します。マニュアルが厳密に定まっている場合にはそれに従うしかなく，遂行的な側面は明示的な側面を単に実行したものになるように思えるかもしれませんが，詳細に見ていくと，そのような単純な関係には還元できません。

ルーティンの2つの側面の関係は，音楽における楽譜と演奏の関係に喩えることができます。ここでは，楽譜に忠実に演奏することが基本とされ，プレイヤーの自由度が高くなさそうに思われがちな，クラシック音楽を想定して考えてみましょう。楽譜は奏でられるべき音楽を明示的に示したものですが，それ自体は音を発しない静的なものです。一方，演奏とは，プレイヤーが楽譜に書かれた音符を実際の音にするパフォーマンスです。繰り返し演奏される有名な曲でも，1回1回の演奏は多かれ少なかれ異なっています。オーケストラであれば，指揮者のふるまい，プレイヤー間の微妙なかけ合い，個々のプレイヤーの音楽的な解釈の揺れ，演奏する場所やそこで生まれる響き，観客の雰囲気や反応等々が複雑に影響し合って，楽譜から逸脱していなくても演奏に違いが生じます。このように捉えれば，楽譜，すなわち明示的側面が，ルーティンのすべてではなく，その遂行においては即興的にさまざまな差異が生じていること

が理解できます。

　顧客対応マニュアルに従うルーティンの例に戻れば，従業員側の声のトーンや微妙な訛り，回線の混雑度や顧客側の通信状況などが作用して，顧客側がマニュアルで想定されているのとまったく異なった反応を示したり，新しい従業員が入ることで，マニュアルの解釈が少しずつずれていったりすることもあるでしょう。したがって，マニュアルは一種のテンプレート（ひな形）であって，具体的な顧客への対応の1つ1つには即興的要素が含まれ，少しずつ異なっているといえます。

　このようにして微細に見ていくと，ルーティンとしてひとくくりにされるものの中にもさまざまな差異があり，そこには無数の変化が生じているといえるのです。そして，実際の遂行で生まれた差異は，一度きりになる場合もありますが，それが保持されることもあります。

　再びクラシック音楽の喩えに戻れば，楽譜をどのように演奏するかに関する指揮者の指示や演奏者の考えなどは，楽譜へ書き込まれていきます。また，個人の頭の中に残っていくこともあるでしょう。顧客対応マニュアルに従う例でも，例外的事案への対応が記録され，他の従業員に参照されることを経て，マニュアルが書き換えられるといったことが生じるかもしれません。

　こうして，ある変異が次のルーティンへと保持されていくことがありますが，すべての差異や変化が保持されるわけではなく，一度きりで淘汰されてしまうことも少なくありません。一方，記録や記憶に残った変異が保持され，それが以降のルーティンの遂行において，さらに新たな差異を生み出していくきっかけになっていくこともあります。このように，ルーティンの遂行で生じた変異が淘汰されずに保持され，それが次のルーティンの遂行に反映していくといった**進化的過程**（Column ㉖）を通じて，組織は変化し続けています。すなわち，組織は絶えず学習しています。

> **Column ㉖　進化的過程**
>
> 　一般的な用法では，進化という言葉は進歩とほとんど同義のものとして理解されていますが，経営組織論を含む社会科学では，変異―選択（淘汰）―保持というプロセスが作用し，ある個体群が変化していくことを意味します。組織に適用する場合には，保持の後に闘争というプロセスが加えられることもあります。
>
> 表　進化的過程
>
> | 進化的過程 | 定義 |
> | --- | --- |
> | 変　異 | 現在の組織ルーティンや組織能力からの意図的・無計画的変化 |
> | 選　択（淘汰） | 特定の種類の変異を区別して除去する外的および内的選択 |
> | 保　持 | 選択された変異で保護されたり，複製されたり，再生産されたりしたもの |
>
> 出所：オルドリッチ（2007）p. 30 をもとに筆者作成。

  変化を増幅する学習

**ルーティンの相互依存と跳躍的変化**

　このように，個々のルーティンは絶えず揺らぎ，変化しています。もっとも，ルーティンは独立して作動するものではなく，他のルーティンとの相互依存関係にあります。そうした相互依存関係ゆえに，1つ1つのルーティンの揺らぎが互いを打ち消し合うように作用し，組織が慣性によって動いて変化していないように見えることも，少なくありません。

　しかし，そうした相互依存性ゆえに，あるルーティンの揺らぎが別のルーティンに波及し，さらに別のルーティンの変化を誘導するといった，ポジティブ・フィードバック（Column ㉗）が生じることもありえます。いいかえれば，微妙な揺らぎが互いに増幅し合い，集団や組織に跳躍的な変化が生じる可能性

> **Column ㉗　ポジティブ・フィードバック**
>
> 　一般に，フィードバックとは，アウトプットをインプット側に戻すことを指します。フィードバックはシステムの制御のために組み込まれることがよくありますが，その典型はシングル・ループ学習の例として紹介したエアコンのサーモスタットです（▶第10章Column㉑）。現在の室温（アウトプット）をエアコン（インプット）に戻し，設定温度から乖離していた場合にエアコンが作動して，設定温度からの逸脱を修正します。このような，逸脱を抑える方向に働くものを，ネガティブ・フィードバックと呼びます。
>
> 　それに対して，逸脱を増幅するようなフィードバックを，ポジティブ・フィードバックと呼びます。たとえば，平原地帯における都市の成立が，ポジティブ・フィードバックで説明されています（Maruyama, 1963）。もともと同質的な平原地帯で，ある農夫がたまたまある場所で農場を開拓します。そこに何名かの開拓者がやってきていくつかの農場が開かれ，そのうち農具店ができ，その隣には料理屋ができるといった具合に，村が次第に拡大していきます。さらに，農産物の取引がさかんに行われるようになっていく中で，近隣に関連産業が立ち上がり，村が都市へと変化すると，もともと均質だった平原は不均質になります。このように，逸脱が蓄積していくことによって変容がもたらされるのが，ポジティブ・フィードバックです。
>
> 　なお，人的資源管理の実務などでは，被評価者にとって望ましくない内容を伝えることをネガティブ・フィードバック，望ましい内容を伝えることをポジティブ・フィードバックと呼ぶことが少なくありませんが，そうした用法は，ここで説明したものとは異なります。

があります。

　しかし，どうすれば，そのような跳躍的変化を引き起こすことができるのかは，十分には明らかになっていません。したがって，組織が変化し続ける中で，望ましい変革が生じ続けるように，組織をどうマネジメントしていけばよいのかについて，どの組織にもあてはまるような答えはありませんが，以下で，そうした跳躍的変化を生み出すことに寄与しうる，2つのタイプの学習を提示します。

### 意図的学習

前節で述べたように、組織は絶えず学習をしていますが、1つ1つの学習を増幅させて組織に大きな変化を生み出すために、「意図的」に学習していく必要があります。「意図的」と鍵括弧を付けたのは、先述の通り、学習しようとしていなくても、組織は経験を通じて絶えず学習しているからです。

ここでいう**意図的学習**とは、組織が経験から何を学習しているかを振り返ることで、組織が持つ知識を明確化した上で、知識を体系化し、保有する知識の活用や改善を図っていくことです。ここに含まれる知識の明確化は、SECIモデル（▶第11章）で取り上げた、暗黙知を形式知化する表出化とかなり類似していますが、過去の経験を振り返る回顧的なセンスメイキング（意味形成）も含まれます。同様に、知識の体系化は、SECIモデルの連結化と似ている部分を見出せますが、要素の新結合という側面よりも、明確化された知識が実際の行動を導くような形で体系化を図ることを重視しています。

以上のような意図的学習には、組織がどのように学習しているかを振り返ることが含まれています。したがって、意図的学習は、いかに学習するかを学習するという高次学習を導きうるものです。もちろん、意図的学習には、学習に注意を向けることに由来するコストが生じます。しかし、こうした学習へのコストを投資と考えられる学習志向の組織は、組織において絶えず生じている変化を環境に適合するように方向づけられるという点で、優れていると考えられます。

### 拡張された組織学習

イノベーションによる新しい価値の創造に向けて、外部の組織や主体と共創的な関係を取り結ぶことが増えています（▶第11章）。研究開発を目的とした戦略的アライアンスに典型的に見られるような共創的な組織間関係は、組織にとって大きなインパクトをもたらす学習機会になりえます。なぜなら、そうした関係を通じて、他の組織が保有する情報や知識を獲得する以上の学習が、促進される可能性があるからです。

たとえば、共同開発では、技術的な意味で困難に直面するだけでなく、共通

の目的を達成する過程でさまざまな矛盾に直面することがよくあります。それぞれの組織が歴史的に形成してきた暗黙の仮定の違いに由来するそうした矛盾は，互いが異質な存在であったり，関与者が多様である場合には，とりわけ大きなものになるでしょう。対話を通じた矛盾の創造的解決を通じて，これまでの決定前提を疑う，さらにはその疑い方を疑うといった，**拡張的学習**の可能性，すなわち高次学習の可能性が開かれます。

　もちろん，戦略的アライアンス関係は成果を生まないことも少なくないように，矛盾に直面することによって共通の目標が変質したり，共創的な関係が解消されたりすることもよくあります。したがって，組織間関係を良質な学習の場としてマネジメントするという経験自体を，学習する必要があるといえます。

　このような共創的関係には，さまざまな形態があります。たとえば，顧客との間で構築した共創的な関係からイノベーションが生み出される事例が，近年増えてきています。組織学習のサイクルには，環境からの反応を解釈することを通じて信念を更新することが含まれています（▶第 10 章）。顧客を巻き込んだ学習の場をつくることで，よりリッチな情報が素早く得られるようになり，学習が加速されることが期待できます。さらには，製品・サービスの供給者―消費者という交換関係とは異なる対話的な関係性から，イノベーションのきっかけとなる新結合が生まれてくることも期待できます。こうした関係性を構築するには，顧客を学習の場に巻き込むインセンティブ設計や一体感の醸成（▶第 4 章）が求められることになります。

# 4　組織の成立条件に立ち戻る

　**序章**で述べたように，これからどうなるかがますます見通しにくくなっている中で，組織はこれまで以上に変化することが強く期待され，実務家や研究者からさまざまな新しい組織モデルが提案され続けています。しかし，どのような組織にもそのまま適用できる組織モデルは存在しません。新しい組織モデルが流行しているとしても，自分がかかわる組織に適合するものかどうか，取り入れるとすればどういうところなのかといったことを，自分自身で吟味するこ

とが大切です。

　本書で取り上げた経営組織論の基本知識は，自分自身で組織について考える足がかりになるものです。本節では，本書の内容を踏まえてこれからの組織のあり方を考えていく1つのヒントとして，第1章で説明した組織の成立条件に立ち戻り，イノベーションを創出し続ける組織に求められることについて，筆者の考えを提示してみたいと思います。

## 目的の再定義

　組織は近視眼的学習を行う傾向を有します（▶第10章）。とりわけ，組織が結果を把握しやすい目標を追求している場合に，その傾向は強くなります。結果的に，深耕型の学習が強化される一方，すぐに結果につながりにくい探索型学習が排除されたり，意図的あるいは拡張的な学習に対して資源や注意を配分することがおろそかにされがちです。

　そうした傾向に抗して，両利き組織のように不確実性の高い探索型学習も行うのであれば，探索的学習を正当化する根拠が必要となり，組織としてのビジョンやミッションがそうした働きを担うと考えられます。近年，ビジョンやミッションの重要性が語られることが増えているのは，短期的な目標の達成のみが組織の目的として組織メンバーに理解されると，インパクトの大きいイノベーションを追求するのが難しくなることがわかってきたからでしょう。魅力的なミッションやビジョンは，また，他の組織および個人を引きつける資源にもなります。

　組織としてのビジョンやミッションを定めるということは，目的を再定義することにほかなりません。これまで掲げてきた目的を包含するような上位目的としてのビジョンやミッションを定めるには，「私たち（この組織）はどのような存在であるのか」「私たち（この組織）はどのようなビジネスを行っているのか」「私たち（この組織）は何になりたいのか」といった，組織としてのアイデンティティ（**組織アイデンティティ**）を問い直すことが不可欠になります。

　もっとも，組織の存続を下支えし，イノベーションの追求に資源を配分できるようにするためにも，短期的な目標をしっかり達成していく足腰も必要です。したがって，ミッションやビジョンといった長期的目的と，収益指標のような

短期的目的という，矛盾しうるものをいかに整合させるかが，経営者の重要な課題であるといえます。

### 多様性を踏まえた積極的貢献意欲の喚起

　貢献意欲に関連して，今後重要性を増していく課題として，プロアクティブ行動を誘発する環境づくりと，ダイバーシティのマネジメントがあげられます。**プロアクティブ行動**とは，「個人が組織内において，将来を見越して変化をもたらす目的で起こした主体的な行動」（Bindl & Parker, 2011）と定義されます。こうした行動は，役割を積極的に引き受け，自ら遂行しようとする貢献意欲に対応するものです（▶第4章）。

　イノベーションを追求し新たな価値を生み出していくには，そこに関与する多くの人たちによるプロアクティブ行動が必要になります。プロアクティブ行動の対極に位置づけられる行動は，指示待ち行動です。指示待ち行動だけでは，イノベーションの創出やポジティブな組織の変革が導かれることはないでしょう。組織メンバーがプロアクティブ行動をとるかどうかには，パーソナリティや関連知識の有無といった個人的要因も関係しますが，組織的要因もかかわってきます。内発的モチベーションを高める職務設計（▶第8章 Column ⑰）や，気兼ねなく発言できる心理的安全（▶第7章 Column ⑮）が高い組織風土の醸成などが，プロアクティブ行動の生起に影響を与えることから，インセンティブの設計にとどまらない，プロアクティブ行動を誘発する環境づくりをマネジャーが推進することが求められます。

　第2の課題としてあげたのはダイバーシティ・マネジメントでしたが，近年，働く人たちの間で，人種，性別，年齢，雇用形態といった**ダイバーシティ**が拡大しています。性別や人種といった見えやすいダイバーシティだけでなく，価値観や嗜好といった見通しにくいダイバーシティも同時に拡大しているといわれています。こうしたダイバーシティの拡大は，イノベーションの追求に不可欠な新しいアイディアの創出という意味では，プラスの方向に働きます。また，組織メンバーのダイバーシティの増大は，環境からの曖昧な反応をさまざまな方向から解釈できる能力を高めることに寄与するかもしれません。このように，組織メンバーのダイバーシティは，組織の絶えざる学習に対して望ましい効果

を持つことが期待できます。

　その一方で，貢献意欲を引き出すためのインセンティブ設計や，組織への一体感の醸成を難しくする方向にも，ダイバーシティは作用します。組織メンバーのダイバーシティの拡大は，働くことや組織にかかわることに関するニーズの多様化を導きます。同じ部署で同様の専門能力を持つ同年代で同じ性別の人たちの間ですら，仕事そのものや職場をどのようなものとして経験しているかが異なっているといったことも少なくないかもしれません。そうした違いがあることも踏まえて，一律的ではなく個別性を重視したインセンティブの設計および一体感の醸成を考える必要が高まっており，ヒトのマネジメントの高度化が求められるようになっているといえます。

## コミュニケーション観の拡張

　第1部と第2部では，おもに決定前提を効率的に伝達するという観点から，コミュニケーションを捉えていました。組織メンバーに自由裁量の余地は必ずあるとはいえ，コミュニケーションの主眼は，効率的に決定前提を伝達することで意思決定の選択肢の幅を狭めることに置かれており，どちらかといえば構造に依拠した調整が重視されていたといえます（▶第3章）。

　しかし，イノベーションの創出やダイバーシティ・マネジメントといった課題を踏まえると，コミュニケーション・プロセスにはより多くのものが求められるようになります。いずれの課題も柔軟な調整が求められるものであり，そのためには構造を事前につくり込むよりも，コミュニケーション・プロセスの中で都度調整を行い，それをその後の行動に反映していくことが，相対的に重要になってきています。

　リーダーシップ（▶第7章）への注目がますます高まっているのも，こうした必要性を反映したものだといえます。柔軟な調整の必要性は組織全般において生じているため，リーダーシップの担い手を経営トップやマネジャー層に限定せず，そのときに求められている知識や能力を持つ組織メンバーがリーダーシップを発揮できるのが望ましいでしょう。そうしたリーダーシップのあり方として，第7章でも言及したシェアド・リーダーシップという考え方が注目を浴びるようになりつつあります。

また，イノベーションを創出すべくアイディアを生み出していくためには，コミュニケーションを調整と同義的に捉えないようなコミュニケーション観も必要になります。調整としてのコミュニケーションでは，決定前提を伝達することで選択肢を絞ることが目指されていました。それに対して，よいアイディアを生み出すには，制約を減らして考えることや，選択肢を絞り込む前に選択肢を多く出す段階も必要です。加えて，跳躍的な変化を生み出そうとするならば，これまでの決定前提や暗黙の仮定を疑うようなコミュニケーションも求められるかもしれません。

　このように，選択肢の幅を広げ，決定前提を再検討することを誘発するコミュニケーションのあり方は，調整のための意思疎通とは異なるものです。役割や階層をいったん脇において互いの言葉に耳を傾け合う**ダイアローグ**（対話），ビジョンへの共感を喚起する**ストーリーテリング**，アイデンティティを探求する**ナラティブ**など，さまざまなコミュニケーションが組織でなされ，コミュニケーションに内在する創発性が顕在化することが，絶えざる変化を増幅し，組織としての持続的成長につながっていくと思われます。

## NEXT STAGE

　本書をきっかけに経営組織論についていっそう学びたいと思ったら，①さまざまな研究が参照されている上級のテキストを読むこと，②経営組織論の古典に挑むことをお勧めします。

　①には，第 **2** 章や第 **10** 章の **Bookguide** にあげた桑田・田尾（2010），第 **5** 章と第 **9** 章であげた渡辺（2007），第 **6** 章のハッチ（2017）などがお勧めです。

　②については，第 **1** 章であげたバーナード（1968），第 **2**〜**4** 章であげたサイモン（2009），第 **4** 章のルーマン（1992/1996），およびマーチ，J. G.＝サイモン，H. A.（2014）．『オーガニゼーションズ（第 2 版）』ダイヤモンド社（原著初版は 1958 年刊）などに挑むことを推奨します。

### EXERCISE

① 自分がかかわっている（かかわっていた）組織で組織ルーティンが次第に変化した事例を取り上げて，変化したプロセスを詳細に思い出して記述してみましょう。

② 組織成立の 3 条件から，自分が現在かかわっている組織がよりよい変化を遂げていくために何が課題であるか考えてみましょう。

---

**さらなる学習のための文献リスト**　　　　　　　　　　　　　　　　Bookguide

- オライリー，C. A. = タッシュマン，M. L.（2019）.『両利きの経営』東洋経済新報社.
- 安藤史江ほか（2017）.『組織変革のレバレッジ』白桃書房.
- オルドリッチ，H. E.（2007）.『組織進化論』東洋経済新報社.

➡オライリー = タッシュマン（2019）は，豊富な事例をもとに両利き組織をいかにつくり上げるかを解説しています。安藤ほか（2017）は，組織変革で生じる困難を跳躍的な変革のレバレッジ（テコ）をいかに変えていくかを探っています。オルドリッチ（2007）は，組織への進化的アプローチの第一人者が，進化から組織を捉えることの可能性を幅広く紹介しています。

# 引用・参照文献一覧

青島矢一・加藤俊彦（2012）．『競争戦略論（第2版）』東洋経済新報社．
安藤史江（2005）．「組織として学習する」田尾雅夫・佐々木利廣・若林直樹（編）『はじめて経営学を学ぶ』（pp. 151-163）．ナカニシヤ出版．
ウィリアムソン，O. E.〔浅沼萬里・岩崎晃訳〕（1980）．『市場と企業組織』日本評論社．
ウェーバー，M.〔世良晃志郎訳〕（1960/1962）．『支配の社会学』I・II，創文社．
オルドリッチ，H. E.〔若林直樹ほか訳〕（2007）．『組織進化論：企業のライフサイクルを探る』東洋経済新報社．
金井壽宏（1991）．『変革型ミドルの探求：戦略・革新指向の管理者行動』白桃書房．
金井壽宏（1999）．『経営組織』日経文庫．
金井壽宏（2016）．『働くみんなのモティベーション論』日経ビジネス人文庫．
桑嶋健一（2006）．『不確実性のマネジメント：新薬創出のR&Dの「解」』日経BP社．
桑田耕太郎（2004）．「組織均衡とミクロ組織論」二村敏子（編）『現代ミクロ組織論：その発展と課題』（pp. 19-37）．有斐閣ブックス．
桑田耕太郎・田尾雅夫（2010）．『組織論（補訂版）』有斐閣アルマ．
近能善範・高井文子（2010）．『コア・テキスト イノベーション・マネジメント』新世社．
シャイン，E. H.〔梅津祐良・横山哲夫訳〕（2012）．『組織文化とリーダーシップ』白桃書房．
高橋伸夫（1992）．「日本企業におけるやり過ごし」『組織科学』26(3), 21-32.
チェスブロウ，H.〔大前恵一朗訳〕（2004）．『Open innovation：ハーバード流イノベーション戦略のすべて』産業能率大学出版部．
トウェイツ，T.〔村井理子訳〕（2015）．『ゼロからトースターを作ってみた結果』新潮文庫．
中原淳（2012）．『経営学習論：人材育成を科学する』東京大学出版会．
沼上幹（2004）．『組織デザイン』日経文庫．
野中郁次郎・竹内弘高〔梅本勝博訳〕（1996）．『知識創造企業』東洋経済新報社．
ハッチ，M. J.〔大月博司・日野健太・山口善昭訳〕（2017）．『Hatch組織論：3つのパースペクティブ』同文舘出版．
バーナード，C. I.〔山本安次郎・田杉競・飯野春樹訳〕（1968）．『経営者の役割（新訳版）』ダイヤモンド社．
林洋一郎（2014）．「ワーク・モチベーション」伊波和恵・髙石光一・竹内倫和（編著）『マネジメントの心理学：産業・組織心理学を働く人の視点で学ぶ』（pp. 81-102）．ミネルヴァ書房．
フィードラー，F. E.〔白樫三四郎訳〕（1995）．「条件即応理論におけるリーダーシップ

状況とブラックボックス」M. M. チェマーズ = R. エイマン（編）〔白樫三四郎訳編〕『リーダーシップ　理論と研究』(pp. 1-32). 黎明出版.

藤本隆宏 = クラーク，K. B.〔田村明比古訳〕(2009).『製品開発力：自動車産業の「組織能力」と「競争力」の研究（増補版）』ダイヤモンド社.

ポーター，M. E.〔竹内弘高訳〕(1999).『競争戦略論』I・II, ダイヤモンド社.

ホーフステッド，G.〔萬成博・安藤文四郎監訳〕(1984).『経営文化の国際比較：多国籍企業の中の国民性』産業能率大学出版部.

マーチ，J. G. = オルセン，J. P.〔遠田雄志 = アリソン・ユング訳〕(1986).『組織におけるあいまいさと決定』有斐閣.

ミンツバーグ，H. = アルストランド，B. = ランペル，J.〔齋藤嘉則監訳〕(2012).『戦略サファリ：戦略マネジメント・コンプリートガイドブック（第2版）』東洋経済新報社.

森岡正博 (2002).『意識通信』ちくま学芸文庫.

山田耕嗣 (1999).「継続的取引とエコロジカル・アプローチ」高橋伸夫（編著）『生存と多様性：エコロジカル・アプローチ』(pp. 107-130). 白桃書房.

山田雄一 (1985).『稟議と根回し』講談社現代新書.

リッツア，G.〔正岡寛司監訳〕(1999).『マクドナルド化する社会』早稲田大学出版部.

ワイク，K. E.〔遠田雄志訳〕(1997).『組織化の社会心理学』文眞堂.

Bass, B. M., & Avolio, B. J. (Eds.). (1994). *Improving Organizational Effectiveness through Transformational Leadership*. Thousand Oaks, CA: Sage.

Bindl, U. K., & Parker, S. K. (2011). Proactive work behavior: Forward-thinking and change-oriented action in organizations. *APA Handbook of Industrial and Organizational Psychology, 2*, 567-598.

Burns, T., & Stalker, G. M. (1961). *The Management of Innovation*. London: Tavistock.

Daft, R. L., & Lengel, R. H. (1984). Information richness: A new approach to managerial behavior and organizational design. *Research in Organizational Behavior, 6*, 191-233.

Kotter, J. P. (1990). What leaders really do. *Harvard Business Review, 68*(3), 103-111.

March, J. G. (1991). Exploration and exploitation in organizational learning. *Organization Science, 2*(1), 71-87.

March, J. G. (1995). The future, disposable organizations and the rigidities of imagination. *Organization, 2*(3-4), 427-440.

Maruyama, M. (1963). The second cybernetics: Deviation-amplifying mutual causal processes. *American Scientist, 51*(2), 164-179.

Steers, R. M., Mowday, R. T., & Shapiro, D. L. (2004). The future of work motivation theory. *Academy of Management Review, 29*(3), 379-387.

Suchman, M. C. (1995). Managing legitimacy: Strategic and institutional approaches. *Academy of Management Review, 20*(3), 571-610.

Uzzi, B. (1996). The sources and consequences of embeddedness for the economic performance of organizations: The network effect. *American Sociological Review, 61* (4), 674–698.

Uzzi, B. (1997). Social structure and competition in interfirm networks: The paradox of embeddedness. *Administrative Science Quarterly, 42* (1), 35–67.

# 索　引

● あ　行

愛着的コミットメント　168
IBM　125
曖昧さのもとでの学習　204
曖昧性　7, 79, 177
アウトソーシング　13
アウトプット　59
青島矢一　195
アーキテクチャ　222
アージリス〔Argyris, C.〕　207
アルダファー〔Alderfer, C. P.〕　155
安全の欲求　154
アンソフ〔Ansoff, H. I.〕　196
アンダーマイニング効果　157
暗黙知　219
暗黙の仮定　121
ERG 理論　155
意識的調整　12, 16, 46, 48
意思決定　21, 49, 77, 117
　　──の整合性　52
　　──のパターン　148, 202
　　──のばらつき　123
1 次のつながり　182
一部事業部制　99
一体感　36, 80, 81, 123, 144, 246
意図的学習　242
イノベーション　67, 79, 140, 212
　　──の創出　208, 212, 232
　　──の創出に向けた組織マネジメント　216
　　──のプロセス　214
　　──を創出し続ける組織　232
イノベーターのジレンマ〔イノベーションのジレンマ〕　234
意味形成　→センスメイキング
インクリメンタル〔漸進的〕・イノベーション　213, 234, 235
インセンティブ　153
　　──設計　80, 83, 246
インプット　59
ウェスタン・エレクトリック　112
ウェーバー〔Weber, M.〕　102, 103
埋め込まれた紐帯〔埋め込まれた関係〕　182, 221, 227
影響力　137
　　──の行使　223
　　──を行使する方法〔影響手段〕　138
　　──を行使する目的　138
　　対人的──　133
LMX モデル　135
エンジェル投資家　25
エンハンシング効果　157
エンプロイアビリティ　151
OJT　165
オフィス・レイアウト　66
Off-JT　165
オープン・イノベーション　226, 228
オープン・システム　16
オルセン〔Olsen, J. P.〕　43

● か　行

会　議　130, 140, 141, 145
回　議　141
改　善　42, 48, 79, 205, 206, 213
階　層　60, 90
　　──的権限構造　99, 101
　　権限の──的配置　60
階層化〔高階層化〕　91, 95
解凍―移行―再凍結　237
外発的モチベーション　156
回避動機　156
下位文化　125
下位目的　20, 29, 31, 32

253

――の相互依存性　33
花王　27, 42
学習　155, 164, 201, 239, 242
　　――機会　242
　　――志向の組織　242
　　漸進的な――　206
学習アプローチ　195
学習理論　167
革新　79, 213
拡張的学習　243
価値観や信念　120, 123, 188, 189
価値前提　51
活動や諸力　18
　　――のシステム　12
過程理論　→プロセス理論
加藤俊彦　195
カニバリゼーション〔共食い〕　234
カリスマ的支配　103, 104
カリスマの日常化　104
環境　174, 176, 190, 194
　　――の認識　200
　　――のマネジメント　181
　　――への適応〔との適合〕　176, 194
環境決定論　176
環境変化〔環境の変動〕　6, 7, 41, 79, 136, 165, 189, 194
関係性コンフリクト　142
関係性欲求　155
関係的埋め込み　182, 183
官僚制　100, 140
　　――組織　189
　　――の逆機能　104
　　――の原則　101, 103
　　――の合理性　102
機会　153
機会主義　14
機械的管理システム〔機械的組織〕　174, 175, 189
規格の標準化　226
企業グループ　185
企業集団　185

技術経営　215
規則　58, 90, 101, 103, 105
　　――に基づく支配　→合法的支配
期待　159
期待理論　159
技能多様性　158
機能別組織　97
規範　115, 144
規範的同型化　190
キャリア　153, 168
　　――展望　168
吸収能力　221
急進的イノベーション　→ラディカル・イノベーション
強化プロセス　146
凝集性　113, 144, 146
強制的同型化　190
共創関係　226, 227, 242
競争戦略　→事業戦略
共通理解　115
協働　46
　　――システム　19
共同化　219
共同開発　242
共有されたリーダーシップ　→シェアド・リーダーシップ
距離を置いた紐帯　182
儀礼・儀式　121
近視眼的学習　205
近代経済学　12
空間の近視眼　205
クリーク　114
グループ　→集団
クローズド・イノベーション　228
クローズド・システム　15
グローバル化　177
経営　→マネジメント
経営資源　→資源
経営者〔経営トップ〕　13, 237
　　――の育成　98
　　――のふるまい　124

経営戦略　99, 194-196
経営組織　17, 19
経営組織論〔組織論〕　12, 174, 244
経営理念　27, 34, 124
　計画的戦略　198
　計画と創発の融合　199
経験学習　166
　形式知　219
　継続的な変化　236
結果予期〔結果に関する予期〕　78, 79, 95
結束型ネットワーク　111, 118, 144
決定前提　21, 49, 50, 58, 73, 90, 123, 130
　——の共有　52, 118
　——の共有に向けた影響過程　53
　——の共有範囲　58
　——の事前の共有　58
　——の創出　130
　——の補完　60
欠乏欲求　154
ゲーム・アプローチ　195, 199
研究開発　226
　——マネジメント　228
研究・技術開発フェーズ　214
権　限　58, 90, 91, 101
　——の階層的配置　60
　階層的——構造　99, 101
権限移譲　91, 94
権力動機　155
合意形成　118
交換関係　36
貢　献　36
　誘因と——のバランス　38
貢献意欲　19, 20, 70, 123
　積極的な——　77, 79, 83, 105, 153, 245
高次学習　207, 242, 243
公式構造〔公式的な（組織）構造〕　62, 97, 110, 118, 126, 130
公式的なシステム　126
高次欲求　154
公正性　161, 162
構　造〔組織構造〕　62, 90, 110, 118, 130, 147, 183, 189, 196, 238, 246
　——とプロセスの相互規定　148
　——の設計　62
　合理的な——の設計　90, 100, 126
構造化　57
構造づくり　133
構造的埋め込み　183, 184
構造的両利き　235
行動様式　121
行動予期　72
衡平理論　162
合法的支配〔規則に基づく支配〕　103, 104
合理化された神話　189
合理性　13
　——の基準　19
　制約された——〔——の限界〕　14, 21, 30, 33, 47
功利的コミットメント　168
合理的システム　90, 110, 118, 126, 140, 147
合理的な行動選択プロセス　159
国民文化　125
コーシャス・シフト　146
個　人
　——の〔的〕アイデンティティ　82, 83
　——をエンパワーする組織　6
　組織と——の関係　36
　組織と——の相互浸透　84
個人性の浸透　147
個人性の発露　139
個人的特性　133
個人目的〔個人の参加目的〕　34
　組織目的と——との関係づけ　36, 80, 153
　組織目的と——のオーバーラップ　81
コース〔Coase, R. H.〕　14
コッター〔Kotter, J. P.〕　132
コード化装置　55, 63
　脱——　55, 63
個の時代　5
ゴミ箱モデル　43, 140
コミュニケーション　19, 20, 46, 53, 74, 90,

　　　　92, 246
　　──・コスト　56, 61, 92
　　──・スキル　66
　　──の受け手　54
　　──の円滑化　115
　　──の円滑さ　66
　　──の送り手　54
　　──の整序化　57
　　──の相互作用性　55
　　──のマネジメント　57
　　──のモデル　54, 66
　　──・プロセス　63, 246
　　──・プロセスの円滑化　63
　　意図的な──　54
　　公式的──　113
　　相互作用的な──　63
　　双方向的な──　130
コラボレーション　17
コンカレント・エンジニアリング　222
コンティンジェンシー理論〔状況適合理論〕
　　174, 175, 189
コンフリクト　100, 131, 141, 234

●さ　行

最低許容行動　105, 126
**最適基準**　22
財務的資源　38
サプライヤー・ネットワーク　184
参加〔組織参加〕　75
　　──の揺れ　76, 106, 139
産業クラスター　186, 226
シェアド〔共有された〕・リーダーシップ
　　137, 246
時間の近視眼　205
事業化フェーズ　214
事業戦略〔競争戦略〕　195
**事業転換**　42
事業部間の壁　98
**事業部制組織**　95, 98, 190
資源〔経営資源〕　18, 33, 37, 152, 194, 224
　　──の獲得　40

　　──の活用　40
　　──の希少性　142
　　──のコントロール可能性　180
　　──のコントロールの集中の程度　180
　　──の重要度　179
　　──の動員　224, 232
資源アプローチ　→リソースベースト・
　　ビュー
**資源依存関係**　179, 234
資源依存モデル　199
資源配分のルーティン　233, 234
自己啓発　165
自己効力感　161
自己実現　155
　　──の欲求　154
自己充足的単位　95
事実上の標準　→デファクト・スタンダード
**事実前提**　51
指示待ち行動　245
市　場　12
　　組織と──　12
自生的な構造　62, 118
**自生的なシステム**　110, 126
持続的イノベーション　234
自尊欲求　154
**実践共同体モデル**　167
失敗の近視眼　205
シナジー　235
死の谷　215
支　配　102
　　──の正当性　103
資本関係　185, 229
シャイン〔Schein, E. H.〕　122
社会化　164
社会関係資本　→ソーシャル・キャピタル
社会心理的メカニズム　82, 83
社会的アイデンティティ　82
社会的学習理論　167
**社会的ネットワーク**　110, 111, 118, 119,
　　126, 183
社会的欲求　110, 113

集権化　94
集権的組織　97
自由裁量　73, 79, 95
集団〔グループ〕　143
　　――間コンフリクト　145
　　――による創造性の発揮　146
　　――の意思決定〔集合的決定〕　50, 145
　　――の形成プロセス　43
　　公式的――　144
集団規範　115, 119
集団極性化　146
集団浅慮〔グループシンク〕　146
集団ダイナミクス　131, 144
重量級プロジェクト・マネジャー組織　223
熟練　47
手段性　159
シュンペーター〔Schumpeter, J. A.〕　212
状況好意性　133
状況適合理論　→コンティンジェンシー理論
上場企業　187
焦点組織　179
情報　19
情報通信技術　5, 56, 65, 177
情報通信メディア　55, 64, 101
情報的資源　37, 38
職務記述書　→ジョブ・ディスクリプション
職務コンフリクト　142
職務特性論　158
職務の専門分化　101
所属・愛情の欲求　154
ジョブ・クラフティング　158
ジョブ・ディスクリプション〔職務記述書〕　58
ショーン〔Schön, D. A.〕　207
シリコンバレー　186
自律性　123, 158
進化的過程　239, 240
シングル・ループ学習　207
深耕　235
　　――型学習　206, 208, 232

新製品開発　212
人的資源　4, 38, 152
信頼関係　227
心理的安全　146, 147, 245
親和動機　155
垂直的分業　61
水平的関係　97, 98
スタッフ　94
ステークホルダー　37, 39, 70, 72, 178
　　――と組織目的との関係　38
　　組織的――　178
ストーカー〔Stalker, G. M.〕　175
ストーリーテリング　247
スパン・オブ・コントロール　→統制の幅
スミス〔Smith, A.〕　47, 48
3M　198
スループット　59
成果主義的賃金制度　80
成功体験の呪縛　233
成熟した業界　200
成長　41
成長欲求　155
正当化の理由　225
正当性　186, 189
制度的環境　186, 188, 189
制度的企業家　190
制度的同型化　189
制度派組織論　186, 189
製品イノベーション　→プロダクト・イノベーション
製品開発フェーズ　214
制約された合理性〔合理性の限界〕　14, 21, 30, 33, 47
制約（条件）としての諸目的　33, 51
生理的欲求　154
責任　73
　　――感の希薄化　146
　　役割や――の曖昧さ　142
SECI モデル　219
セクショナリズム　234
セクター　176

ゼネラル・エレクトリック 120
漸進的イノベーション →インクリメンタル・イノベーション
センスメイキング〔意味形成〕 242
**全体最適** 32
選択〔淘汰〕 239, 240
専門化 33, 46
専門性 4, 97, 217
専門的知識 64
**戦略的アライアンス**〔戦略的提携〕 185, 242
戦略は組織に従う 196
相互依存性 7, 177, 240
相互作用〔相互依存〕関係 92, 142
相互作用的公正 162
相互作用プロセス 131
相互信頼 115
創造性 146, 218, 225
創造的正当化 225
創発 218
　──的戦略 198
　計画と──の融合 199
組織 1, 12, 13, 19
　──と個人の関係 36
　──と個人の相互浸透 84
　──と市場 12
　──のアウトプット 2
　──のインプット 3
　──の活動 16, 59
　──の壁 93
　──の参加者 39
　──の持続的成長 247
　──の時代 1, 5
　──の自律性 180
　──の成立条件 19, 46, 70, 232, 244
　──の組織 17
　──の存続 39, 184
　──の定義 12, 17, 46
　──の適応力低下 106
　──の能力 40, 42, 202
　──の変化 149

　──の本質 16, 18, 46
　──の有効性 39, 52, 67
　個人をエンパワーする── 6
　システムとしての── 15
　他──との関係 217
**組織アイデンティティ** 244
**組織学習** 201, 207, 235
　──のサイクル 243
　──のプロセス 202
　不完全な──サイクル 203
**組織間関係** 178, 227, 243
**組織間ネットワーク** 183, 185
**組織均衡** 39, 40, 178
組織形態 97
組織構造 →構造
組織行動論 168
**組織コミットメント** 167
組織参加 →参加
組織市民行動 168
**組織社会化** 164
　──戦術 165
**組織人格** 72, 75
組織図 61, 62, 95
組織的公正 162
組織デザインの原則 97
組織は戦略に従う 196
組織プロセス →プロセス
**組織文化** 110, 120, 123, 126, 136, 164, 188
　──の3層モデル 122
　──の定着 124
　──の認識 125
　──の変革 124
　──のマネジメント 83, 124
**組織変革** 202, 237
組織マネジメント →マネジメント
**組織メンバー** 3, 13, 16, 20, 34, 70, 71, 152
　──の成果 152
　──の変化 168
**組織目的** 19, 26
　──と個人目的との関係づけ 36, 80, 153

――と個人目的のオーバーラップ　81
　　ステークホルダーと――との関係　38
組織ルーティン〔ルーティン〕　149, 201, 233
　　――の遂行的側面　238
　　――の明示的側面　238
組織論　→経営組織論
ソーシャル・イノベーション　214
ソーシャル・キャピタル〔社会関係資本〕　119
存在欲求　155

● た　行

ダイアローグ　247
大企業　232
対境担当者　→バウンダリー・スパナー
代替性　180
ダイバーシティ　245
対話的な関係性　243
ダーウィンの海　216
多角化　42
タスク環境　176
タスク完結性　158
タスク重要性　158
タスク・フォース　97
達成動機　155
ダフト〔Daft, R. L.〕　65
ダブル・ループ学習　207
多様性　59, 67
探　索　206, 235
　　――型学習　206, 208, 232
単純化　47
チェスブロウ〔Chesbrough, H.〕　228
知　識　19
　　――の体系化　242
　　――の明確化　242
知識創造のモード　220
知識の獲得　218
　　外部からの――　220
知識の獲得・創出　216
知識〔知〕の創出　218

　　組織レベルの――　219
知識や技術　40
　　――の高度化　3, 4
チャネル　→メディア
チャンドラー〔Chandler, A. D., Jr.〕　196
中間的形態　98, 99
調　整　4, 21, 40, 46, 49, 52, 90, 130, 147, 222
　　――の方法　13
　　――プロセス　142, 145
　　――メカニズム　12
　　――を統治するメカニズム　14
　　公式的な――の限界　139
　　高度な――　217
　　事前の――　60
　　柔軟な――　246
　　迅速な――　123
跳躍的な変化　232, 240
強い紐帯〔つながり〕の強さ　114
強い紐帯の弱さ　184
定　款　26
定型的決定　50
低次欲求　154
手続き的公正　162
デファクト・スタンダード〔事実上の標準〕　226
伝統的支配　103, 104
同一視　82
動機づけ―衛生理論〔2要因理論〕　156, 157
同型化メカニズム　190
統　合　48, 217, 222, 235
同質化　115
統制の幅〔スパン・オブ・コントロール〕　90
淘　汰　→選択
共食い　→カニバリゼーション
トヨタ自動車　26
取引関係　185, 229
取引コスト　15
　　――理論　14

## ●な　行

内集団びいき　82
内　省　166
内発的モチベーション　156, 158, 245
内部環境　174
内面化　220
内容理論　→ニーズ理論
ナラティブ　247
2次のつながり　182
ニーズ階層理論　154
ニーズ理論〔内容理論，欲求理論〕　154, 159
日本企業　120, 139, 221
2要因理論　→動機づけ―衛生理論
人間関係論　112
人間の複雑性　105
認　知　135, 159-162
ネガティブ・フィードバック　241
ネットワーク　111, 178, 221
　　――の密度　113
　　オープンな――　221
　　自然発生的な――　118
　　密度の高い――　144
ネットワーク外部性　226, 227
根回し　139, 141
能　率　39
　　――の重みづけ　41
　　――の改善　41
能　力　152, 153, 163, 167, 194
　　――育成　164
　　――開発　164
　　――の罠　205
　　――要件　163

## ●は　行

Hi-Hiパラダイム　133
配　慮　133
バウンダリー・スパナー〔対境担当者〕221
破壊的イノベーション　234
橋渡し〔ブリッジ〕型ネットワーク　114, 115, 118, 221
ハーツバーグ〔Herzberg, F.〕　156, 157
パワー関係　117, 179, 180, 226
バーンズ〔Burns, T.〕　175
非公式
　　――的な構造　130
　　――的なシステム　126
　　――なつながり　113, 115, 126
　　――なやりとり　54, 66
　　――なルール　106
ビジネス・エコシステム　227, 229
ビジネスプラン　25
ビジョン　34, 244
非定型的決定　50
人の除外　16
表出化　219, 242
標準化　58, 59, 102
表彰制度　124
フィードバック　158, 161, 241
フォロワー　135
VUCA　7
不確実性　7, 14, 59, 79, 177, 208, 216
複合的システム　126
複雑性　7, 14, 59, 105, 177
富士フイルム　42
物的資源　38
部分最適　32
部　門　113
　　――横断的なユニット　97
部門化　33, 92, 143
　　――原理　93
　　機能に基づく――　93, 97
　　顧客別の――　93
　　製品・サービスに基づく――　93, 98
　　地域別の――　93, 98
プラットフォーム提供企業　229
ブランド価値　188
フリー・アドレス制　66
ブリッジ型ネットワーク　→橋渡し型ネットワーク

フリーランス　5
プロアクティブ行動　245
ブローカー　117
プロジェクト・チーム　97
プロジェクト・マネジャー　99, 223
プロセス〔組織プロセス〕　63, 74, 81, 130, 131, 147, 189, 238
　　構造と――の相互規定　148
プロセス・イノベーション　213
プロセス予期〔プロセスに関する予期〕　78, 79, 95, 105
プロセス理論〔過程理論〕　159, 161
プロダクト〔製品〕・イノベーション　213, 214
分　化　48, 217, 222, 235
文化的社会化　164
分　業　46, 47, 58, 90, 101
　　機能的――　47
　　垂直的――　61
　　組織間の――　3
分権化　94, 98
文　書　101
分配的公正　162
文脈的両利き　235
閉鎖性　115
変　異　239, 240
変革型リーダーシップ　135, 136
ベンチャー・キャピタル　25
変動性　7
傍観者的学習　203
法　人　26
補完財　227
保　持　239, 240
ポジショニング・ビュー〔ポジショニング・アプローチ〕　195, 196, 198, 199
ポジティブ・フィードバック　240, 241
ホーソン研究　112, 113
ホーフステッド〔Hofstede, G.〕　125
ボランタリー組織　36
ポリティクス　37, 83, 131, 137

● ま　行

マクドナルド　59, 102
　　――化　102
マクレランド〔McClelland, D. C.〕　155
マズロー〔Maslow, A. H.〕　154, 155
マーチ〔March, J. G.〕　43
マトリクス組織　99
マニュアル　58, 104
マネジメント〔経営，組織マネジメント〕　6, 36, 76, 132
　　――の高度化　246
魔の川　215
満足基準　22
見過ごし　140
ミッション　27, 244
ミンツバーグ〔Mintzberg, H.〕　198
矛盾の創造的解決　243
メイク・オア・バイ　14
迷信的学習　204
メイヨー〔Mayo, E.〕　112
命令の一元化　99
メディア〔チャネル〕　55, 64
　　リッチな――　64
メディア・リッチネス理論　65
メルカリ　27
メンバーシップ　144
目　的
　　――と手段の関係　43
　　――の再定義　42, 43, 244
　　――の細分化　20
　　――の置換　126
　　――の抽象度　30
　　――のネットワーク　34
　　――のブレイクダウン　31, 32
目的合理性　30, 43
目的―手段の連鎖　29, 30, 33, 43
目標設定理論　160
目標へのコミットメント　161
モチベーション　132, 153, 161, 164, 167
　　――の源泉　154

モニタリング　76, 123
模倣的同型化　190

● や 行

役　割　58, 70, 71, 90
　　──遂行　75
　　──の規定　58, 73
　　──のグルーピング　60, 61
　　──や責任の曖昧さ　142
役割制約的学習　203
役割的社会化　164
やり過ごし　139
誘意性　159
誘　因　36, 40
　　──と貢献のバランス　38
有機的管理システム〔有機的組織〕　174, 175
要素の新結合　212
予　期　50, 72
欲求理論　→ニーズ理論
弱い紐帯〔つながり〕　116
　　──の強さ　117

● ら 行

ライン　94
ラディカル〔急進的〕・イノベーション　213, 224, 232, 234, 235
リスキー・シフト　146

リソースベースト・ビュー〔資源アプローチ〕　195, 197
リーダー　131
　　──の行動　133
リーダーシップ　130, 131, 132, 137, 223, 246
　　──の幻想　135
　　──のコンティンジェンシー理論〔状況適合理論〕　133
　　──のフォロワー主体アプローチ　135
リッツァ〔Ritzer, G.〕　102
両利き組織　232, 235, 236
稟議制度　141
ルーティン　→組織ルーティン
例外事項　60, 61
　　──の処理〔例外処理〕　90, 94
レヴィン〔Lewin, K.〕　237
レスリスバーガー〔Roethlisberger, F. J.〕　112
連結化　220, 242
レンゲル〔Lengel, R. H.〕　65
労働力の提供先　3

● わ 行

ワイク〔Weick, K. E.〕　43
ワークプレイス・ラーニング　166
ワーク・モチベーション　152, 153

はじめての経営組織論
*Introduction to Organization Theory*

2019 年 9 月 30 日　初版第 1 刷発行
2022 年 11 月 10 日　初版第 5 刷発行

著　者　髙　尾　義　明
発行者　江　草　貞　治
発行所　株式会社　有　斐　閣
郵便番号 101-0051
東京都千代田区神田神保町 2-17
http://www.yuhikaku.co.jp/

印刷・萩原印刷株式会社／製本・大口製本印刷株式会社
©2019, Yoshiaki Takao.
Printed in Japan
落丁・乱丁本はお取替えいたします。
★定価はカバーに表示してあります。
ISBN 978-4-641-15068-3

[JCOPY] 本書の無断複写(コピー)は、著作権法上での例外を除き、禁じられています。複写される場合は、そのつど事前に(一社)出版者著作権管理機構(電話03-5244-5088、FAX03-5244-5089、e-mail:info@jcopy.or.jp)の許諾を得てください。